La Conciencia Infinita

Título original: LIVING IN A MINDFUL UNIVERSE
Traducido del inglés por Vicente Merlo
Diseño de portada: Editorial Sirio, S.A.
Diseño y maquetación de interior: Toñi F. Castellón

EDITORIAL SIRIO, S.A.
C/ Rosa de los Vientos, 64
Pol. Ind. El Viso
29006-Málaga
España

www.editorialsirio.com
sirio@editorialsirio.com

I.S.B.N.: 978-84-18000-01-0
Depósito Legal: MA-1186-2019

Impreso en Imagraf Impresores, S. A.
c/ Nabucco, 14 D - Pol. Alameda
29006 - Málaga

Impreso en España

Puedes seguirnos en Facebook, Twitter, YouTube e Instagram.

Dr. EBEN ALEXANDER III
& KAREN NEWELL

La Conciencia Infinita

El viaje de un neurocirujano al corazón del universo consciente

EDITORIAL SIRIO

Para nuestros hijos,
Eben IV, Bond y Jamie,
cuya generación confiamos hará
de este mundo un lugar mejor.

ÍNDICE

PREFACIO

Este libro constituye un ambicioso esfuerzo por unir ciencia y espiritualidad, dos temas que generalmente se consideran opuestos y rara vez se tratan detalladamente en el mismo libro. Pretendemos llegar a un extenso rango de lectores: a quienes tienen una mayor inclinación hacia la ciencia, a quienes la tienen hacia la espiritualidad... y a los que se hallan entre ambas. Este es un mensaje para *toda* la humanidad.

Queremos atraer al lector moderno, informado, que tenga un interés sincero en profundizar en la comprensión de la naturaleza de nuestro mundo y de su relación con él. Los cinco primeros capítulos clarifican los problemas a los que se enfrenta nuestra concepción del mundo occidental dominante y hace frente a muchos presupuestos científicos y filosóficos convencionales profundamente arraigados. Luego, esbozamos un paradigma más amplio apoyado tanto por la experiencia humana como por la evidencia empírica de la investigación científica.

Algunos de los contenidos de estos primeros capítulos pueden ser de menor interés para un lector no científico, pero para pasar al resto del libro no se requiere una plena comprensión de estos conceptos. Algunos pueden hallar útil leer los primeros capítulos tras el resto del libro. Los capítulos seis al dieciséis narran ejemplos y ofrecen información referentes a herramientas y técnicas actuales que pueden resultar valiosas para quienes desean saber más acerca de su conexión con el universo y sus capacidades para manifestar plenamente su libre albedrío.

El texto está escrito en mi voz de primera persona, porque es mi narración. Pero mi coautora, Karen Newell, comprende mi voz mejor que nadie y ha añadido, clarificado y refinado de manera significativa lo que constituye nuestro verdadero mensaje –yo solo, apenas podría haber llevado esto adelante–. La vida de Karen, dedicada a la búsqueda de una comprensión más profunda de la naturaleza de toda la existencia, ha ofrecido un tesoro oculto de intuición y comprensión, y este libro resulta mucho más pedagógico (y amable para el lector menos científico) gracias a su sabiduría.

INTRODUCCIÓN

Descubrir consiste en ver lo que todo el mundo ha visto y pensar lo que nadie ha pensado.

Albert Szent-Györgyi (1893-1986),
Premio Nobel de Fisiología y Medicina, 1937

¿Cuál es la relación entre la mente y el cerebro? La mayoría de las personas no se detienen en esta pregunta. Es mejor dejar tales elucubraciones a los neurocientíficos y los filósofos. ¿Para qué perder el tiempo pensando sobre esos asuntos académicos? El cerebro y la mente están claramente relacionados, y saber eso nos basta a la mayoría de nosotros. Tenemos cosas más importantes en las que concentrarnos en nuestra vida.

Como neurocirujano en ejercicio, me he visto expuesto diariamente a la relación mente-cerebro, ya que mis pacientes a menudo tienen alteraciones en su nivel de conciencia. Si bien este fenómeno era interesante, mi actitud era pragmática. Fui formado para valorar esas alteraciones de la conciencia con el fin de diagnosticar y tratar diversos tumores, lesiones, infecciones o derrames que afectan al cerebro. Afortunadamente, tenemos las herramientas y el talento necesarios para beneficiar a nuestros pacientes; para llevarlos de nuevo a niveles más «normales» de conciencia. Seguía de cerca los desarrollos de la física, y sabía que había teorías acerca de cómo funciona todo ello, pero tenía pacientes de los que preocuparme y asuntos más importantes que atender.

Mi complacencia con ese arreglo de «entendimiento» informal se detuvo bruscamente el 10 de noviembre de 2008. Me desplomé en la cama y entré en un coma profundo, tras el cual ingresé en el hospital general Lynchburg, el mismo hospital en el que había trabajado como neurocirujano. Mientras estuve en coma, experimenté cosas que, en las semanas posteriores a mi despertar, me desconcertaron y pedían una explicación dentro de los límites de la ciencia que yo conocía.

Según la neurociencia convencional, debido al grave daño sufrido por mi cerebro a causa de una aplastante meningoencefalitis bacteriana, no tendría que haber experimentado nada –¡absolutamente nada!–. Pero mientras mi cerebro se veía asediado e inflamado por la infección, disfruté de una fantástica odisea durante la que no recordé nada de mi vida en la Tierra. Esta odisea pareció durar meses o años; fue un viaje elaborado en muchos niveles de las dimensiones superiores, a veces vistas desde la perspectiva de la infinitud y la eternidad, fuera del espacio y el tiempo. Semejante inactivación completa de mi neocórtex, la superficie externa del cerebro, tendría que haberlo incapacitado totalmente, excepto las experiencias y las memorias más rudimentarias; sin embargo, me vi inmerso en la persistencia de una enorme cantidad de memorias ultrarreales, vívidas y complejas. Al principio me limité a confiar en mis médicos y en su advertencia de que «el cerebro moribundo puede hacer todo tipo de trucos». Al fin y al cabo, a veces había dado a mis propios pacientes la misma «advertencia».

Mi última visita de seguimiento con el neurólogo principal que llevaba mi caso tuvo lugar en enero de 2010, catorce meses después de despertar de mi peligroso coma, que duró toda una semana. El doctor Charlie Joseph había sido un amigo y compañero cercano antes de que entrase en coma, y había luchado con el resto de mis colegas médicos contra el impacto de mi horrorosa meningoencefalitis, mientras registraba los detalles de la devastación neurológica que padecí a lo largo de todo el proceso. Nos pusimos al día sobre los pormenores de mi recuperación (que resultaban muy sorprendentes e inesperados, dada la gravedad de mi enfermedad durante esa funesta semana) y repasamos algunos de los resultados de las pruebas neurológicas y de las resonancias magnéticas y la tomografía axial computarizada (TAC) realizados durante el tiempo que estuve en coma, de modo que llevamos a cabo un estudio neurológico completo.

Por tentador que fuera simplemente aceptar mi curación extraordinaria y mi actual bienestar como un milagro inexplicable, yo no podía hacer eso. En lugar de ello, me sentí impulsado a hallar una explicación al viaje que realicé durante el coma –una experiencia sensorial que ponía en entredicho nuestros conceptos neurocientíficos convencionales acerca del papel del neocórtex en la conciencia detallada–. La inquietante perspectiva de que las tesis fundamentales de la neurociencia fueran incorrectas me llevó a un terreno más profundo en mi diálogo final con el doctor Joseph aquella tempestuosa tarde de invierno.

–No tengo explicación alguna respecto a cómo es posible que haya tenido esas experiencias mentales, tan vibrantes, complejas y vívidas, estando en coma profundo –le dije–. *Parecían* más reales que todo lo que he experimentado hasta ahora.

Le conté cómo muchos detalles situaban claramente la mayor parte de mi experiencia entre el primer y el quinto día de mi coma de siete días de duración, y sin embargo las pruebas neurológicas, los valores de laboratorio y los resultados de las resonancias confirmaban que mi neocórtex estaba demasiado dañado por la grave meningoencefalitis para haber vivido esa experiencia consciente.

–Cómo voy a darle sentido a todo esto? –le pregunté a mi amigo.

Nunca olvidaré su sonrisa mientras me miraba con una sensación de saber y me decía:

–Hay mucho espacio en nuestra comprensión del cerebro, la mente y la conciencia para dar cabida a ese misterio de tu notable recuperación, sin que eso indique algo de gran importancia. Como sabes, hallamos abundante evidencia en la neurología clínica de que tenemos mucho camino por delante antes de poder empezar a pretender tener una comprensión «completa». Yo me inclino a aceptar tu misterio personal como otra hermosa pieza del rompecabezas, pieza que aumenta el reto que supone cualquier comprensión de la naturaleza de nuestra existencia. ¡Disfrútala y ya está!

Me pareció tranquilizador que un neurólogo excelentemente formado y competente, que había seguido cuidadosamente los detalles de mi enfermedad, estuviera abierto a las magníficas posibilidades que implicaban mis recuerdos del coma profundo. Charlie dejaba la puerta abierta a mi transformación por la que pasé de ser un científico materialista, orgulloso de su escepticismo académico, a ser alguien que ahora conoce su verdadera naturaleza y a quien se le ha ofrecido también un destello de otros niveles de realidad que resulta, ciertamente, de lo más estimulante.

Obviamente, no fue un viaje fácil el de esos primeros meses de exploración y confusión. Sabía que estaba acariciando conceptos que muchos en mi campo considerarían totalmente inaceptables, si no abiertamente heréticos. Algunos podrían incluso sugerir que abandonara mi investigación antes de cometer un suicidio profesional al compartir una historia tan radical.

El doctor Joseph y yo coincidíamos en que mi cerebro había estado gravemente dañado por un caso casi fatal de meningoencefalitis bacteriana. El neocórtex –la parte que la neurociencia moderna nos dice que ha de estar al menos parcialmente activa para que haya experiencia consciente– era incapaz de crear o de procesar nada ni siquiera remotamente parecido a lo que yo experimenté. Y sin embargo, lo experimenté. Para citar a Sherlock Holmes: «Cuando se ha excluido lo imposible, lo que quede, por improbable que sea, ha de ser la verdad». Así pues, he aceptado lo improbable: esa experiencia muy real ocurrió, y yo fui consciente de ella –y mi conciencia no dependía de tener un cerebro intacto–. Solo permitiendo que mi mente (y mi corazón) se abrieran lo más ampliamente posible pude ver las grietas en la concepción convencional del cerebro y de la conciencia. Fue gracias a la luz que pudo entrar por esas grietas que empecé a vislumbrar las verdaderas profundidades del debate mente-cuerpo.

Este debate es de extrema importancia para todos nosotros, porque muchos de nuestros presupuestos fundacionales sobre la naturaleza de la realidad dependen de la dirección que ese debate tome. Cualquier noción de significado y de propósito en nuestra existencia, de conexión con los demás y con el universo, de nuestro sentido de libertad e incluso conceptos como una vida *post mortem* y la reencarnación, todos esos profundos temas dependen directamente del resultado del debate mente-cuerpo. La relación entre la mente y el cerebro constituye, pues, uno de los misterios más profundos e importantes de todo el pensamiento humano. Y el cuadro que emerge de los descubrimientos de la investigación científica más avanzada se muestra muy opuesto a nuestro punto de vista científico convencional. Parece inminente una revolución en nuestra comprensión de las cosas.

Este camino de descubrimiento sigue desarrollándose, y sin duda alguna me ocupará durante el resto de mi vida. En el camino he encontrado algunas de las experiencias más expansivas y de las personas más fascinantes que hubiera podido imaginar. He aprendido a no ser seducido por las falsedades simplistas sobre cómo se supone que es el mundo, sino a esforzarme por valorar y tratar con el mundo tal como realmente es. Como seres humanos que buscan entender más profundamente su existencia, todos nos beneficiamos si nos tomamos en serio ese enfoque.

Durante las fases más profundas y desconcertantes de los nueve años transcurridos desde que desperté de mi coma, a menudo, mi mantra ha sido: «Cree en todo ello, al menos por ahora». Mi consejo para ti, querido lector, es que hagas lo mismo: suspende la desconfianza e incredulidad, de momento, y abre tu mente todo lo que puedas. Una comprensión más profunda exige esta liberación, del mismo modo que los trapecistas tienen que soltar el trapecio para dar vueltas en el aire, confiando en que su compañero estará allí para recogerlos. Piensa en este libro como si fueran mis manos extendidas, dispuestas a sostenerte cuando des el salto más grande de todos: ¡el que lleva a la gloriosa realidad de quienes realmente somos!

Capítulo 1

DARLE SENTIDO A TODO ELLO

El universo no solo es más extraño de lo que suponemos, es más raro de lo que podemos suponer.

J. B. S. Haldane (1892-1964), biólogo evolucionista británico

Los congresos sobre morbilidad y mortalidad (M&M) constituyen el modo que tiene la comunidad científica de compartir las historias de los desventurados pacientes que terminan lisiados o muertos debido a diversas enfermedades y heridas. Quizás no sea el más alegre de los temas, pero se celebran en un esfuerzo por aprender y enseñar, con el fin de evitar que futuros pacientes tengan que sufrir el mismo destino. Es extremadamente raro que tales pacientes estén presentes en su propio congreso M&M, pero eso es exactamente lo que encontré pocos meses después de mi coma. Los médicos que me habían cuidado estaban sorprendidos por el alto nivel de mi recuperación, y aprovecharon la ventaja de ese aparente milagro para invitarme a participar en un debate sobre la inesperada manera en que me había librado de la muerte.

Mi recuperación desafiaba cualquier explicación que pudiera ofrecer la ciencia médica. La mañana en la que aparecí en el congreso, varios colegas compartieron conmigo la sorpresa de que no solo hubiese sobrevivido (algo que habían calculado que tenía un 2 % de probabilidades de ocurrir al final de mi semana en coma), sino también de que hubiera, a todas luces, recuperado todas mis funciones mentales en pocos meses –esa cuestión era realmente increíble–. Nadie hubiera predicho tal recuperación, dada la magnitud de mi enfermedad.

Mis pruebas neurológicas, TAC y escáneres de resonancia magnética, así como los valores de laboratorio, revelaban que mi meningoencefalitis era de una gravedad radical... y muy letal. Mi primer tratamiento se produjo dentro de una gran confusión, debido a un estado de crisis epilépticas relativamente constantes que se mostraba muy difícil de parar. El examen neurológico es uno de los factores más importantes para determinar la gravedad del coma, y puede ofrecer algunas de las mejores claves del pronóstico. Valorando los movimientos de los ojos y las respuestas de las pupilas a la luz, así como la naturaleza de los movimientos de los brazos y las piernas en respuesta a estímulos dolorosos, mis médicos determinaron, como yo habría hecho también, que mi neocórtex, la parte humana del cerebro, estaba muy dañado, incluso ya cuando llegué a urgencias.

Otro factor crucial tiene que ver con la calidad de la verbalización, pero yo no tenía ninguna –mis únicas vocalizaciones eran gemidos y lamentos, o nada–. Solo hubo una excepción: cuando inesperadamente grité «¡Dios, ayúdame!» cuando aún estaba en urgencias (no tengo memoria de esto, pero me lo contaron más tarde). Como no habían oído nada inteligible que saliera de mi boca durante horas, mis parientes y amigos cercanos pensaron que estas palabras podrían ofrecer un rayo de esperanza –que yo podría estar volviendo a este mundo–. Pero fueron las últimas palabras que pronuncié antes de caer en el coma profundo.

La escala de coma de Glasgow (GCS, por sus siglas en inglés), que valora la vocalización, el movimiento de los brazos y las piernas (especialmente en respuesta a estímulos dolorosos en pacientes obnubilados o comatosos) y los movimientos oculares, se utiliza para evaluar a los pacientes con niveles de conciencia alterados, incluido el coma, y hacerles un seguimiento. La GCS es una valoración del nivel de alerta y oscila entre 15 en un paciente sano normal, y 3, que es la puntuación de un cadáver, o de un paciente en coma muy profundo. Mi puntuación más elevada fue 8, y a veces descendió hasta 5 a lo largo de la semana. Padecía, con toda claridad, una meningoencefalitis letal.

En los debates sobre el nivel de daño sufrido por mi neocórtex, a menudo la gente pregunta por el electroencefalograma, o EEG. Un EEG es una prueba bastante complicada y difícil de preparar, y solo se realiza si va a proporcionar información útil para el diagnóstico o para ayudar a guiar la terapia. Algunos estudios han demostrado una correlación entre el grado de anormalidades en el EEG y el resultado neurológico en casos de meningitis bacteriana. Además, yo me había presentado en urgencias en estado epiléptico (crisis epilépticas resistentes al control médico). Había buenas razones para realizar un EEG.

La triste realidad era que estaba tan enfermo, con un pronóstico tan sombrío, basado principalmente en los resultados arrojados por las pruebas neurológicas y los valores de laboratorio, que mis médicos decidieron que no estaba justificado hacer un EEG. Mi EEG, como en los otros casos de meningoencefalitis grave, probablemente habría mostrado una actividad difusa de ondas lentas, un estallido de patrones de supresión o una línea plana, todo ello indicativo de la existencia de un daño incapacitante en el neocórtex. Esto queda claro a partir de mis exámenes neurológicos y lo que revelan acerca de la gravedad de mi enfermedad, especialmente en el marco de casos similares.

De hecho, un EEG queda en silencio (muestra líneas planas) entre los quince y los veinte segundos que siguen a la parada cardíaca, debido al cese de riego sanguíneo al cerebro. No es, por tanto, una prueba muy adecuada a la hora de revelar el alcance del daño neocortical global. Mis pruebas neurológicas, así como los TAC y las resonancias magnéticas que revelaban la extensión del daño (un daño que afectaba a los ocho lóbulos de mi cerebro), dibujaban una imagen increíblemente sombría. Estaba mortalmente enfermo, con un daño cerebral significativo, si nos basamos en todos los hechos clínicos disponibles.

Dado el rápido descenso al coma, a causa de la grave meningoencefalitis bacteriana gram-negativa, al tercer día de tal enfermedad prácticamente todos los pacientes o comienzan a despertar o han muerto. Mi existencia, que continuaba de algún modo entre esos estados bien definidos, desconcertaba a mis médicos, quienes, al séptimo día del coma, tuvieron una reunión con mi familia en la que reiteraron que a mi llegada a urgencias tenía aproximadamente un 10% de probabilidades de sobrevivir, pero que esas probabilidades habían disminuido a un patético 2 % después de una semana en coma. Mucho peor que la insignificante probabilidad del 2 % de supervivencia era la dura realidad que acompañaba a este pronóstico: que realmente despertase y tuviera un retorno a una vida de una calidad mínima. Calculaban que la posibilidad de recuperarme y llevar una vida diaria normal era de un decepcionante cero. El mejor escenario, aunque era ya una posibilidad remota, era el de una residencia.

Obviamente, mi familia y mis amigos estaban desolados por esa deprimente descripción del futuro. Debido a mi rápido descenso al coma, y a la extensión del daño neocortical reflejado en mis pruebas neurológicas y los extremos valores de laboratorio (como el nivel de glucosa de 1mg/dl en mi fluido cerebroespinal, comparado con el margen normal, de entre 60 y 80 mg/dl), todo médico es consciente de la imposibilidad fundamental de una recuperación médica completa, y sin embargo eso es lo que sucedió. No he encontrado ningún caso de otros pacientes con mi diagnóstico específico que hayan logrado una recuperación completa.

Hacia el final de ese congreso, por la mañana, se me preguntó si tenía algunos pensamientos que quisiera compartir. Esta fue mi respuesta:

–Todo este debate sobre mi caso y la rareza de mi recuperación palidecen en comparación con lo que considero una cuestión mucho más profunda que me ha atormentado desde que abrí los ojos de ese coma en la UCI. Con una aniquilación tan bien documentada de mi neocórtex, ¿cómo pude tener aquella experiencia? Especialmente una odisea tan vibrante y ultrarreal. ¿Cómo es posible que eso ocurriera?

Mientras escaneaba los rostros de mis colegas ese día, no vi más que un pálido reflejo de mi propio asombro. Puede que algunos compartan la suposición simplista de que lo que había experimentado no era más que un sueño febril o una alucinación. Pero quienes me habían cuidado, y quienes conocen lo suficiente la neurociencia para entender la imposibilidad de que un cerebro tan deteriorado pueda haber ofrecido, ni siquiera remotamente, esa complejidad de experiencia extraordinaria y detallada, compartían esa sensación mucho más profunda de misterio. Sabía que, a fin de cuentas, sería yo el responsable de buscar cualquier respuesta satisfactoria. Una explicación rápida de mi experiencia no terminaba de cuadrar, y me sentí impulsado a darle a todo ello un sentido más claro.

Pensé en escribir un ensayo para revistas científicas, con el fin de demostrar las deficiencias fatídicas de nuestra comprensión científica acerca del papel del neocórtex en la conciencia detallada. Esperaba avanzar hacia una comprensión más profunda de la cuestión mente-cuerpo, y quizás incluso vislumbrar algún aspecto de cómo el mecanismo de la conciencia podría explicarse. Me esforcé por enmarcarla en la concepción del mundo propia del materialismo científico, que es la que tenía antes del coma, creyendo que mi asediado cerebro durante aquella experiencia podría de algún modo haber tenido la suficiente capacidad operativa, lo cual podría explicar totalmente lo ocurrido.

Parte de la principal ayuda para comprender mi experiencia ha venido de colegas en quienes confío y a quienes respeto por su actitud realmente abierta e inteligente. La mayoría de los médicos que la han comentado conmigo en profundidad se han mostrado intrigados y casi todos ellos me han apoyado. Tuvimos en cuenta muchas teorías, todas ellas intentos de explicar de algún modo mi experiencia como algo basado en el cerebro. Estas explicaciones intentaban situar el origen de mi experiencia perceptiva en alguna parte del cerebro que no fuera el neocórtex (por ejemplo, el tálamo, los ganglios basales, el tallo cerebral, etc.) o postulaban que la conciencia tuvo lugar fuera del intervalo de tiempo durante el que mi neocórtex estuvo claramente inactivo.

En esencia, tratábamos de explicar mis recuerdos durante el coma bajo el presupuesto habitual de que el cerebro es necesario para cualquier tipo de conciencia despierta. Durante casi tres décadas de mi vida trabajando diariamente con pacientes neuroquirúrgicos, con frecuencia con el desafío que suponen las alteraciones de la conciencia, había llegado a creer que tenía cierta comprensión de la relación entre el cerebro y la mente –la naturaleza de la conciencia–. La neurociencia moderna ha llegado a creer que todas las cualidades humanas del lenguaje, la razón, el pensamiento, la percepción auditiva y visual, las fuerzas emocionales, etc. –básicamente todas las cualidades de la experiencia mental que han llegado a formar parte de nuestra conciencia humana–, derivan directamente del más potente ordenador del cerebro humano: el neocórtex. Si bien otras estructuras más primitivas (y más profundas), como las antes mencionadas, podrían desempeñar algún papel en la conciencia, todos los detalles principales de la experiencia consciente exigen la calculadora neural de alta calidad que es el neocórtex.

Yo aceptaba la línea neurocientífica convencional que supone que el cerebro físico crea la conciencia a partir de la materia física. Las implicaciones que eso tiene son claras: nuestra existencia va «del nacimiento a la muerte» y nada más, y eso es lo que creía firmemente en las décadas precedentes a mi coma. De ahí que una enfermedad como la mía (la meningoencefalitis bacteriana) se convierta en el modelo perfecto de la muerte debido a la destrucción de esa parte del cerebro que más contribuye a la experiencia mental humana.

Varios meses después del coma, volví a trabajar y asistí al encuentro anual de la Sociedad de Medicina Termal, en Tucson, para apoyar la investigación en ciernes de la Fundación para la Cirugía Centrada en Ultrasonidos. Lo que más me animaba mientras volaba desde Charlotte (Carolina del Norte) a Phoenix esa soleada tarde de viernes era que podría volver a encontrarme con el doctor Allan Hamilton, neurocirujano amigo y colega desde hacía mucho tiempo.

Allan y yo nos hicimos amigos rápidamente mientras trabajábamos en el laboratorio neuroquirúrgico del Hospital General de Massachusetts, en Boston, entre 1983 y 1985. Habíamos pasado muchas horas juntos, a veces hasta bien entrada la noche, discutiendo distintos protocolos, técnicas y proyectos del laboratorio, y compadeciéndonos de la interminable serie de imperfecciones implícitas en tales esfuerzos científicos tal como las experimentan quienes se hallan en las trincheras, que son quienes realmente hacen el trabajo.

Nuestra amistad había ido más allá de los límites de nuestra formación neuroquirúrgica formal, y así, a mediados de los años ochenta, me encontré haciendo *trekking* en «la Vieja Montaña Hamilton» (como solía llamarla cuando estábamos en la naturaleza), subiendo a algunos de los picos más altos del noreste de los Estados Unidos. Entre ellos estaban Gothics y Marcy (dos de las cumbres más altas de las montañas de Adirondack, al norte de Nueva York) y el monte Monadnock, en New Hampshire, donde compartimos una noche de invierno en un vivac, durante una tormenta de nieve. Esa noche, lo último que vimos en el temprano atardecer fue un helicóptero Huey de la Cruz Roja evacuando a un senderista más desafortunado en las montañas que se hallaban todavía por encima de nosotros. Y, desde luego, el monte Washington, hogar de algunas de las peores condiciones meteorológicas de la Tierra, algo que habíamos experimentado juntos en primera persona.

Como consumado senderista que había dirigido misiones en el Ejército estadounidense en picos como el monte McKinley, en Alaska (de 6.190 metros de altitud, el pico más alto de Norteamérica, y ahora conocido como Denali), Allan se distinguía por predicar la importancia de la preparación y el conocimiento requeridos para ascender de manera segura tales picos. Como parte de mis deberes antes de subir a la cumbre del monte Washington en octubre de 1984, Allan me había hecho repasar infinidad de reportajes sobre fallecimientos en la zona. Nuestro ascenso había comenzado una hora antes del amanecer. Las ráfagas de viento de 112 km/h y la espesa nieve oscurecían nuestra visión, hasta el punto de que apenas veíamos el mojón siguiente (el indicador de piedra que muestra el sendero por esos paisajes sin vida). Esto no nos sorprendió. La velocidad máxima del viento había llegado hasta los 370 km/h, la lectura más elevada que un anemómetro ha registrado en la Tierra. Una inmensa sensación de alivio me envolvió cuando entramos en el refugio de los Lagos de las Nubes, la más alta de las ocho fortalezas de piedra de la Cordillera Presidencial, construida para proporcionar cobijo temporal a los senderistas en ese terreno potencialmente mortal. El hecho de que la enorme choza de piedra estuviese encadenada a la roca salvaje parecía totalmente apropiado, dada la extremada fuerza de tales vientos sobrenaturales.

Como mentor en esa situación, Allan me desafió, haciéndome elegir.

–¿Seguimos nuestro ascenso? –preguntó.

Me había pedido que leyese esos informes fatales del monte Washington por una razón, y ese era mi examen final. Allí, el tiempo puede cambiar inesperadamente, y Allan quería que decidiera yo si continuábamos o no el ascenso, a pesar de la tormenta de nieve cada vez más impresionante.

Por el tiempo que estuve practicando deportes extremos, empezando con la carrera de cuatro años de paracaidismo en la Universidad de Carolina del Norte, en Capel Hill, sabía que la moneda común entre los participantes en estas aventuras potencialmente mortales era la demostración de decisiones profesionales y responsables basadas en la situación, no la exhibición de una bravuconería alocada. Volviendo a mis días de paracaidismo, la única manera de ser invitado a esas formaciones estelares en caída libre, y de organizarlas, era demostrando una cabeza fría más allá de cuáles fueran las dificultades –no caben aquí los vaqueros locos–. De manera similar, allí, en «el lugar del Gran Espíritu», Allan merecía lo mejor que pudiera dar de mí al tomar esa decisión.

–Quizás deberíamos volver a bajar –dije finalmente, reacio a renunciar a nuestra preciada meta, pero sabiendo en mi corazón que era la decisión correcta, basada en todos esos informes fatales.

–Buena elección –murmuró Allan, mientras empezamos a empaquetar nuestro equipo para salir de la cómoda y segura fortaleza de piedra. Él se encaminó hacia los vientos enfurecidos, y comenzamos el arduo descenso de la montaña.

La suerte nos sonrió y poco después de pasar el límite del bosque en nuestro descenso, el tiempo cambió abruptamente. Se aclararon las nubes, la temperatura subió y pudimos regresar para ascender a la cumbre bajo un sol brillante –incluso nos quedamos en camiseta–, con vistas sobrecogedoras de cientos de kilómetros en todas direcciones. Uno de los tramos finales de la subida era a través de un gigantesco bosque de abedules. Nunca olvidaré el cielo azul celeste sobre la intrincada belleza entretejida de sus blancas cortezas. Brillantes hojas doradas dispersas colgaban todavía de algunas ramas con un colorido que desafiaba el brutal invierno que se aproximaba rápidamente. La sutileza de la lección de ese día, y la gloria con que se nos recompensó al confiar en nuestros mejores instintos y nuestra conexión con la naturaleza, es análoga al cambio transformador en mi comprensión de las cosas que he tenido a través de los nueve años que han transcurrido desde mi coma.

¡Buena decisión, ciertamente!

Yo había llegado a respetar el profundo intelecto, la rica intuición y el estimulante sentido del humor de Allan. Era un científico consumado, algo que se mostró con toda claridad a medida que su carrera florecía durante los años siguientes. Se graduó en el programa de residencia neuroquirúrgico de alto nivel en el Hospital General de Massachusetts y escaló los puestos académicos de la Universidad de Arizona (Tucson), donde lo nombraron director del departamento de cirugía. Allan era realmente una estrella en la elevada constelación de la neurocirugía académica.

De modo que cuando volé a Tucson para asistir al encuentro de la Sociedad de Medicina Termal pocos meses después de mi coma, anticipé mi reunión con Allan como el punto culminante del viaje, ¡y no quedé decepcionado! Me recogió en su coche Smart azul brillante y fuimos a su casa, un rancho de caballos en las afueras de Tucson. Por el camino, nuestra conversación nos permitió contarnos buena parte de lo que nos había sucedido desde nuestro anterior encuentro hacía unos años.

Allan escuchaba embelesado cuando nos sentamos en su estudio, abundantemente adornado con libros y objetos interesantes, con el desierto al fondo, bajo un crepúsculo que podía contemplarse desde los grandes ventanales. Le conté un resumen bastante completo no solo de mis recuerdos del coma profundo, sino también de los detalles médicos, que eran tan desconcertantes que parecían haber eliminado toda posibilidad de explicarlos como un sueño febril o una alucinación. Como muchos de mis colegas médicos, Allan compartía el sentido del misterio a la hora de interpretar mi caso, muy animado por la extrema rareza de tal recuperación. Sabía que podía contar con él para ayudarme a analizar el enigma de cómo pude haber tenido esas experiencias y recuerdos tan vívidos durante un período de tiempo en el que mi neocórtex estaba siendo devorado.

Casualmente, la semana anterior a mi viaje a Tucson, había tenido un golpe de suerte en mis recientes intentos de explicar mi experiencia. Acababa de recibir, la semana anterior, la foto de mi hermana de nacimiento, a la que nunca había conocido, y el impacto de la comprensión me había proporcionado recuerdos sobre la realidad de mi coma que estaban todavía frescos en mi mente. Como sabrán los que han leído *La prueba del cielo*, relacionar esa foto de la hermana de nacimiento que perdí con mi hermosa compañera del coma profundo había constituido un reconocimiento trascendental para mí. Allan sintió el mismo asombro cuando le conté el reciente descubrimiento.

–Esto es oro puro –dijo tras un minuto de reflexión al final de mi larga explicación. Allan iba ya por delante de mí–. Oro puro –repitió, a lo que su esposa, Janey, que se sentaba junto a nosotros en algunas partes de mi resumen, asentía con entusiasmo.

–Es difícil no sentirse un poco celosa. ¡Yo también quiero tener tu experiencia! –añadió Janey.

Allan explicaba que, a su entender, mi historia había proporcionado una comprensión mucho más rica y profunda de la relación mente-cerebro. Si lo mirásemos con una mente abierta, en lugar de hacerlo a través de las limitadas lentes de la visión científica que yo tenía, mi experiencia podría ayudarnos a trascender nuestra frágil comprensión de la conciencia, de la relación entre la mente y el cerebro: ciertamente, de la naturaleza misma de la realidad.

–Quizás te guste esto –dijo Allan sonriendo y pasándome un ejemplar de su libro recién publicado *The Scalpel and the Soul: Encounters with Surgery, the Supernatural and the Healing Power of Hope* [El escalpelo y el alma: encuentros entre la cirugía, lo sobrenatural y el poder sanador de la esperanza].

Hasta ese momento, no habíamos comentado nada fuertemente sobrenatural, así que fue una gran sorpresa saber que albergaba ese interés –el interés suficiente como para escribir un libro sobre ello–. Mirando retrospectivamente, me di cuenta de que muchas personas de formación científica evitaban deliberadamente hablar de esos temas con sus colegas y compañeros. Compartir algo tan frívolo podría provocar levantamientos de cejas y ojos en blanco. Dados sus prestigiosos cargos académicos, parece que había tenido el valor del que tantos otros carecían.

Recientemente me había permitido leer libros sobre tales temas, y devoré las doscientas setenta y dos páginas del libro de Allan durante el vuelo nocturno que me llevaba de regreso hacia el Este. Su libro contenía una convincente colección de anécdotas de sus experiencias como neurocirujano atento, que abrían la puerta de par en par a la realidad de nuestra naturaleza espiritual. Sus reflexivas historias personales acerca de visiones en el lecho de muerte, premoniciones, ángeles y el asombroso poder de la fe y el amor para lograr la sanación más profunda del alma me hicieron llorar en varios pasajes del libro.

Un ejemplo es una historia conmovedora acerca de una abuela que había estado encargada de cuidar al hijo discapacitado de su hija, que ahora se hallaba luchando con su propio diagnóstico de cáncer de ovarios avanzado y se esperaba que muriese en pocos meses. ¿Quién cuidaría de ese pobre niño cuando la abuela sucumbiese a la enfermedad? La fe de la abuela le permitió desafiar las predicciones de los médicos. Terminó sobreviviendo a su propio médico y asistiendo a la boda de su nieto, que a todas luces se benefició de la intensa fe de su abuela: a pesar de sus discapacidades, se convirtió en un hábil artesano. La unión en Allan de la intuición científica combinada con una conciencia profunda y avanzada de la realidad del alma, aderezada con un adecuado sentido del humor, energizaron inmensamente mi búsqueda personal.

Otra caja de resonancia llegó bajo la forma de Michael Sullivan, que había estado a mi lado, junto a mi cama, durante la semana de mi enfermedad. Michael era el rector de la Iglesia episcopal a la que asistí durante los dos años anteriores, desde que me trasladé a Lynchburg (Virginia), aunque no había buscado consejo espiritual suyo en el pasado; nunca había sentido la necesidad antes de mi coma.

Michael se había convertido en un buen amigo debido a la estrecha relación de su hijo, Jack, con mi hijo pequeño, Bond. Se conocieron cuando Bond estaba estudiando tercero de primaria en el James River Day School, y habíamos compartido muchos buenos momentos familiares juntos, al asistir a su liguilla de béisbol. Aunque fuese pastor protestante, para mí era más mi divertido vecino y amigo cercano que otra cosa. Dada mi irregular asistencia a la iglesia, nuestras conversaciones tendían a ser más seculares que espirituales. Como otros muchos líderes eclesiásticos, me aportaba gracia espiritual, aunque en esa época yo no tenía ni idea de que estuviera haciéndolo.

Michael estaba agradecido de que hubiera desafiado las predicciones de mis médicos. Había estado preparando mi funeral (que parecía inevitable durante la semana en la que estuve en coma) y ofreciendo consuelo a mi familia. Y quedó fascinado por los aspectos «milagrosos» de mi recuperación. De niño, se había burlado de la idea de los «milagros», especialmente tal como se presentaban en el contexto de las curaciones evangélicas por la fe que se televisaban (que mostraban, por ejemplo, a alguien en una silla de ruedas que de repente podía volver a andar tras ser tocado en la cabeza por un entusiasmado pastor). Suponía que eran eventos preparados solo para espectadores crédulos e ingenuos, pero a pesar de eso los observaba con una curiosidad embelesada. Tras muchos años de reflexionar sobre la veracidad de los llamados milagros, haber sido testigo de primera mano de mi recuperación había conmocionado sus propias creencias. Una cosa es leer sobre un suceso o verlo de lejos en la televisión; otra muy distinta es estar junto a la cama de un amigo de confianza que experimentaba directamente tal inexplicable recuperación.

En los primeros meses después de despertar del coma, encontré a Michael en el Starbucks de nuestro barrio. Nos sentamos juntos para hablar, y pronto la conversación se sumergió en los recuerdos de mi experiencia en el coma. Cada una de nuestras perspectivas fueron mejor comprendidas a través de esa cándida conversación.

Le dije que había estado en un paraíso idílico con muchos rasgos terrestres –un valle fértil, de un verde exuberante, lleno de vida y creación, con plantas creciendo, yemas brotando y capullos floreciendo, todo ello en un mundo similar al mundo de las formas de Platón (según sus palabras en el *Timeo*), en el cual los contenidos son más ideales de lo que representan en el ámbito terrestre–. Lo que llamé el Valle de Entrada era solo un pasaje hacia el Núcleo central, que encontré ascendiendo por elevadas dimensiones del espacio y el tiempo. El propio Núcleo era la fuente de todas las cosas, la no dualidad última, pura unidad. Era consciente de todo el universo de dimensiones superiores como algo indescriptiblemente complejo y que sostenía toda la existencia, como un modelo de todo el constructo –todo espacio, tiempo, masa, energía, interrelaciones, causalidad y mucho más para lo que no tengo palabras–. Justo más allá de todo eso, encontré el poder del amor incondicional infinito, el *sentimiento* y la *sensación* de ese amor inefable. Me sentí bañado en la fuente de todo lo que es. Ese sentimiento está más allá de toda descripción, y sin embargo es tan impactantemente concreto y real que nunca he perdido la memoria de ello. Las palabras humanas, desarrolladas para ayudarnos a describir los sucesos terrestres, obviamente se quedan cortas a la hora de transmitir la sorprendente majestuosidad de la aceptación total de ese amor carente de juicios y expectativas.

«Tu descripción de la experiencia me recuerda los escritos de algunos de los primeros místicos cristianos –me dijo Michael–. Tengo un libro que podría ayudarte más incluso que tus libros de neurociencia. Te lo traeré esta tarde». Ese mismo día, más tarde, encontré en el escalón delante de mi casa *Light from Light: An Anthology of Christian Mysticism* [Luz que procede de la Luz: una antología de misticismo cristiano]. Contenía los escritos fascinantes de aquellos que escribieron sobre experiencias espirituales profundas y transformadoras, algunas de las cuales se remontan hasta hace casi dos mil años. Me esperaba una lectura de las que abren la mente.

Mi conocimiento del cristianismo se limitaba entonces a la variedad muy estrecha que se podía esperar de mi educación religiosa convencional en una iglesia metodista de Carolina del Norte. La mística no era una cualidad que hubiese asociado todavía con el cristianismo. Ese libro fue mi primera introducción a los místicos, aquellos que atraviesan activamente ámbitos invisibles y viven la vida sabiendo que el mundo físico no es sino una pequeña parte de una realidad mucho mayor, la mayor parte de la cual es inaccesible para nuestra conciencia de vigilia. Me sorprendió saber el poder y la diversidad de tales escritos, abordados desde una perspectiva cristiana. Desde Orígenes (comienzos del siglo III), pasando por Bernardo de Claraval (siglo XII), Francisco de Asís (comienzos del siglo XIII), Meister Eckhart y Juliana de Norwich (siglo XIV) y santa Teresa de Ávila (siglo XVI), hasta Teresa de Lisieux (siglo XIX), los viajes sonaban significativamente familiares.

Los relatos místicos profundos habían abierto el camino de la humanidad a la comprensión de la naturaleza completa del universo. Tales extraordinarias experiencias, de gran profundidad, en el ámbito espiritual constituían la base de todas las religiones. La experiencia personal es el mejor de los maestros, y la antología de mística cristiana recomendada por Michael me ayudó a obtener una comprensión más rica de mi propia experiencia, aparentemente inexplicable. Y lo que es más importante, se me comenzó a revelar que todos los caminos hacia tal conocimiento implican un viaje a la conciencia.

Después de varios meses comentando mi experiencia con amigos y colegas de confianza, descubrí que tenía que ampliar mucho más mis investigaciones en un territorio tan alejado del conocimiento básico que me resultaba familiar y en el que me hallaba cómodo. La actitud general ante un caso como el mío habría sido esconderlo debajo de la alfombra, apartarlo y simplemente etiquetarlo como inexplicable. Pero mis confidentes entendieron mi dilema y apoyaron mi búsqueda para lograr una comprensión más adecuada. Aquí estaba en juego algo mucho más grande y me vi impulsado a buscar un sentido más profundo.

Capítulo 2

UN PROBLEMA DIFÍCIL, CIERTAMENTE

El mayor misterio de la ciencia es la naturaleza de la conciencia. No es que tengamos teorías malas o imperfectas de la conciencia humana; simplemente no tenemos teorías, en absoluto. Prácticamente todo lo que sabemos de la conciencia es que tiene algo que ver con la cabeza, más que con el pie.

Nick Herbert (1936-), físico

Cuando recuperé la conciencia por primera vez en la cama número diez de la UCI, no tenía ningún recuerdo de mi vida antes del coma. De hecho, no tenía recuerdos personales de haber vivido en el planeta Tierra. Lo único que conocía era la fantástica odisea de la que acababa de volver –el sorprendente viaje en coma profundo que parecía haber durado meses o años, aunque todo tenía que haber ocurrido en los siete días que duró–. Todos los recuerdos que tenía hasta entonces, incluidos los recuerdos personales, las creencias religiosas y el conocimiento científico obtenido a través de más de veinte años transcurridos como cirujano académico, se habían desvanecido sin dejar huella.

Cuando regresé a este mundo ese domingo por la mañana, mi cerebro estaba destrozado. Incluso las palabras y el lenguaje se habían borrado, si bien comenzaron a regresar rápidamente en las primeras horas de mi despertar. Al principio explicaba la amnesia de mi vida previa como una consecuencia del amplio daño neocortical que mis médicos insistían en decirme que se había producido, basándose en las pruebas neurológicas, en los escáneres y en los valores de laboratorio. Mi formación neuroquirúrgica convencional había postulado que los recuerdos están almacenados, de algún modo, en el cerebro, y especialmente en el neocórtex, así que esa era mi explicación por defecto.

Mi capacidad de hablar fue retornando a lo largo de las horas y los días, seguida de muchos recuerdos personales que volvían, de manera paulatina y espontánea, durante las semanas siguientes. Las enfermeras eran muy amables y permitían que dos de mis hermanas, Betsy y Phyllis, durmieran en camas plegables junto a mi cama para mantener esa vela familiar constante que habían organizado durante mi semana en coma. En el estado atribulado de mi cerebro, me resultaba muy difícil dormir, de noche o de día. Mis hermanas vivieron mi insomnio y mi inquietud como algo bastante molesto, e intentaban ayudarme a dormir contando historias de nuestros viajes de vacaciones en la infancia.

Yo estaba fascinado por sus anécdotas, que sonaban exóticas, y de las que no tenía ningún recuerdo personal. Pero con el paso de los días, comenzaron a surgir a la superficie vagos fragmentos –recuerdos que sintonizaban con las fascinantes historias compartidas por mis hermanas durante esos extraños días (y noches) mientras mi dañado cerebro intentaba recomponerse–. La mayoría de los recuerdos de mi vida personal regresaron al cabo de unas tres semanas después de despertar del coma. Todo el conocimiento anterior de física, química y neurociencia (la memoria semántica) volvió progresivamente en el plazo aproximado de unos dos meses. La completitud del regreso de mi memoria fue bastante sorprendente, en especial a medida que revisaba minuciosamente mis registros médicos y mantenía conversaciones con colegas que me habían cuidado, y me di cuenta de lo enfermo que había estado. Los pacientes que sufren una enfermedad como la mía no sobreviven, y mucho menos tienen experiencias espirituales extraordinarias unidas a una recuperación más que completa. ¿Cómo explicar todo eso?

El problema al que me tuve que enfrentar al principio respecto a la naturaleza de la memoria fue el hecho de que tuve recuerdos del coma profundo. Si se me hubieran presentado detalles de mi caso antes del coma, con toda confianza habría dicho que un paciente tan enfermo como yo no podía haber experimentado nada más que los rudimentos más elementales de la experiencia consciente y desde luego no habría tenido memoria de ello. Habría estado totalmente equivocado.

En neurociencia, generalmente consideramos que la formación de nuevas memorias constituye un proceso exigente que es solo incompleto y fragmentado en un cerebro significativamente deteriorado. Es la razón de que tantas enfermedades mentales den como resultado una amnesia, parcial o completa, durante el período de la enfermedad. Incluso después de que los pacientes despierten del coma e interactúen con quienes los rodean, la capacidad de recordar esas nuevas experiencias puede tardar horas, días o incluso más tiempo en retornar, si es que lo hace. Observa que la evocación de recuerdos formados hace tiempo no es tan difícil, por lo cual los pacientes con demencia tienen sus principales problemas, al principio, cuando se trata de evocar recuerdos recientes –por ejemplo, qué han desayunado (incluso si han desayunado o no)–, pero sus recuerdos de la infancia y otros episodios lejanos de la experiencia vital siguen siendo accesibles.

Ahora bien, es destacable que mis recuerdos del coma profundo no se hayan difuminado con el tiempo. Tras despertar del coma, experimenté aproximadamente treinta y seis horas de una pesadilla psicótica paranoide delirante, claramente diferente de la sensación subjetiva de ultrarrealidad que tuvo lugar durante la experiencia de coma profundo. Suponía que todos los recuerdos (tanto los espirituales ultrarreales del coma profundo como la paranoia delirante poscoma) representaban alucinaciones de mi atribulado cerebro, de algún modo activadas a través del daño sufrido en todo el neocórtex, y anticipaba que con el tiempo serían cada vez menos vívidos. Para mi sorpresa, una diferencia fundamental entre las dos series de recuerdos ha sido la resistencia, dura como la roca, de los recuerdos ultrarreales del coma profundo, en comparación con la efímera transitoriedad de los recuerdos de la pesadilla psicótica (que básicamente desaparecieron al cabo de unas semanas). De hecho, mis recuerdos de la experiencia de coma profundo han permanecido estables y claros hasta el día de hoy.

Me di cuenta de que mi calvario podría considerarse una experiencia cercana a la muerte (ECM) y se despertó mi interés por saber más acerca de informes similares, para compararlos con el mío. Pero antes de leer otras narraciones, durante las primeras seis semanas siguientes a mi despertar, escribí cuidadosamente todo lo que podía recordar acerca de esas memorias del coma profundo y la recuperación inicial. Luego, comencé una búsqueda seria de registros de experiencias similares.

Uno de los primeros recursos que encontré fue *Vida después de la vida*, del doctor Raymond Moody, el libro que produjo un revuelo mundial en 1975 y el primero en popularizar la expresión *experiencia cercana a la muerte*. El amoroso consuelo hallado por la mayoría de los aproximadamente cien pacientes analizados en el libro del doctor Moody resonó de manera profunda y auténtica con lo que yo recordaba de mi experiencia. Las palabras que eligió para narrar la experiencia a partir de varios sujetos, así como la sensación general de que todos estaban confusos por las limitaciones del lenguaje terrestre al intentar describir tales viajes no terrestres, me hicieron revivir los recuerdos, tan vívidos como inefables, de mi propia experiencia.

Las variadas descripciones de ese ámbito espiritual como una realidad que era más fundamental que nuestro ámbito terrestre tenía para mí todo el sentido del mundo. Quedé deslumbrado al saber que otras personas podían haber tenido esa clase de experiencias extraordinarias cuando se suponía que estaban muertas. Si todo fuera como la neurociencia materialista imaginaba, según la cual la conciencia se apaga totalmente cuando el cerebro deja de funcionar, no debería haber habido recuerdos en absoluto. Me vi impulsado a explicar cómo estas experiencias eran posibles.

Como había prestado muy poca atención a la literatura sobre las ECM antes de mi coma, no tenía ni idea de que una característica de los recuerdos de estas experiencias es que son muy persistentes y estables durante largos períodos de tiempo, a diferencia de los recuerdos de la mayoría de los sucesos, sueños y alucinaciones. Los investigadores han estudiado la notable estabilidad de tales memorias y han demostrado que los contenidos detallados de los recuerdos de las ECM permanecen consistentes durante décadas, en comparación con la mayoría de los otros tipos de memoria, que parecen cambiar de algún modo cada vez que los reexaminamos.

La otra cualidad principal de las descripciones de las experiencias cercanas a la muerte se refiere a la sensación de ultrarrealidad. Yo estaba absolutamente asombrado por la cualidad «demasiado real para ser real» de mis recuerdos del coma profundo, especialmente en el Valle de Entrada y al ascender al ámbito que llamo Núcleo central de pura unidad. Mis lecturas revelaron que más de la mitad de quienes experimentan ECM se sienten asombrados por esa sensación de realidad aumentada. Coincido con la observación de muchos de ellos de que esta realidad de vigilia normal es más onírica que la riqueza de las ECM trascendentales. Las memorias de las ECM son claramente distintas de los sueños o las alucinaciones. Sugieren que nuestro sentido de una realidad consensuada en este mundo material no es más que uno de los posibles modos de realidad que compartimos.

El neurólogo belga Steven Laureys y sus colegas, que compartían un profundo interés en las ECM, presentaron en marzo de 2013 un fascinante estudio de los recuerdos de pacientes en coma.[1] Su estudio evaluaba tres grupos de supervivientes del coma (ocho pacientes que habían vivido una ECM tal como la define la escala de ECM de Greyson, seis pacientes que no habían vivido una ECM pero que tenían recuerdos del coma y siete pacientes que no los tenían). Estos grupos se compararon con un grupo de dieciocho voluntarios sanos emparejados por edad. Se analizaron cinco tipos de memorias utilizando un cuestionario de características de la memoria: memorias diana (ECM para el grupo que había tenido experiencias cercanas a la muerte, memoria del coma para el grupo que tenía recuerdos del coma, y memorias de la primera infancia para el grupo que no tenía recuerdos del coma y para el grupo de control); memorias de sucesos reales antiguos y recientes, y memorias antiguas y recientes de sucesos imaginados. Como se sabe que las ECM tienen un elevado contenido emocional, a los participantes se les pidió que eligiesen los recuerdos emocionalmente más destacados, en relación con los recuerdos tanto reales como imaginados de sucesos recientes y antiguos.

Concluyeron que los recuerdos de ECM tienen más rasgos destacables que cualquier otro tipo de recuerdos, tanto de sucesos reales como imaginados, así como también al compararlos con recuerdos de un estado inconsciente, como el coma. De hecho, interpretaron que sus descubrimientos demostraban que las ECM de ningún modo podían considerarse sucesos imaginados. Tuvieron que enfrentarse al descubrimiento de que tales sucesos recordados habían ocurrido realmente. Su naturaleza ultrarreal es verdaderamente notable y los sitúa aparte de cualquier otro tipo de memoria.

Arianna Palmieri y sus colegas de la Universidad de Padua, en Italia, publicaron un interesante estudio en 2014 sobre la cualidad extraordinaria de los recuerdos de las ECM. Utilizaron la hipnosis para aumentar la cantidad de detalles evocados a partir de las excepcionales experiencias y hallaron que el grado de detalle, poder emocional y autorreferencialidad eran más parecidos a los recuerdos de sucesos reales que a los sueños o sucesos imaginados similares.[2]

Al comienzo, mis intentos de comprender estaban dominados por mis presupuestos anteriores al coma acerca de la naturaleza del cerebro y de la mente. Pero la propia ultrarrealidad era más difícil de explicar desde dentro de mi antiguo paradigma. Si el cerebro produce conciencia y el neocórtex (como la calculadora más potente del sistema de procesamiento de la información del cerebro) es esencial en la construcción de cualquier conciencia tan detallada, ¿por qué el progresivo desmantelamiento de mi neocórtex permitió un aumento tan astronómico en la cualidad detallada, multinivel, de la conciencia, y en cuanto al significado de esta? Durante meses luché con tal interrogante, antes de empezar a reconsiderar mi concepción del mundo de cabo a rabo.

Cuanto más leía sobre los estudios científicos de las ECM, más sentía que caminaba por el borde de un precipicio gigantesco. Esto se estaba convirtiendo en algo mucho más serio que mis primeras incursiones, en las que había sentido una molesta mosca: ¡ahora parecía mucho más un asteroide que estuviese destruyendo nuestro planeta! Todas mis presuposiciones acerca de la naturaleza de la realidad estaban ahora en el aire. Algo tiene que estar básicamente equivocado en nuestra concepción científica convencional, algo revelado por esas experiencias humanas extraordinarias, pero ¿qué? ¿Hasta dónde tendría que descender en mis creencias fundamentales para realizar cambios que me permitiesen una comprensión más profunda?

En esencia, estaba buscando un nuevo marco científico que pudiera explicar tales experiencias de un modo que fuese más preciso y amplio de lo que la ciencia convencional permitía. Para mi gran satisfacción, hallé que científicos serios habían estado estudiando estos fenómenos desde hacía décadas, si no más de un siglo. Y, cosas del destino, uno de los más destacados y célebres de tales científicos trabajaba no muy lejos de allí.

El doctor Bruce Greyson, un destacado psiquiatra de la Universidad de Virgina, en Charlottesville, muy afable, comenzó a investigar las ECM a comienzos de los años setenta. Quedó fascinado por los efectos posteriores a las experiencias en los individuos que afirmaban tener recuerdos trascendentales vívidos de sucesos que habían ocurrido mientras sus cuerpos estaban en peligro físico, y esto lo llevó a desarrollar la escala Greyson para determinar los rasgos comunes de las experiencias cercanas a la muerte. Creó un cuestionario con preguntas como «¿Estaban tus sentidos más vívidos de lo habitual?» y cuantificó los resultados para clasificar la intensidad de la experiencia, comparada con otras.

Como psiquiatra en activo, estaba acostumbrado a contrastar las diferencias entre tales experiencias y los trastornos mentales comunes, como la psicosis y la esquizofrenia. Entre las muchas distinciones establecidas está la frecuente transformación beneficiosa, de larga duración, de las creencias, actitudes y valores, algo que ocurre a continuación de una experiencia cercana a la muerte. Un seguimiento a largo plazo revela que tales efectos continúan durante años, incluso permanentemente, un rasgo que no suele encontrarse en los trastornos mentales.

El doctor Greyson es autor de más de cien publicaciones en revistas médicas sometidas a revisión por pares y fue jefe de redacción del *Journal of Near-Death Studies* [Revista de estudios sobre experiencias cercanas a la muerte] durante más de veinte años. Naturalmente, estuvo interesado en escuchar los detalles de mi experiencia, y me di cuenta de que él tenía una mina de oro de información sobre el fenómeno, que podría contribuir de manera útil a mi investigación en curso. Entre otros prestigiosos nombramientos del momento, el doctor Greyson era director de la División de Estudios sobre la Percepción (DEP) de la Universidad de Virginia. Tras mantener una intensa correspondencia a través del correo electrónico durante varios meses, me invitó a hablar en uno de sus encuentros periódicos. ¿Cuál era el tema de sus encuentros semanales? ¡La conciencia!

Mientras conducía hacia Charlottesville para mi presentación, me di cuenta de que hablaría exactamente cuando se cumplían dos años justos (incluso a la misma hora) de mi salida del coma –una significativa celebración, pensé–. Había revisado la página web de la DEP y quedé asombrado de sus esfuerzos, y es que eran líderes mundiales en la exploración de todos los asuntos relacionados con la conciencia y, en particular, con la conciencia no local (esto es, la facultad de conocer cosas independientemente de nuestros sentidos físicos y más allá de las limitaciones del espacio y el tiempo). Todo el grupo de la DEP estaba motivado por un objetivo común: establecer una teoría alternativa que describa nuestras percepciones del mundo, dadas las deficiencias del paradigma fisicalista (o materialista) habitual para explicar la relación mente-cuerpo. Su misión estaba definida por la relativa ausencia de comprensión científica acerca del cerebro y la mente, a pesar de la enorme financiación y el tremendo esfuerzo invertidos en su investigación (la mayoría de esa financiación se dedica a estudios sobre el cerebro, mientras que el campo igualmente relevante de la parapsicología queda lamentablemente fuera). La doctrina del fisicalismo, la idea de que solo existe lo físico, había fracasado a la hora de ofrecer cualquier comprensión significativa de la relación mente-cerebro.

Esta investigación académica comenzó en la década de los sesenta con la obra del doctor Ian Stevenson, quien investigó recuerdos de vidas pasadas en niños utilizando protocolos, y todavía continúa con el doctor Jim Tucker, actual director de la DEP. Este interés condujo al estudio general de la conciencia no local, es decir, de aspectos de la mente que están más allá del alcance de nuestros sentidos físicos, como las experiencias cercanas a la muerte, las comunicaciones *post mortem*, la telepatía, la psicokinesia, la precognición, los presentimientos, las experiencias fuera del cuerpo, la visión remota, los recuerdos de vidas anteriores en niños que indican casos de reencarnación y otros tipos de estados alterados de conciencia. Tienen especial interés en utilizar metodología científica para estudiar la evidencia de la supervivencia del alma más allá de la muerte. Yo no tenía ni idea de que se estaban llevando a cabo tales investigaciones tan solo a noventa minutos de distancia siguiendo la autopista 29 estadounidense.

Durante mi presentación de una hora ante los aproximadamente treinta científicos y demás colegas, en lugar de incredulidad, escepticismo o sorpresa, este grupo fue mostrando guiños significativos de comprensión y aprobación a medida que mi historia se desarrollaba. Nuestra conversación se prolongó durante la comida en un restaurante en el Downtown Mall, donde aprendí muchas más cosas acerca de los volúmenes de investigación que se estaban realizando en la DEP.

Entre esos intrépidos científicos estaba el doctor Edward Kelly, doctorado en Psicolingüística y Ciencia Cognitiva en Harvard en 1971, quien más tarde dedicó más de quince años a estudiar los fenómenos *psi* (o «paranormales») en el Instituto de Parapsicología JB Rhine, en Durham (Carolina del Norte). Había trabajado también en el Departamento de Ingeniería Eléctrica de la Universidad de Duke, en cuya Facultad de Medicina yo estudié. Parece que nos habíamos cruzado por el camino en varias instituciones, aunque en momentos diferentes y con intereses distintos.

El doctor Kelly me regaló un ejemplar de su revolucionario libro *Irreducible Mind: Toward a Psychology for the 21st Century* [Mente irreductible; hacia una psicología para el siglo veintiuno]. Nunca había oído hablar del libro antes de aquello. Al leerlo me di cuenta de la enorme cantidad de investigaciones existentes sobre el fenómeno de las ECM, los recuerdos de vidas pasadas en niños, las experiencias místicas y otros ejemplos de conciencia no local. ¡Escandaloso! Reconocí que el equipo de la DEP estaba mucho más adelantado en el camino que yo acababa de comenzar. Sorprendentemente, empecé a darme cuenta de que había muchos científicos y médicos en todo el mundo que ya habían llegado a reconocer que el materialismo científico convencional estaba perdido sin remedio en lo que respecta a cualquier comprensión de la conciencia.

El siglo pasado fue testigo de sorprendentes progresos en nuestra comprensión del cerebro humano. Tras milenios de suponer lo que sucedía en nuestras cabezas durante cualquier actividad, desarrollamos nuevas herramientas fascinantes para explorar las acciones físicas en el interior del cerebro. Comenzando en los años setenta, las tomografías computarizadas nos permitieron crear imágenes tridimensionales de la estructura cerebral utilizando rayos X; poco después, las resonancias magnéticas nos proporcionaron detalles sin precedentes de la anatomía normal y la anormal del cerebro, y pronto las imágenes por resonancia magnética funcional permitieron efectuar una valoración estructural de la actividad cerebral cuando una persona percibe, piensa o se mueve. Especialmente durante las últimas décadas, los neurocientíficos han disfrutado de un acceso sin precedentes a lo que sucede en el cerebro con todo lujo de detalles.

Como neurocirujano, he tenido el privilegio de participar en esta carrera hacia el mapeado y la comprensión del cerebro humano. He ayudado a desarrollar técnicas neuroquirúrgicas avanzadas, como la radiocirugía estereotáxica (que utiliza precisamente haces de radiación para tratar varias anomalías cerebrales); operaciones guiadas por imágenes (especialmente, un diseño nuevo de los sistemas de resonancia magnética para permitirnos operar en los cerebros mientras contemplamos las imágenes en el escáner de resonancia magnética, lo que nos permite operaciones más seguras y eficaces), y el uso de energía de ultrasonido focalizada para tratar (no solo para crear imágenes, como en el uso clásico del ultrasonido) los trastornos del movimiento (como los temblores), los tumores cerebrales, las embolias y el alzhéimer. Baste decir que actualmente conocemos una enorme cantidad de detalles sobre la fisiología y la función del cerebro. Y sin embargo, nosotros los neurocientíficos e investigadores todavía no podemos contestar la única cuestión crucial: ¿qué es la conciencia y de dónde viene?

En el mundo de la neurociencia y la filosofía de la mente, esta pregunta se conoce como el *problema difícil de la conciencia* (PDC), denominación acuñada por el excéntrico filósofo australiano David Chalmers en su libro de 1966 *La mente consciente*. Muchos científicos creen que este es el misterio más profundo de la historia del pensamiento humano. Conocemos mucho acerca de la mecánica del cerebro, hasta el nivel molecular, pero cuando llegamos a la conciencia, simplemente no tenemos ni idea. ¿Cómo podría la materia física del cerebro dar lugar a la mente consciente? ¿Cuál es la relación con el observador interno que contempla todo lo que experimentamos y recordamos, la parte de nosotros que no solo procesa estímulos, sino que tiene pensamientos y puede incluso reflexionar sobre ellos? Es una pregunta fundamental, y apunta al núcleo de lo que nos hace ser nosotros. Pero, a pesar de todos los avances en la biología molecular y la investigación del cerebro, no sabemos cómo se forma nuestro ser esencial, ni siquiera de dónde procede.

Algunos científicos están dispuestos a renunciar a la pregunta. Llegan a un punto en el que abandonan toda esperanza de poder llegar a explicar cómo la conciencia puede surgir del funcionamiento físico del cerebro. Otros deciden esquivar el asunto declarando que la conciencia no existe o afirmando que un día descubriremos exactamente cómo surge de la materia física. No está de moda señalar que las explicaciones más lógicas son las que contradicen completamente el modelo dominante de la neurociencia, modelo materialista que sostiene que el cerebro crea la conciencia. Lo creas o no, cuando se enfrentan al hecho de que no tienen ni el asomo de una teoría que explique cómo podría el cerebro crear la conciencia, muchos científicos simplemente se encogen de hombros y siguen adelante. Para ellos, el problema difícil es demasiado... difícil.

Chalmers sospechó algo, allá por 1996, pero no era ni la primera ni la última persona en atisbar el profundo misterio de este tema. El padre de la física cuántica, y ganador del Premio Nobel de Física en 1918, el alemán Max Planck, dijo: «Considero que la conciencia es fundamental. Veo la materia como derivada de la conciencia. No podemos ir más allá de la conciencia. Todo aquello de lo que hablamos, todo lo que consideramos existente, supone la conciencia». Otro de los padres fundadores de la física cuántica, el austríaco Erwin Schrödinger, Premio Nobel de Física en 1933, señaló: «Aunque pienso que la vida puede ser el resultado de un accidente, no creo lo mismo de la conciencia. La conciencia no puede explicarse en términos físicos. La conciencia es absolutamente fundamental. No puede explicarse en términos de nada más». Y, como ha afirmado más recientemente el filósofo de la Rutgers University, Jerry A. Fodor: «Nadie tiene la menor idea de cómo algo material podría ser consciente. Nadie sabe ni siquiera en qué consistiría tener la menor idea acerca de cómo algo material podría ser consciente. Esto es lo que hay de la filosofía de la conciencia».

Los científicos que se hallan fuera de los límites formales de la neurociencia, especialmente los físicos, parecen captar también la inmensidad del PDC. Edward Witten, líder mundialmente reconocido en el intento matemático avanzado de reconciliar la física cuántica con la relatividad a través de lo que se conoce como teoría de cuerdas, ha manifestado: «Me resulta mucho más fácil imaginar cómo entendemos el *big bang* que imaginar cómo comprendemos la conciencia».

Claramente el PDC se ha convertido en algo así como una ballena blanca*: una búsqueda interminable de explicación por parte de los pensadores más destacados en sus campos.

Como estudiantes de la ciencia y la razón, se nos forma en el estudio del mundo con las herramientas científicas que tenemos: TAC, resonancias magnéticas y todas las demás modalidades

* La expresión «ballena blanca» tiene su origen en Moby Dick, la ballena que obsesiona al capitán Ahab en la novela de Melville, y hace referencia a esa obsesión que se convierte en el objetivo principal en la vida de alguien, hasta el punto de destruirla o de afectar fatalmente a todos los ámbitos de la misma.

y técnicas de la medicina moderna. Pero algunos científicos se convierten en víctimas de la idea de que todo tiene que ser cuantificable utilizando estas herramientas. ¿Y si estuviéramos empleando las herramientas equivocadas porque no estamos muy seguros de lo que buscamos? ¿Y si, en lugar de una ballena blanca, la comprensión más profunda respecto a la conciencia humana y sus orígenes llega en forma de un cisne negro, algo tan completamente desconocido e inimaginable para nuestra actitud mental que no existe hasta que se experimenta en primera persona?

Lo que he experimentado –y lo que han experimentado millones de otras personas que han tenido ECM y otras experiencias espiritualmente transformativas– es el cisne negro que no sabemos buscar. No podemos identificarlo ni analizarlo con un EEG espectral, ni con resonancia magnética funcional, ni con cualquiera de las demás herramientas que los científicos han utilizado, sino que está oculto a simple vista.

Parte del pensamiento científico más moderno que ahora arrasa en el campo de los estudios de la conciencia maneja un concepto totalmente diferente de la relación mente-cerebro: que el cerebro es una válvula reductora, o un filtro, que rebaja la conciencia primordial a un hilo –nuestra muy limitada conciencia humana del «aquí y ahora» manifiesto–. El cerebro físico solo permite que emerjan ciertos patrones de conciencia, de un amplio grupo de estados mentales posibles. Esta conciencia puede liberarse en un nivel muy superior cuando queda libre de los grilletes del cerebro físico, como sucedió mientras estuve en coma.

Las implicaciones científicas son impresionantes y proporcionan un fuerte apoyo a la realidad de la vida después de la muerte. Pero esto es solo el comienzo. A medida que descubrimos que hay ejemplos de un potencial humano excepcional (como en la creatividad a nivel del genio, la telepatía, la psicokinesia, la precognición y los recuerdos de vidas anteriores) que realmente se da en algunas personas, empezamos a darnos cuenta de que la capacidad latente está en todos los humanos. Dicho de otro modo, se trata de capacidades que se pueden cultivar y mejorar. Yo quedé fascinado por el potencial para mejorar enormemente la actividad humana, algo que resulta posible desde esta concepción más amplia de la conciencia. ¡Si capacidades como estas pueden conseguirse, las implicaciones para el potencial humano son asombrosas!

Esta idea era nueva para mí, pero no para el mundo. Algunas luminarias de finales del siglo XIX y comienzos del XX, entre las cuales se hallan William James,[3] Frederic W. H. Myers, Henri Bergson, F. C. S. Schiller y Aldous Huxley, defendieron con serias reflexiones esta teoría del filtro. El doctor canadiense Wilder Penfield, especialista en epilepsia y uno de los neurocirujanos más destacados del siglo XX, escribió en 1975 *The Mystery of the Mind* [El misterio de la mente], libro en el que resumía la obra de toda su vida y en el que demostraba especialmente que la conciencia (incluida la libertad de la voluntad) no es creada por el cerebro. La teoría del filtro no significa que tengamos que desechar todos nuestros recientes descubrimientos sobre el cerebro, en absoluto. Antes al contrario, abre la puerta para explicaciones más adecuadas de las experiencias humanas, tanto las ordinarias como las extraordinarias. Comencé a darme cuenta de que nuestras mentes son mucho más que señales eléctricas; no somos solo, como algunos argumentan, «robots de carne».

Cuanto más estudio, más me doy cuenta de que, en algún nivel, los humanos sabemos ya que es verdad. Prácticamente todas las tradiciones religiosas y filosóficas afirman que alguna parte de nuestros yoes esenciales existe independientemente de nuestros cerebros y nuestros cuerpos físicos. Incluso aquellas pocas que poseen una escasa visión de la vida después de la muerte incluyen algún ritual o práctica dedicado a conectar a los humanos con lo divino y con su propia conciencia ampliada, ilimitada. Prácticas de la cábala, del misticismo cristiano, de la meditación sufí, del *mindfulness* budista, así como la plegaria devocional, entre otras, todas ellas constituyen caminos a través de los cuales las personas han accedido a esta conciencia más amplia y a la conexión con un mundo que está más allá de su visión.

El tipo de percepción y de pensamiento que hallamos en las experiencias místicas confirma que, en algún nivel, la mayoría de nosotros somos conscientes de que hay más en esta vida que lo que vemos. Podemos buscarlo en una conexión más profunda con Dios a través de la oración o la meditación, o podemos simplemente ser visitados por la sensación, en determinados momentos más fuerte, de que estamos conectados a algo más grande que nosotros. ¿Te has detenido alguna vez en un lugar hermoso y te has encontrado con un poderoso sentimiento de seguridad y conexión que parece llenarte? Estoy hablando de eso. Lo que vi –y lo que han visto muchos otros que han tenido una experiencia cercana a la muerte y experiencias espirituales transformativas similares– fue una conciencia de plenitud, como ser capaz por fin de mirar de frente algo que ha estado acechando justo fuera de mi visión periférica. La verdad está a nuestro alrededor y, a veces, tenemos vislumbres de ella, pero ¿cómo podemos darle a todo ello un sentido más claro?

Capítulo 3

LA CIENCIA ENCUENTRA LA ESPIRITUALIDAD

La ciencia no solo es compatible con la espiritualidad; es una fuente profunda de espiritualidad.

Carl Sagan (1934-1996), astrónomo estadounidense

No cabe duda de que mi mundo fue sacudido desde sus cimientos. Tenía la impresión de que había tropezado con un factor esencial que podía contribuir al avance de la ciencia. Más que eso, me di cuenta de que, en última instancia, esto proporcionaba el potencial de una comprensión más plena de la verdadera naturaleza de la existencia humana. Me vi llevado a compartir mi mensaje con todo el que quisiera escuchar, con la esperanza de que pudieran ofrecer una mayor comprensión de estos asuntos. La narración de mi experiencia comenzó a extenderse por mi comunidad local, y a través de mi red personal empecé a conectar con padres afligidos, que estaban pasando el duelo de la muerte de sus hijos. Esto llevó a mi primera presentación formal, en el año 2010, en una cena para recaudar fondos para Kid's Haven, un grupo de apoyo para niños que han perdido a sus padres o hermanos. Compartí allí cómo mi experiencia apoyaba la idea de que el alma sigue existiendo después de que el cuerpo físico haya muerto. La audiencia se veía confortada por esto –parece que ayudaba a muchos en el proceso de duelo–. Posteriormente les hablé a un pequeño grupo de veinticinco sanadores centrados en ayudar a la gente a lidiar con el dolor en el contexto de una asociación cristiana vinculada a la Iglesia metodista Peakland United. Una semana después, hablé en la Iglesia episcopal de St. John, de la que era rector Michael Sullivan y yo era miembro. Este fue el primer gran evento público que desató un interés más amplio, y fue seguido por invitaciones de varias otras iglesias y organizaciones de los alrededores.

Antes de estar en coma, había presentado unas doscientas ponencias a grupos médicos en relación con mi labor de investigación en el ámbito de la neurocirugía, de modo que hablar en público me resultaba cómodo. Pero hablar a audiencias sobre mi experiencia personal era algo totalmente nuevo, sorprendentemente diferente y extraño. La gente se acercaba a mí después de la charla para decirme que se identificaban con mi historia: los asistentes habían recibido un mensaje reconfortante, positivo, que los dejaba con un sentimiento de mayor plenitud. Muchos llegaban a derramar lágrimas. Yo no estaba acostumbrado a respuestas emocionales, y estaba sorprendido por esa enorme sensación de provocar un «momento ¡ajá!» en grupos enteros.

Las audiencias parecían aceptar totalmente la idea de que nuestras almas son eternas. Esto me ayudó a consolidar la integración de todo lo que estaba entendiendo. Nunca se trata solo del viaje de la propia alma: esto tiene que ver con una evolución masiva de la conciencia de la que todos formamos parte. Se me hizo evidente que el proceso de contar mi historia ayudaba enormemente a otros, pero también me ayudaba a mí a tomar conciencia de los aspectos universales del mensaje que compartía. Estaba absolutamente destinado a compartir con el mundo que nuestra comprensión convencional de la realidad tal como la explica la ciencia materialista era completamente falsa y engañosa. Esto era demasiado importante como para esconderlo.

Los riesgos para mi carrera en el ámbito de la neurocirugía académica eran muy reales –estaba desestabilizando la barca de una manera importante–, y el resultado final podría haber sido una separación forzada de mi tribu, la de la neurocirugía y la neurociencia. Así pues, estuve encantado de recibir una invitación de la Lynchburg Academy of Medicine para hablar a ciento cincuenta colegas médicos (entre los cuales se hallaban algunos que me habían tratado y muchos que habían asistido a mi conferencia sobre morbilidad y mortalidad unos meses después de despertar del coma) y sus esposas. Si bien había esperado un intenso rechazo y distanciamiento por parte de las audiencias científicas, lo que encontré fue un grupo con una actitud generalmente abierta, con muchas preguntas oportunas y apropiadas sobre la naturaleza profunda del asunto. Parecía como si hubiese un acuerdo general en que mi experiencia no podía explicarse mediante los modelos tradicionales (que mi viaje espiritual tenía que ser una alucinación) y que teníamos que cuestionar seriamente el paradigma reinante que habíamos aprendido en la facultad de medicina.

A través de mi relación con Bruce Greyson, me invitaron a impartir la conferencia inaugural en el Congreso Nacional de la International Association for Near-Death Studies ('asociación internacional para estudios sobre las experiencias cercanas a la muerte', IANDS) en septiembre de 2011 en Durham (Carolina del Norte). La IANDS se había fundado en 1978 para proporcionar apoyo y recursos a los primeros investigadores de ese campo. Sus congresos anuales incluyen ponencias de los más recientes investigadores e informes de personas que han tenido una experiencia cercana a la muerte.

Al hablar a una audiencia de más de trescientas personas, la mayoría de las cuales habían pasado por una ECM, me asombré al ver cómo mi historia fluía incluso con mayor facilidad. Ya había percibido que el mensaje de la comunicación de un saber profundo, auténtico, transmitido en estas charlas, a veces iba más allá del contenido de las palabras y se convertía en algo más, y ahí es donde sentí eso plenamente por primera vez. Me sorprendió que no se trataba ya de «contaré mi historia a otras personas y esperaré su respuesta»; esas personas pertenecían al enorme número de quienes habían relatado una experiencia similar a la mía. Con ese grupo, había una mayor profundidad y comprensión del viaje y un sentido compartido del misterio que estaba conduciendo las vidas de esas personas.

Fue en ese congreso donde conocí al doctor Raymond Moody, quien había iniciado la época moderna de la investigación científica de las experiencias cercanas a la muerte. Recientemente, se había convertido en una figura legendaria en mi mente, pero desde el instante mismo en que nos presentaron, vi que era una de las almas más abiertas y amables que he conocido. Su disponibilidad era estimulante, y disfruté enormemente de hablar con él, junto con John Audette (también presente como fundador de la IANDS).

Raymond me habló de sus primeros intereses, que le llevaron a su estudio de las ECM. Antes de entrar en la facultad de medicina, se había doctorado en Filosofía Griega Antigua, enamorado de los escritos de Platón. Platón analizó el fascinante caso de Er, un soldado armenio muerto en batalla, a quien pusieron en la pira funeraria. Justo antes de que fuese encendida, volvió a la vida, para asombro de sus compañeros soldados. Les dijo que cuando uno muere, pasa por una revisión de los aspectos más cruciales de su vida y una revisión de vida, y que la cualidad más importante por la que uno es juzgado tiene que ver con el amor que ha logrado manifestar durante su estancia en la Tierra.

Ese relato había despertado el interés de Raymond por la idea de una vida después de la muerte. Cuando, como estudiante de medicina, comenzó a encontrarse narraciones de recuerdos extraños en los pacientes que habían estado cerca de la muerte, las condiciones estaban dadas para que empezase a reunir tales narraciones de manera sistemática. Los primeros cien pacientes, aproximadamente, constituyeron el material básico de su revolucionario libro *Vida después de la vida*. Me impresionó mucho su demostración de que estas experiencias habían sucedido de manera similar durante al menos dos mil cuatrocientos años, y proporcionaban lecciones universales que no resultan afectadas por los sistemas de creencias que uno tuviera anteriormente (aunque las creencias de uno pueden influir en cómo interpreta y comunica su experiencia). Su enfoque es más filosófico que científico; cree que la solución a la cuestión de la vida después de la muerte no llegará, al principio, de la ciencia, sino más bien del pensamiento crítico y lógico.

Uno de los sucesos cruciales en el viaje de Raymond fue conocer al doctor George Ritchie, un psiquiatra de Virginia que había compartido una profunda experiencia cercana a la muerte que había tenido a los veinte años como miembro de un ejército privado. Raymond era estudiante universitario de Filosofía cuando en 1965 escuchó por primera vez a George contar la historia de su ECM. Su libro, *Regreso del futuro*, sigue siendo uno de sus favoritos, especialmente por la inocencia del entorno que transpira, ya que nadie había analizado todavía las ECM como concepto. La enfermedad que indujo su experiencia cercana a la muerte comenzó la noche del 11 de diciembre de 1943. Por tanto, la experiencia de George, finalmente publicada en 1978, surgió de un origen bastante prístino. Mientras contemplaba cómo su cuerpo yacía muerto en el hospital militar de Camp Barkeley, en el oeste de Texas, su alma emprendió un viaje nocturno en el que voló hacia el este a través del sur de los Estados Unidos, para volver más tarde al oeste y encontrar un ser de luz y cosechar las ricas lecciones de la experiencia. Fue un maravilloso viaje que sigue destacando como uno de los clásicos de la literatura sobre las ECM.

—¿Has conocido a George? —me preguntó Raymond.

—No, nunca tuve la oportunidad. Ya me gustaría...

–Me recuerdas tanto a él... –sonrió Raymond–. Compartes su ilimitado entusiasmo y la alegría de vivir. Sois tan parecidos... ¡Sorprendente!

Mi viaje de descubrimiento después del coma se ha enriquecido profundamente gracias a otras muchas mentes iluminadas que he conocido en el camino, incluidas muchas mentes empapadas de ciencia y medicina. Miembros del público general a menudo suponen que mi viaje y el hecho de compartirlo representan una anomalía incompatible con la ciencia moderna, mientras que mi experiencia ha sido exactamente la opuesta. Un cierto número de las mentes científicas más avanzadas de este mundo, en especial aquellas profundamente implicadas en la comprensión de la conciencia, no solo están de acuerdo con mi mensaje central, sino que me sirven como mentores. Lo entienden.

Era estimulante conocer a esos médicos ilustrados, en los congresos en los que se me invitaba a hablar. Otra oportunidad memorable tuvo lugar en el Congreso Internacional sobre Comunicación *Post Mortem*, organizado por Anne y Herbert Puryear en Phoenix en abril de 2012. Fue allí donde conocí al médico Pim van Lommel y a Larry Dossey, dos líderes del pensamiento, extraordinarios y generosos, cuya obra me inspiró profundamente.

Durante milenios se han narrado ECM, pero un incremento importante ha tenido lugar desde finales de los pasados años sesenta, cuando los médicos desarrollaron técnicas para reanimar a los pacientes que habían sufrido un paro cardíaco. Antes de esa fecha, casi todos los pacientes en esa situación morían. El resultado es que ahora hemos llenado este mundo con un gran número de almas que han estado en la otra parte del velo y vuelven, y algunos médicos les prestan atención.

El doctor Van Lommel es un cardiólogo holandés que escribió un artículo en el año 2001 que se convirtió en un hito. Se publicó en la prestigiosa revista médica *The Lancet*.[1] Su artículo, ampliamente aclamado, evaluó a trescientos cuarenta y cuatro pacientes reanimados con éxito después de un paro cardíaco en diez hospitales holandeses, e incluía un seguimiento de hasta ocho años después de los sucesos. Sesenta y dos pacientes (18 %) informaron de una ECM; entre ellos hubo cuarenta y uno (12 %) que tuvieron lo que llamaron una experiencia nuclear (o excepcionalmente profunda). Observa que el uso del término *nuclear* aquí no se corresponde con el término *Núcleo* con el que identifiqué el nivel más profundo del ámbito espiritual cuando hablé de mi ECM, un nivel que se encuentra en el origen de toda experiencia. Estas profundas experiencias se correlacionaban especialmente con aquellas personas que posteriormente murieron en el plazo de treinta días, a partir del suceso inicial ($p<0{,}0001$ o 0,01 % sería la probabilidad de que esta circunstancia se deba al azar).

Su estudio publicado en *The Lancet* fue seguido de su libro de referencia, *Consciencia más allá de la vida*, un amplio examen de la creciente prevalencia global de las experiencias cercanas a la muerte, un análisis del conocimiento médico actual respecto a la relación mente-cerebro y un resumen de las implicaciones desde el punto de vista de la física cuántica, especialmente en relación con lo que tiene que ver con la naturaleza de la conciencia.

En mi primer encuentro con Pim en Phoenix, me pareció la personificación del médico señorial, sabio y experimentado, capaz de generar la mayor confianza entre sus pacientes. Pero lo que me pareció la cualidad más sorprendente fue su exuberante entusiasmo por la vida. Esto estaba combinado con la búsqueda apasionada de una interpretación mucho más profunda de la evidencia disponible que la que puede satisfacer a un médico más informal. En pocas palabras, no era el tipo que simplemente acepta una explicación convencional de tales experiencias exóticas cuando la evidencia sugiere otra cosa; era realmente un científico escéptico consumado.

Por su parte, también Larry es un médico altamente considerado, que ha escrito libros influyentes en relación con la conciencia no local y el valor del bienestar espiritual, entre ellos *One Mind*

[Una sola mente], *El poder de las premoniciones, Reinventing Medicine* [Reinventar la medicina] y *Palabras que curan*.

Alto y en forma, Larry destaca también como «médico de médicos» –alguien que está tan informado, y es tan perspicaz y experimentado, que infunde en sus pacientes y sus colegas una confianza profunda–. Se sintió atraído por la idea de que todas las mentes estaban conectadas, sin duda por la profunda conexión que había sentido durante toda su vida con su hermano mellizo. En *One Mind*, revela extraordinarias evidencias, como los patrones de movimiento coordinado en las bandadas de pájaros y los bancos de peces, la comunicación entre humanos y animales, la conducta de grupos, las premoniciones, la visión remota, las ECM y los estudios sobre mellizos, mostrando cómo estamos todos unidos a través de la conciencia. Familiarizado con la avanzada comprensión tan evidente en sus libros, nunca olvidaré la acogedora afinidad que sentí en cuanto vi su excepcional calidez y humanidad al conocerlo en persona.

Al reconocer e investigar el potencial de nuestra esencia espiritual, tanto Pim como Larry han sido fundamentales para abrir la puerta del mundo de la medicina desde la oscura ignorancia del puro materialismo hacia una época más iluminada en las artes de la curación. Los sentí espíritus tan afines que me daba la impresión de haberlos conocido desde siempre. Habían trabajado durante décadas en las agrestes y desconocidas fronteras de la conciencia, y yo era el recién llegado. Encontré de lo más estimulante interactuar con otros científicos que apreciaban plenamente el misterio de la conciencia, aparentemente sin fondo.

No recuerdo todos los detalles de lo que comentamos ese día, pero fue, con mucho, la conversación más profunda de todas las que he tenido con colegas médicos sobre la naturaleza fundamental de la conciencia. Larry debió de haber compartido esa sensación, pues su comentario al despedirnos fue: «¡Dios mío! ¡Ojalá hubiésemos grabado esta pequeña conversación!». Aunque en ese momento no estaba seguro de cómo poner en palabras mis percepciones de Pim y de Larry, ahora sé que lo que percibí fue que ambos eran almas muy avanzadas, ciertamente.

Empecé a entrar en contacto con científicos ajenos al mundo de la medicina pero que también estaban haciendo equilibrios caminando entre el campo de la ciencia y el de la espiritualidad. John Audette, a quien conocí por primera vez en el Congreso Nacional de la IANDS, había sido amigo cercano durante décadas del astronauta del *Apollo 14* Edgar Mitchell, que había experimentado una profunda transformación personal al volver de la Luna en 1971. Me ilusionó muchísimo cuando John lo arregló para que pudiera estar con Edgar durante una visita a Florida en julio de 2012.

Hasta donde puedo recordar, una parte de mí siempre parecía estar más en casa por encima de este mundo que en él. Mi recuerdo más vívido de mi primer año en la escuela se remonta al 5 de mayo de 1961. Llevaron un televisor (en blanco y negro; en esa época, los televisores eran todavía una rareza) a la clase de la señorita Allen para que pudiéramos ver en directo cómo Alan Shepard era lanzado al espacio en un cohete *Mercury Redstone 3*. Aunque no fue más que un vuelo suborbital de quince minutos, me entusiasmó. ¡Llevaba el espacio en mi sangre! Durante los quince años siguientes seguí las misiones del *Mercurio*, el *Géminis* y el *Apollo*, hasta el punto de que llegué a saber sobre los hombres y las misiones todo lo que podía y seguía sus vidas como si yo fuera un miembro más de la tripulación.

Mi atracción casi desvió mi carrera de cirujano. Después de una cena inspiradora con Rhea Seddon, especialista en misiones de lanzamientos al espacio, que previamente se había formado como cirujana, presenté la solicitud para ese programa que implicaba volar en la lanzadera espacial en 1983, cuando la NASA estaba preparándose para otro esfuerzo en el reclutamiento de un nuevo astronauta. Estaba a mitad de mi residencia como neurocirujano, y mi padre me instó a terminar mi formación médica antes de proseguir otra carrera en el cuerpo de astronautas. La historia intervino con la tragedia del *Challenger* en enero de 1986, que condujo a la detención de nuestro programa espacial tripulado. Terminé mi formación en neurocirugía durante esa pausa, y luego pasé directamente a la práctica de la neurocirugía, que era algo distinto de seguir mi sueño de volar hacia el espacio.

Mi fascinación por los vuelos espaciales me llevó a conocer personalmente a cuatro de los astronautas del *Apollo*: Neil Armstrong (el primer hombre que pisó la Luna, durante la misión de alunizaje en el *Apollo 11*, en julio de 1969); Jim Lovell (comandante de la misión heroica del *Apollo 13* durante la hora de mayor gloria de la NASA, cuando su módulo de servicio de la nave espacial quedó dañado por una explosión durante el viaje a la Luna y, mediante un extraordinario esfuerzo humano, pudieron hacerlo volver de manera segura a la Tierra); Frank Borman (que había acompañado a Jim Lovell en diciembre de 1969, en la misión del *Apollo 8*, en la que emitieron un mensaje de paz a la Tierra desde la órbita lunar la víspera de Navidad), y Edgar Mitchell (el piloto del módulo de excursión lunar, o LEM, en la misión Apolo 14, en febrero de 1971).

Aunque disfruté mucho con todos ellos, al conocerlos y hablar tranquilamente, de lo que más agradecido estoy es de haber podido desarrollar una amistad con Edgar, que creo pasará a la historia como uno de los exploradores verdaderamente grandes, que hacen época. Disfruté hablando con él sobre su infancia, ya que había crecido en un rancho de Nuevo México, justo al lado del que poseía Robert Goddard, el «padre de la cohetería americana» (¡una sincronicidad fascinante!), y como yo mismo, había pilotado un aeroplano cuando tenía tan solo catorce años. Tener una experiencia tan extraordinaria a esa tierna edad en la que uno está descubriendo el mundo une para siempre el alma con los ámbitos que hay más allá de la Tierra.

Durante la tercera misión exitosa de alunizaje, Edgar se convirtió en el sexto hombre (de un total de doce, hasta la fecha) que anduvo sobre la Luna. El 5 de febrero de 1971, pilotó *Antares*, el

LEM del *Apollo 14*, en su misión de alunizaje, para posarse en las colinas del altiplano lunar Fra Mauro. Su compañero en el LEM fue Shepard. Aunque había seguido su viaje original como un adolescente fascinado por los viajes espaciales, escucharlo directamente compartiéndolo conmigo fue uno de los momentos cumbre de mi vida.

Edgar me habló de su gran epifanía, o experiencia de *savikalpa samadhi* (como él la llamaba), un «éxtasis de unidad», mientras volvía de su «viaje sagrado» a la Luna. Esa extraordinaria revelación cambió por completo todos los aspectos de su vida.

–Yo había pilotado el *Antares* hasta los altiplanos de Fra Mauro y dado los paseos más largos que nunca se habían dado por esas polvorientas colinas lunares, con Alan –me explicó durante el almuerzo en su casa–. La mayoría de la gente ha oído hablar de las dos pelotas de golf que lanzó en la Luna, pero ¡pocos saben que superé esa distancia cuando lancé una jabalina más lejos incluso! La gravedad lunar, que es una sexta parte de la gravedad de la Tierra, posibilitaba el logro de una medalla de oro olímpica. Luego, piloté el módulo de ascenso con Alan regresando para reunirse con Stu en *Kitty Hawk* [el módulo de mando]. Cuando dejamos la órbita lunar para volver a casa, mi trabajo había terminado. Tenía tres días para relajarme y disfrutar de la vista.

»Estábamos en «modo parrilla», con la nave espacial rotando cada dos minutos para evitar cualquier sobrecalentamiento por la intensa luz solar. Podía ver diez veces más estrellas de las que pueden verse desde la Tierra, así que la vista era espectacular. Con la rotación, veía pasar la Tierra, la Luna y el Sol por la ventana cada pocos minutos. La inmensidad y serenidad del universo me impactó de un modo totalmente nuevo, allí, suspendido entre la gran joya azul de la Tierra y la oscura Luna que estábamos dejando detrás. El entorno era perfecto. De repente sentí la profunda conciencia del universo, cómo está completamente interconectado y es consciente, una conciencia absolutamente indescriptible. Mi vida cambió para siempre.

Esa epifanía lo llevó a ahondar en el estudio de los aspectos científicos de la conciencia y a ayudar a la humanidad a despertar a un reconocimiento más grande de la unidad de la conciencia con todo el universo. Durante mi viaje en el coma que padecí, experimenté esa misma sensación de unidad con el universo como una autoconciencia completamente unificada de todo lo que existe –un universo verdaderamente consciente–. La intuición de Edgar de que la ciencia y la espiritualidad se refuerzan mutuamente, de que su síntesis natural es un aspecto inevitable de la historia humana, la comparto profundamente. Él escribió varios libros muy bellos sobre su viaje a la Luna y su consecuente viaje existencial, libros que me parecen de lo más inspiradores (*El camino del explorador* y *Psychic Exploration* [Exploración psíquica]). Considero que tales individuos iluminados son pioneros del cambio de paradigma, que anuncian la etapa siguiente de la existencia evolutiva de la humanidad y nos llevan más allá de un mundo que muchos sentimos que está vacío de significado o de propósito.

Edgar siguió mostrando un entusiasmo incansable y un apasionado interés en hacer más profunda nuestra comprensión de la realidad y del puesto de la humanidad en ella, que creo que la historia reconocerá. En 1973, creó el Instituto de Ciencias Noéticas, que hoy en día sigue llevando adelante su obra profundamente transformadora en torno a la naturaleza fundamental de la conciencia y del universo. Su objetivo es promover la idea de que podemos desarrollar modos de saber que todos somos parte de una totalidad interconectada. El Instituto lleva a cabo una investigación original para ampliar nuestra comprensión de la realidad y nuestra capacidad humana de aplicar la conciencia ampliada en nuestras vidas. Me animó saber de tales esfuerzos para crear un puente entre la ciencia y la espiritualidad; no se trata de elegir entre una u otra. De hecho, ni la ciencia ni la espiritualidad pueden avanzar sin reconocer el papel crucial que la otra tiene para ofrecer a medida que la humanidad despierta a la totalidad.

A pesar de mi profundo cambio en la concepción de las cosas y mi honda educación académica, pronto me di cuenta de que todavía estaba en el fondo de una curva de aprendizaje siempre en alza. A medida que seguía estudiando e investigando el fenómeno de la conciencia no local, fui conociendo varios métodos utilizados por la gente para acceder conscientemente a ámbitos similares a los que había experimentado durante el coma. Sentía curiosidad por ver hasta dónde eso sería posible, así que me inscribí en un seminario acerca de cómo lograr diferentes estados de conciencia. Es allí donde conocí a Karen Newell en noviembre de 2011. Como nuestro encuentro se produjo antes de la publicación de *La prueba del cielo*, ella no sabía los detalles de mi historia. Como ya estaba familiarizada con las ECM, me preguntó por mi viaje espiritual durante el coma.

—Dime algo importante que aprendiste de tu experiencia cercana a la muerte —me pidió.

—El cerebro no crea la conciencia —contesté rápidamente con firme entusiasmo.

—¿Por qué iba alguien a pensar que lo hace? —dijo, confusa—. Yo siempre he aceptado que nuestra conciencia existía antes de que naciéramos y seguirá existiendo después de que muramos. ¿Cómo podríamos *no* tener alma? —añadió.

Karen nunca había sostenido la concepción del mundo que yo había aceptado durante cincuenta y cuatro años de mi vida antes del coma, la del materialismo científico. De hecho, había pasado su vida muy cómodamente inmersa en una concepción del mundo muy distinta al materialismo, es decir, creyendo que la mente y la experiencia mental constituyen la esencia básica de toda existencia, que la mente tiene un total poder sobre la materia y nuestra voluntad una tremenda capacidad de cambiar el mundo. Me sentí atraído hacia su pasión y su conocimiento de ese idealismo porque era una concepción del mundo que yo solo estaba comenzando a valorar en mi arduo camino hacia la comprensión de mi ECM. Una cosa estaba clara: Karen era una pensadora astuta y rápida, y pronto se convirtió en una valiosa caja de resonancia. Con su naturaleza franca y auténtica, siempre podía contar con ella para ir directo al corazón del asunto. Tuve inmediatamente la sensación de que compartíamos una misión similar.

Yo sentía a Karen como muy familiar, como si hubiese reencontrado a un miembro de la familia o a un viejo amigo perdido hacía tiempo, y confié en ella enseguida. Percibí en ella una inocencia infantil, abierta a cualquier posibilidad, pero combinada con un poderoso sentido de presencia. La profundidad de su serenidad espiritual no solo me resultaba evidente a mí. Cuando conoció a uno de mis amigos del campo médico de las ECM, el cardiólogo holandés Pim van Lommel, él, casi de inmediato, le preguntó:

–¿Has tenido una experiencia cercana a la muerte?

–No, no he tenido –contestó. Pero él parecía estar muy seguro, y confiaba en su intuición. Parecía sentir la potente energía que emitía y que yo había percibido originalmente–. Me pregunto si quizás tuviste una ECM de niña –siguió diciendo–. ¿Tuviste alguna enfermedad o algún accidente?

–Ninguno, que yo recuerde –respondió ella–. Sí que tuve convulsiones, aunque terminaron alrededor de los cinco años. Pero no recuerdo nada que pudiera provocar una ECM.

–A veces la gente no recuerda, especialmente si ocurrió a una edad muy temprana. Pero puedo sentir tu energía. Estoy familiarizado con la energía de las personas que han tenido una ECM, y definitivamente tú emanas ese mismo tipo de energía.

Al comentar los efectos posteriores que son habituales después de las ECM, resultó que Karen había experimentado varios de ellos, como un profundo aprecio por la naturaleza, una aguda intuición, una sensación de saber, ser espiritual pero no necesariamente religioso y una fuerte sensación de buscar una verdad superior y un sentido más elevado de la vida. Karen había desarrollado de bien pequeña una pasión por investigar las cuestiones profundas, como «¿por qué estamos aquí?» y «¿cuál es nuestro propósito en la vida?». Siendo todavía muy joven, dedujo que las enseñanzas de su iglesia metodista no podrían responder tales cuestiones de una manera que le resultase satisfactoria. También la escuela secular carecía de ellas. Al crecer, buscó recursos alternativos para explicar nuestro pasado y comenzó a leer textos esotéricos de la cábala, de la teosofía, de los Rollos del Mar Muerto y otros textos esotéricos y sobre mitos, como la narración que Platón hace de la Atlántida (en sus obras *Timeo* y *Critias*).

Si bien muchas de esas cuestiones eran difíciles de entender plenamente y había muchas contradicciones, comenzó a percibir cosas en común entre las diferentes escuelas de pensamiento. Más que hallar un enfoque que tuviera todas las respuestas, estaba intrigada por descubrir que algunas ideas se repetían a menudo, como la increíble utilidad que tiene conocer verdaderamente la propia naturaleza interior, yendo hacia dentro mediante una práctica como la meditación.

Evitaba la adhesión estricta a cualquier disciplina específica, inclinándose hacia una unión de lo que llamaba «verdades universales».

Karen era bastante ingenua acerca de la ciencia que yo había estado persiguiendo, dedicándole tanto tiempo de mi vida; me encontré a mí mismo, en comparación, al menos igual de ingenuo acerca de tantos asuntos espirituales que ella parecía conocer muy bien. Yo solo estaba comenzando a bucear profundamente en esas aguas desconocidas, y eso me exigía desarrollar nuevas habilidades relacionadas con la discriminación, para que me ayudasen a comprender las sensaciones y las ideas nuevas de una manera adecuada. Si bien estaba muy abierto a investigar cada centímetro de esa experiencia nueva de la conciencia, Karen me mostró la necesidad de un elevado nivel de discernimiento para separar la paja del trigo.

Junto a su conocimiento de base, Karen había cultivado sus incursiones en la conciencia de manera coherente y tenaz durante muchos años. Había comprendido que la experiencia es clave para entender plenamente; no basta con leer sobre ciertos temas. En mi caso, esto era realmente cierto –me había costado siete días en coma y una recuperación milagrosa llegar a prestar atención–. Karen estaba intrigada por los relatos de las antiguas escuelas de misterios, en las que los iniciados eran conducidos a través de una serie de pruebas para aprender los secretos del universo. Sin escuela de misterio moderna a la que asistir, había realizado cursos experienciales para investigar y desarrollar habilidades como el sueño lúcido, el viaje astral, la telepatía, la visión remota, la autohipnosis y diferentes formas de sanación energética –muchas de las prácticas sobre las que he estado leyendo en mi investigación científica reciente–. Encontró este método directo de aprendizaje muy efectivo para contribuir a la profundización de su conocimiento.

Del mismo modo que yo había tenido mi gran lección en el calvario de mi coma, Karen había aprendido a partir de una larga serie de experiencias personales. Probó diferentes teorías y técnicas; experimentó con ellas en su vida diaria y las puso a prueba. Confiaba en su propio acopio de evidencia personal, que reforzaba su ya fuerte sentido de un conocimiento interno. De este modo, se construyó una concepción del mundo única, mucho más amplia que la concepción del materialismo científico de la que yo había llegado a depender durante los años anteriores al coma.

Hay una diferencia considerable entre creer algo y saberlo. Es fundamental no simplemente creer lo que otros dicen, y luego adoptar esas creencias, incluyendo todo lo que se afirma en este libro. Es más beneficioso aprender de primera mano, cultivar la experiencia personal y confiar en ella para desarrollar una capacidad interior de conocimiento. Cada uno de nosotros recorrerá un camino ligeramente diferente, según sus motivaciones y objetivos. Abandonar las creencias arraigadas puede ser extremadamente valioso para comprender una situación desde una perspectiva nueva. De hecho, en esto consiste la ciencia. Un científico con una actitud verdaderamente abierta considera toda la evidencia disponible antes de realizar cualquier juicio.

Capítulo 4

IR MÁS ALLÁ DE LA CIENCIA MATERIALISTA

Si creías que la ciencia brindaba certezas, estás en un error.

Richard Feynman (1918-1988),
Premio Nobel de Física en 1965

Yo soy cirujano, escéptico y racionalista. Soy la última persona en decirte que rechaces la ciencia. Pero, idealmente, el método científico implica cuestionar todo, de modo que te animaré a examinar algunos de los mitos y las creencias a los que los científicos de la corriente dominante se aferran como artículos de fe, sin un fundamento adecuado. Para funcionar de manera adecuada, la ciencia ha de mantenerse en un nivel alto y estar sujeta a constante revisión. Pero el constructo de la comprensión científica del mundo solo es tan fuerte como sus presupuestos fundacionales, y cualquier error en ellos llevará a problemas importantes en las conclusiones. Uno de esos presupuestos metafísicos (llamados metafísicos porque están en el fundamento de nuestro pensamiento) es que solo el mundo físico existe, una posición conocida en ciencia como materialismo (también llamado fisicalismo). Para esta teoría, cuestiones como los pensamientos, los sentimientos, las emociones, los conceptos y la conciencia son meramente resultado de algunos procesos físicos y no tienen existencia real por sí solos.

La ciencia materialista afirma que el cerebro crea la conciencia a partir de materia puramente física, que no hay nada más. Afirma que todo lo que hemos experimentado –todos los hermosos atardeceres, todas las magníficas sinfonías, todos los abrazos de nuestros hijos, todas las experiencias de enamoramiento– no es más que el parpadeo electroquímico de unos cien mil millones de neuronas en una masa gelatinosa de poco menos de tres kilos y medio, situada en una oscura cavidad de nuestra cabeza. Esta escuela de pensamiento sostiene que también nuestras elecciones no se deben a nuestra libre voluntad, sino que son solo reacciones eléctricas y químicas que recorren la compleja anatomía del cerebro. Y dice que no somos más que nuestro cuerpo físico; cuando este muere, dejamos de existir.

El problema de este modelo, el modelo materialista que afirma que el cerebro crea la conciencia, es que ni siquiera los mejores expertos mundiales en el cerebro tienen ni remota idea de cómo este órgano podría crear la conciencia. Es el equivalente moderno del pensamiento de los científicos que decía: «Bueno, no hay duda de que el Sol se eleva y se pone alrededor de la Tierra; por tanto probablemente el Sol gira alrededor de la Tierra». Sencillamente, la neurociencia dominante no ha hecho sus deberes.

Pocos años después de comenzar mi búsqueda, me invitaron a confrontar la concepción científica que tenía antes del coma en un debate público sobre la pregunta «¿es la muerte el final?» organizado por la Intelligence Squared ('inteligencia al cuadrado') en la Radio Pública Nacional, en Nueva York, el 7 de mayo de 2014. Intelligence Squared es una organización imparcial, sin ánimo de lucro, fundada en 2006 para «restablecer el civismo, el análisis argumentado y el discurso público constructivo ante el paisaje sesgado de los medios de comunicación actuales». Grande era mi deseo de debatir acerca de la relación cuerpo-mente, un debate con más de dos mil cuatrocientos años.

El doctor Raymond Moody era mi compañero en la postura «a favor», que argumentaba que, desde la perspectiva de un pensamiento crítico y lógico, la evidencia disponible sugiere que la vida después de la muerte es real. En el otro bando estaban Sean Carroll, un físico del California Institute of Technology, en Pasadena, y el doctor Steven Novella, un neurólogo de la Universidad de Yale, que tomaban la dirección opuesta; afirmaban que la muerte del cuerpo físico es el final de toda conciencia o alma. Novella es el fundador y editor de *Science-Based Medicine*, con la misión de evaluar desde una perspectiva científica tanto los cuidados médicos tradicionales como los alternativos. Se enorgullece de ser un escéptico profesional, así que me esperaba que reconociera la falta de consenso científico en torno a la conciencia. Cualquier revisión profunda del estado actual de la capacidad de la neurociencia materialista para explicar el mecanismo del surgimiento de la conciencia a partir del cerebro físico daría como resultado el cero absoluto –¡no hay el más mínimo marco teórico que una el cerebro y la conciencia!–. Sin duda, hay propuestas vagas que podrían ser útiles para ciertos tipos de modelo. Ahora bien, tales propuestas que intentan relacionar la conciencia y el cerebro no avanzan ni un solo paso cuando se trata del problema difícil de la conciencia, es decir, los mecanismos explícitos por los que cualquier actividad cerebral resulta en una experiencia mental.

Pero la atrevida afirmación de apertura por parte de Novella puso inmediatamente de manifiesto su actitud materialista hablando de una presunta certeza de que la conciencia surge del cerebro. «¿Hasta qué punto estamos seguros, como conclusión científica, que es de lo que venimos a hablar aquí, de que la mente es esencialmente el cerebro? –comenzó–. Pues bien, estamos muy seguros de ello, y estamos tan seguros de ello como lo estamos de cualquier cosa en la ciencia. Tenemos un montón de neurociencia, incontables experimentos, que buscan los correlatos neuroanatómicos de la conciencia, del funcionamiento del cerebro, de la mente. Todo lo que pensamos, sentimos, creemos, es algo que ocurre dentro del cerebro, y esto es demostrable. Cada uno de los elementos de una experiencia cercana a la muerte puede duplicarse, puede reproducirse con drogas, con anoxia, con falta de riego sanguíneo, desconectando los circuitos del cerebro. Cada uno de los componentes individuales es una experiencia cerebral que ya podemos reproducir. Y estamos determinando los circuitos exactos del cerebro que los reproducen».

No creo que mucha gente ponga en duda que el cerebro se halla vinculado, de algún modo, a la experiencia mental. El problema de Novella (y de otros materialistas) es la afirmación de que los pensamientos, los sentimientos y las creencias –incluso la propia conciencia– están causados solo por la actividad del cerebro físico.

Actualmente, los neurocientíficos tienen muchas herramientas fascinantes y mucha tecnología con la que observar, documentar y medir los cambios físicos en el cerebro. Hay tantos datos observables que es fácil saltar a la conclusión de que un cambio físico causa la experiencia fenoménica, cuando en realidad bien podría ser lo contrario: la experiencia fenoménica podría causar el aumento de la actividad física vista en el cerebro. Es ahí donde tienen el punto ciego, debido a sus presupuestos subyacentes. En una hermosa analogía (que tomo del científico jefe del Instituto de Ciencias Noéticas, el doctor Dean Radin), solo porque los girasoles sigan al sol, eso no quiere decir que su giro cause que el sol se mueva por el firmamento.

El doctor Wilder Penfield, de Montreal, probablemente se halla en una posición mejor que la mayoría de la gente para opinar sobre la relación entre el cerebro físico y la fenomenología de la experiencia. Su carrera profesional tiene mucho que ver con la estimulación del neocórtex, la superficie externa del cerebro, en pacientes conscientes (generalmente no anestesiados) como parte de su tratamiento quirúrgico de la epilepsia.

Penfield utilizaba un electrodo para estimular la superficie del cerebro. Uno de esos casos es el de una adolescente de dieciséis años (caso M. G., violinista desde los cinco años) que se presentó con crisis epilépticas y se sometió a una operación que puso al descubierto el lóbulo temporal derecho.[1] La estimulación del lóbulo temporal superior producía una respuesta: «Oigo gente que entra. Ahora escucho música, una obrita divertida». La estimulación se produjo en la cara posterior, en lo que a menudo se reconoce que es el córtex acústico principal, esto es, una región importante de la percepción del sonido. La adolescente explicó que la música era una canción de un programa infantil que había oído en la radio (un recuerdo auténtico de un suceso real). Una segunda estimulación en el mismo lugar produjo una sensación que no tenía relación con recuerdo alguno: «La gente entraba y salía y yo escuchaba bum, bum, bum», a la que todavía siguió otra estimulación: «Es un sueño. Hay mucha gente. Parece que no los veo, los oigo. No los oigo hablar, solo escucho sus pasos».

Tal era la naturaleza detallada de las percepciones y recuerdos que Penfield encontraba a través de la estimulación de un punto eléctrico específico sobre la superficie del cerebro. Este análisis de la estimulación resultaba muy útil para definir la anatomía funcional central del cerebro (especialmente del córtex sensorial y del córtex motor), y se combinaba con electrocorticografía para seleccionar tejido cerebral dañado con el fin de extirparlo para eliminar ataques epilépticos. Su trabajo diario durante tres décadas implicaba un cuidadoso registro de la experiencia, las percepciones y los recuerdos llevados a la conciencia de sus pacientes a través del mapeado eléctrico del neocórtex, todo ello en el proceso de identificar y extirpar de manera segura las partes anormales del cerebro que provocaban sus crisis epilépticas.

A causa de mi propia experiencia como especialista en tales procedimientos (la estimulación cerebral durante la extirpación en pacientes localmente anestesiados pero despiertos), conozco los poderes y los peligros o dificultades de las técnicas implicadas. En estos fascinantes experimentos científicos, Penfield llegó a conocer más que la mayoría de los neurocirujanos acerca de la relación entre la estimulación mediante electrodos de zonas cerebrales pequeñas y las experiencias fenoménicas asociadas que tenían los pacientes. Adoptó una postura dualista (denominada «dualismo interaccionista») que dignificaba a los seres humanos, ya que según él estos tenían tanto un cerebro físico como una mente totalmente distinta de este. Afirmó que el cerebro por sí solo no explica la mente. En *Mystery of the Mind* [El misterio de la mente], dijo:

> He trabajado como científico intentando demostrar que el cerebro explicaba la mente y mostrar tantos mecanismos cerebrales como fuese posible, esperando demostrar cómo funcionaba el cerebro [...]. Al final, extraigo la conclusión de que no hay suficiente evidencia, a pesar de los nuevos métodos, como el empleo de electrodos que estimulan el cerebro, el estudio de pacientes conscientes y el análisis de ataques epilépticos, de que el cerebro por sí solo pueda llevar a cabo el trabajo que la mente hace. Concluyo que es más fácil pensar en el ser humano a partir de dos elementos [la mente y el cerebro] que a partir de uno [el cerebro que produce la mente].[2]

Desafortunadamente, las observaciones de Penfield en esa época fueron marginadas o malinterpretadas, porque no encajaban en el modelo materialista dominante. Y a pesar de los saltos gigantescos en nuestra comprensión del funcionamiento del cerebro físico en décadas recientes, esta noción de que «el cerebro crea la mente» no ha dejado de estar presente en la actitud mental materialista. No parece preocuparles no poder hallar el mecanismo correspondiente –la cuestión central del problema difícil de la conciencia–. Novella daba la impresión de estar satisfecho tan solo con declarar que un día se hallaría evidencia suficiente para apoyar sus presupuestos (algo que se conoce como «materialismo promisorio»).

–No tenemos que saber cómo el cerebro crea la conciencia –dijo–. Que crea la conciencia, lo sabemos de manera absoluta, del mismo modo que no tenemos que saber cómo la Tierra genera la gravedad para saber que genera gravedad. No cabe duda de que tenemos gravedad, aunque no hayamos desentrañado la comprensión más honda de todas las cosas posibles. Así que, sí, no sabemos exactamente cómo el cerebro crea la conciencia, pero la evidencia solo puede llevar a una interpretación, que es la conciencia. Conciencia es lo que el cerebro hace, no hay duda.

–Ningún neurocientífico de todo el planeta puede hilar ni siquiera una primera frase para explicar un mecanismo mediante el cual el cerebro físico daría lugar a la conciencia –desafié a Novella.

–¿Es así? ¿Es eso cierto? –le preguntó nuestro, a todas luces sorprendido, moderador.

–No es blanco o negro –respondió Novella–. Tenemos cierto conocimiento. No tenemos un conocimiento completo sobre ello. Es como decir: «¿Comprendemos todo acerca de la genética?». No. Pero sabemos que el ADN es la molécula de la herencia. Eso no es cuestionable.

–Pero no hay ni una sola afirmación. Danos solo una primera frase de cómo el cerebro físico da lugar a la conciencia –insistí.

Novella no supo qué decir.

Como anteriormente fui un creyente en el materialismo científico, puedo entender, obviamente, cómo se vuelve uno adicto al tipo de pensamiento simplista que vincula el cerebro y la conciencia al modo de los materialistas. Y he llegado a ver que un escepticismo con una actitud verdaderamente abierta es uno de los bienes más potentes en esta empresa. Sin embargo, la mayoría de aquellos que en nuestra cultura proclaman orgullosamente ser escépticos son realmente lo opuesto; yo los llamo pseudoescépticos. Ya tienen su mente formada a partir de los prejuicios que a menudo implican la adhesión a un determinado sistema de creencias, como el materialismo científico. Su actitud mental es la antítesis de lo que muchos sostienen que es el ideal del pensamiento científico: aproximarse a esas cuestiones profundas con la mente lo más abierta posible, no repleta de conclusiones prematuras.

Esperaba tener un intercambio más rico con el otro interlocutor en el debate, Sean Carroll, que escribió *Desde la eternidad hasta hoy*, un examen profundamente intelectual de las enormes dificultades de comprender la naturaleza del tiempo en la física moderna. Parecía un oponente valioso, dado su impresionante formación en física y su especial interés en cómo la mecánica cuántica afecta a la cosmología. Yo había llegado a ver el importante papel que la física cuántica desempeña en la comprensión de la relación mente-cerebro, ya que tales experimentos investigan la interfaz entre el mundo físico (especialmente representado por el cerebro) y nuestro conocimiento de él (representado por la mente). Así pues, anticipaba ilusionado sus pensamientos más profundos sobre el asunto.

–Yo creo que es importante señalar, desde mi punto de vista, que aquello que condujo a los padres fundadores de la mecánica cuántica al misticismo fue el hecho de que, al llegar a las profundidades del intento de comprender la realidad subatómica, fueron llevados a creer que la conciencia, la mente que observa, desempeñaba realmente un papel en el desarrollo de lo que se observaba. Y creo que este misterio no se ha resuelto realmente –afirmé.

Muchos de los miembros de la comunidad global de la física me habrían apoyado al señalar el profundo misterio de la paradoja de la medición en la física cuántica. Lo que impresionó enormemente a las mentes brillantes que trataban de darle sentido a todo ello en la primera mitad del siglo XX (especialmente al matemático húngaro-estadounidense John von Neumann y al físico teórico Eugen Wigner) fue que la elección consciente del observador era absolutamente fundamental para determinar el resultado de la medición.

Toda observación subatómica dependía, pues, de su percepción por un ser sintiente. Incluso la inserción de un robot manejando un generador con números al azar fracasó en el intento de evitar la necesidad de la mente del observador en la interpretación de tales resultados. No hay manera de prescindir de la exigencia absoluta de la mente observadora al interpretar los resultados de los experimentos cuánticos, y esto lleva a algunos a la asombrosa conclusión de que la conciencia influye en la realidad.

Esos padres fundadores de la física cuántica quedarían más sorprendidos todavía hoy en día ante los experimentos cada vez más refinados. La comunidad de físicos no ha hecho sino sentir una mayor confusión por los recientes resultados experimentales que sugieren que no hay realidad externa objetiva y que la conciencia (el observador) está en el centro mismo de toda realidad que emerge. Los resultados son tan insistentes que tenemos que reconocer que la conciencia desempeña un papel significativo en el universo, pero esto ha sido una píldora difícil de digerir para la comunidad científica en su conjunto.

La respuesta de Carroll a mi pregunta desestimaba lo asombroso de este hallazgo: «La cuestión en el caso de Einstein, Bohr, De Broglie, etc., los fundadores de la mecánica cuántica, es que están todos muertos, y hace muchas décadas que están muertos. Y nosotros sabemos mucho mejor ahora qué está pasando de lo que lo sabíamos entonces. Ellos estaban inventando la mecánica cuántica, y ocasionalmente jugaron con la idea de que de algún modo la conciencia tenía algo que ver con las leyes fundamentales de la mecánica cuántica. Ahora lo sabemos mejor».

Los científicos actuales no han «entendido todo», como afirmaba Carroll. De hecho, estudios recientes son más desconcertantes incluso. Pero él, y los pensadores afines, se niegan incluso a considerar la posibilidad de que la conciencia pueda estar desempeñando un papel significativo en nuestra realidad concreta. Él mantenía que se puede, simplemente, ignorar los descubrimientos que condujeron a ese profundo sentido de misterio que esos primeros brillantes físicos tuvieron al reconocer el papel clave de la conciencia. Ahora bien, en mi opinión, eso es estrechez de miras.

Ciertamente, no le había prestado atención a la investigación científica sobre las ECM antes de mi coma, pero una vez que comencé a revisarla con una mente recién abierta, me quedé atónito por la profundidad de sus revelaciones. De hecho, la evidencia de que podemos acceder a ámbitos que están más allá del aquí y ahora localizado, del cerebro físico y sus sentidos asociados, es muy fuerte. Los informes de ECM por decenas de miles –y de manera similar la multitud de informes de visiones en el lecho de muerte, comunicaciones después de la muerte, experiencias de muerte compartida y recuerdos de vidas pasadas en niños, que indican casos de reencarnación– constituyen datos que exigen explicación si uno tiene interés en comprender el mundo tal como es, y no solo como creemos que debería ser.

El frecuente grito de la comunidad escéptica respecto a las atrevidas afirmaciones de quienes investigan fenómenos paranormales o *psi* es «afirmaciones extraordinarias exigen evidencia extraordinaria». Los datos que apoyan dichas investigaciones son abundantes una vez que se evita la simplista negación rotunda, pero Carroll no solo ignoraba completamente la evidencia existente, sino que esperaba que cualquier «nueva» evidencia fuera inequívoca. «Entonces, ¿qué se nos pide que aceptemos? –preguntó–. Cómo tendríamos que esperar que fuese el mundo si la muerte no fuera el final definitivo? Por una parte, yo esperaría que la existencia de las almas que siguen viviendo más allá de la muerte fuese perfectamente obvia. Debería ser tan claro que el cielo existe como que existe Canadá. Pero, de hecho, parece que las almas que viven en la vida más allá de la muerte son más bien tímidas. No nos hablan, excepto unas pocas veces».

Me impactó la afirmación de que «la existencia de las almas que siguen viviendo más allá de la muerte fuese perfectamente obvia», como si toda observación científica fuese «perfectamente obvia». Me pregunté si, como físico, había oído hablar de los neutrinos, porque son muy sutiles (al menos, más que Canadá): se originan en el Sol y atraviesan la Tierra billones de billones de ellos cada segundo, sin apenas notar la existencia del planeta mientras viajan a grandes velocidades, como si lo hicieran a través del espacio vacío. La existencia de los neutrinos no está en duda para la mayoría de los físicos, a pesar de que son una forma muy sutil de materia, y su existencia es fundamental para los modelos cambiantes de la física subatómica. El hecho de que no sean tan obvios como Canadá no significa que no existan.

Aplicar ese doble criterio hace que sea casi imposible para tales estudios llegar a demostrar que sean «significativos». El análisis del umbral estadístico utilizado para separar un descubrimiento real de uno debido a la suerte no hace más que clarificar este prejuicio.

En un polémico informe de 2011, titulado «Percibir el futuro»,[3] el psicólogo Daryl Bem, de la Universidad Cornell, presentó evidencia aplastante de la precognición, esto es, que las personas demostraban conciencia cognitiva de estímulos inminentes segundos antes de que el ordenador hubiera seleccionado al azar los estímulos que se iban a presentar. Un metaanálisis realizado posteriormente,[4] de manera rigurosa, a partir de noventa experimentos efectuados en treinta y tres laboratorios diferentes, repartidos por catorce países, confirmó esta violación experimental de las ideas más fundamentales de la ciencia materialista y de nuestras ideas propias del sentido común acerca de la relación causa-efecto y de la naturaleza del propio tiempo. La obra de Bem provocó una tormenta de críticas feroces entre los científicos materialistas convencionales. El criterio ampliamente aceptado del valor p (la probabilidad de que una relación determinada pudiera deberse solo al azar) para la mayoría de los estudios biomédicos se sitúa en $p < 0{,}05$ (esto indica que, según la probabilidad estadística, se espera que las observaciones debidas al azar se produzcan menos del 5 % de las veces, o menos de una vez de cada veinte). Por comparación, Bem concluía que la probabilidad de que las observaciones de su metaanálisis pudieran ocurrir solo por azar es de 0,000000012 %, un descubrimiento significativo astronómicamente robusto, y sin embargo no es suficiente para persuadir al «escéptico» más recalcitrante. Están poniendo el listón a un nivel imposible de alcanzar.

Salí del debate desanimado por la negación de Carroll y Novella a la hora de aplicar el mismo criterio científico –la apertura mental, la persecución de resultados honestos– a la cuestión de la conciencia. Se empeñaban en encajar la evidencia en una conclusión predeterminada. A diferencia de ellos, muchos científicos y médicos son muy conscientes de la profunda naturaleza de este giro reciente en la discusión mente-cerebro, y están muy abiertos a las posibilidades nuevas del potencial humano. Desafortunadamente, algunos siguen estancados en el paradigma convencional.

Ocasionalmente encontramos lo que podría describirse como un miedo irracional a esta visión más grande de la conciencia entre los partidarios de la postura materialista. Semejante compromiso prejuiciado con una concepción del mundo difícilmente parece científico, lo que sugiere una causa profunda de tal sesgo en personas por otra parte inteligentes y bienintencionadas. Yo creo que tal pose es un eco de hace cuatro siglos, cuando la revolución científica nació de los estragos de la Edad Media, de la mano de gigantes intelectuales como Galileo Galilei, *sir* Isaac Newton y Giordano Bruno. Ellos buscaban las leyes que gobiernan el mundo natural, pero si se extraviaban remotamente en el territorio de la mente o la conciencia, era probable que fuesen quemados en la hoguera por la mucho más poderosa Iglesia (como sucedió con Bruno). La ciencia comenzó a sustituir el misticismo, el chamanismo y la espiritualidad como fuente de verdad para muchos. En realidad, la ciencia pura y la espiritualidad juntas siempre han proporcionado abundantes fuentes de verdad, pero las sombras vagas, impuras de la ciencia y la religión (como sucedáneo de la espiritualidad) se han enfrentado a menudo, en detrimento mutuo.

La visión del mundo que postula que el hombre está separado de la naturaleza en esta danza de descubrimiento fue perpetuada por quienes estudian las ciencias naturales. El naturalismo propone que todo surge de propiedades y causas naturales, y excluye completamente o descarta las explicaciones sobrenaturales o espirituales. Incluso con la llegada de la física cuántica a comienzos del siglo XX, ese sentido de separación ha llegado a arraigar, hasta el punto de que ahora resulta inherente a la estructura misma de nuestro pensamiento. Nuestros presupuestos fundacionales son cruciales para nuestra comprensión, pero también son una gran fuente de prejuicios. Como dijo el gran filósofo alemán Arthur Schopenhauer: «La manera más eficaz de evitar el descubrimiento de la verdad no es la falsa apariencia de las cosas, que lleva al error, ni la debilidad de nuestros poderes razonantes, sino la opinión preconcebida y el prejuicio».

A medida que la ciencia occidental ha buceado cada vez más profundamente en la investigación del funcionamiento del cerebro, a través de herramientas y técnicas más sofisticadas, algunos científicos han ido quedando más y más impactados por las profundidades aparentemente sin fondo que rodean al fenómeno de la conciencia. Quienes aceptaron el reto han confesado, tras varios períodos de lucha, que la evidencia sugiere que la mente es mucho más de lo que puede explicarse por el cerebro. Los pensadores más avanzados (Roger Penrose, Henry Stapp, Brian Josephson, Amit Goswami, Bernard Carr, Dean Radin y Menas Kafatos, entre otros) sugieren que no puede explicarse la experiencia consciente como surgiendo totalmente del cerebro físico.

La evidencia de que el cerebro no es el productor de la conciencia emerge de fenómenos observados en entornos clínicos. Estos fenómenos incluyen en primer lugar la lucidez terminal, en la que pacientes ancianos con demencia dan muestra, de manera sorprendente, de episodios de gran reflexión, interacción y comunicación con quienes los rodeos, episodios que desafían por completo la capacidad de esos cerebros tan enormemente dañados para reunir tales recuerdos y compartirlos de manera tan lúcida;[5] en segundo lugar, los síndromes adquiridos del «sabio», en los que alguna forma de daño cerebral, como una embolia, un traumatismo craneal o el autismo, enmascara alguna capacidad mental sobrehumana, por ejemplo la capacidad de calcular miles de dígitos de *pi* mentalmente o la capacidad de tener una memoria perfecta de todos los nombres y los números de un listín telefónico cuando el sujeto tan solo dio una ojeada a una página durante unos segundos; en tercer lugar, los numerosos experimentos recientes durante experiencias extraordinarias con drogas psicodélicas, en los que se aprecia que las más importantes experiencias mentales implican un descenso significativo de la actividad cerebral de un área determinada que se halla en regiones especialmente cruciales en la unión de interconexiones masivas entre las principales áreas del cerebro (ver el capítulo ocho).

Otro elemento de prueba que merece una consideración más amplia es la asunción de la ciencia materialista de que los recuerdos están almacenados en el cerebro. Esta idea está tan arraigada en nuestra cultura que parece haberse convertido en un «hecho» popular para muchos. Mi experiencia cuando estuve en coma se mostró especialmente difícil de comprender dada mi idea anterior de que la memoria ha de estar, de algún modo, almacenada en el cerebro físico. Por ejemplo, con mi cerebro tan dañado, ¿cómo pudieron volver mis recuerdos del conocimiento precoma y de los sucesos personales en los meses siguientes al despertar en la UCI? ¿De dónde procedían? ¿Se trataba simplemente de que, al recuperarse el cerebro físico, las memorias allí almacenadas quedaron restauradas? Dada la gravedad y la duración de mi enfermedad, tal grado de recuperación habría sido imposible. Finalmente, me di cuenta a través de una evidencia sutil durante los años siguientes de que, de hecho, mis recuerdos habían regresado más completos incluso de lo que habían sido antes de mi coma.

Un ejemplo de este fenómeno lo tenemos en un hombre llamado Will, que solía desempeñar trabajos eventuales en nuestra casa, a comienzos de los sesenta, cuando yo tenía unos diez años de edad. Me acordé de él, junto a mi padre, a comienzos de los noventa, cuando la mayor información que pude recuperar acerca de Will tenía que ver con una cierta cojera en su andar (después de una embolia leve), pero poco más en lo que respecta a recuerdos específicos.

Unas dos décadas más tarde (en un momento posterior a mi coma) en una conversación que mantuve con mi madre respecto a Will, tuve recuerdos específicos de ir en el coche con mi padre en su Thunderbird de 1957 para recogerlo en el hotel Greystone, atravesando Fourth Street desde el teatro Winston, para llevarlo a casa y que ayudase en algunas tareas. Recordé incluso que Will había sufrido un corte en el dedo índice derecho mientras reparaba nuestra caldera en el sótano y que mi padre lo llevó a su consultorio en el Hospital Baptista para ponerle cinco puntos en la herida. Ninguno de esos detalles había formado parte de los recuerdos asociados a mi padre a comienzos de los años noventa.

¿Cómo podían los recuerdos volverse más vívidos y detallados después de una enfermedad del cerebro tan devastadora? Este era otro misterio que había que tener en cuenta. La neurociencia convencional enseña que los recuerdos están almacenados, de alguna forma, en las redes neuronales del cerebro físico. Ahora bien, la comunidad neurocientífica ha estado buscando esos lugares de almacenamiento físico de recuerdos en el cerebro desde hace más de un siglo, en vano. Aunque informes científicos en años recientes han hecho varias afirmaciones acerca de los mecanismos de almacenamiento de la memoria en el cerebro físico, los presuntos mecanismos y estructuras varían considerablemente –no hay nada que se acerque, ni remotamente, a un consenso–. Especialmente respecto a la ubicación del almacenamiento de la memoria, el cerebro se ha mostrado absolutamente mudo a la hora de ofrecer cualquier posible respuesta.

Evoca un recuerdo de tu infancia, digamos de los tres o cuatro años de edad. La mayoría de la gente puede, con bastante rapidez, traer a la mente unos cuantos hasta los dos años más o menos, y algunas personas pueden recordar activamente escenas que se remontan a incluso antes de nacer. Cierra los ojos y deja que la memoria regrese totalmente para volver a pintar la experiencia para ti. Piensa en otras personas implicadas en el recuerdo y en las visiones, los sonidos y especialmente los sentimientos asociados. Las emociones fuertes aumentan nuestra capacidad de recordar ciertas experiencias de la memoria a largo plazo y pueden ayudar en su recuperación. Nuestro sentido del olfato puede proporcionar también un estímulo intenso para evocar ciertas memorias –un perfume específico puede evocarnos recuerdos de nuestra abuela, o un olorcillo a humo de tabaco podría despertar pensamientos sobre nuestro abuelo–. Permite que tu mente vagabundee hacia cualquier otro recuerdo que pudiera estar acechando en el umbral de la conciencia desde una época similar a la anterior, y maravíllate de la capacidad que tiene la mente para revivir tales momentos.

El modelo materialista intenta codificar tales recuerdos en los detalles moleculares de las conexiones sinápticas de unas neuronas con otras. Sean cuales sean los átomos y las moléculas que estaban implicados en la codificación inicial de una determinada memoria hace más de medio siglo, desde entonces se han sustituido muchas veces, y sin embargo el recuerdo se ha retenido. Aunque se podría argumentar que los constituyentes sinápticos originales se hayan sustituido fielmente con átomos y moléculas similares con el paso del tiempo, el hecho sigue siendo que el recuerdo es evocado a partir de un material diferente de aquel en el que (presuntamente) estaba originalmente almacenado. Desde la pasada década de los cuarenta, los neurocirujanos se han dado cuenta de que pequeñas regiones de los lóbulos temporales mediales (incluido el hipocampo) parecen ser cruciales en la conversión general de la memoria a corto plazo a la memoria a largo plazo, pero no parecen ser los lugares en los que se almacena la memoria. El daño padecido aquí no tiene impacto en la recuperación de viejos recuerdos, solo en la formación de otros nuevos. La evidencia apoya la idea del cerebro como receptor o filtro de la conciencia primordial, pero no la idea de que es el productor ni el lugar de almacenamiento de la memoria.

En el mundo de la neurocirugía clínica, rara vez se comenta el misterio que implican las extirpaciones cerebrales (eliminar una parte del tejido cerebral) en relación con el almacenamiento de la memoria. Si se supone que los recuerdos están alojados en el neocórtex, cabría esperar ver algunos patrones definidos en la pérdida de memoria que sigue a las extirpaciones cerebrales importantes, pero no sucede así. Este fracaso a la hora de localizar el almacenamiento físico de la memoria en el cerebro proporciona una parte de la evidencia más fuerte contra la postura materialista que defiende que, de algún modo, el cerebro tiene que ser la fuente de la memoria y de la conciencia.

De hecho, durante tres décadas productivas, el doctor Wilder Penfield llegó a revelaciones importantes que sugieren que los recuerdos no se almacenan realmente en el cerebro (ver el apéndice A). Aunque la obra de Penfield inicialmente lo llevó a creer que estaba en la pista de localizar la memoria, pronto se dio cuenta de que el cuadro no era tan simple. La estimulación eléctrica de los lóbulos temporales provocaba informes interesantes, y a menudo reproducibles, de sus pacientes, pero no de una manera consistente que demostrase algo distinto de que el cerebro físico proporcionase cierta interfaz que permite la recuperación de los recuerdos. Incluso describió situaciones en las que una región cortical asociada con una memoria reproducible había sido totalmente extirpada, ¡y sin embargo los pacientes relataban las mismas memorias perfectamente! La presuposición materialista reinante de que los recuerdos se almacenan en el cerebro no se ha corroborado después de décadas de intenso estudio.

La incapacidad de identificar una ubicación física de la memoria en el cerebro es una de las grandes claves para entender que el materialismo es una visión del mundo fallida. Cuanto más aprendemos sobre la estructura y la biología del cerebro, más claro resulta que este no crea la conciencia, ni sirve como almacén de la memoria. El cerebro no produce la conciencia, del mismo modo que no produce ondas sonoras cuando escuchamos música. De hecho, la situación es justo la opuesta: somos conscientes *a pesar del* cerebro.

La ciencia materialista como fundamento para comprender nuestra realidad está en un callejón sin salida. Tenemos pendiente pasar por encima de esta fachada, y esto exige la firme incorporación de la conciencia en nuestro modelo del universo. La convergencia entre la comprensión de la ciencia, de nuestro universo y de nosotros mismos es la única manera de avanzar. Para los de mente más abierta, aquí es donde se halla la ciencia ahora, a comienzos del siglo XXI, a medida que se acerca a cierta comprensión de las profundidades del debate mente-cuerpo. Esta fascinante investigación sobre la naturaleza fundamental de la realidad resulta directamente relevante para todos nosotros.

Capítulo 5

LA HIPÓTESIS DE LA MENTE PRIMORDIAL

El universo comienza a parecer más un gran pensamiento que una gran máquina [...]. Quizás deberíamos saludar [a la Mente] como creadora y gobernadora de este ámbito.

***Sir* James Jeans (1877-1946), astrofísico británico**

A medida que progresaba en mi búsqueda de respuestas, mi reto era explicar dos misterios profundos: ¿cómo la infección progresiva de mi neocórtex podía haber permitido un estado de conciencia tan asombrosamente expansivo y ultrarreal como el que tuvo lugar en mi coma profundo? Y ¿cuál es la naturaleza fundamental de esa indescriptiblemente confortante fuerza de saber, de confianza y de puro amor incondicional –esa inteligencia y creatividad (que muchos han identificado como Dios o la Deidad suprema)– que hay en el origen de todo ello? Mi viaje en el coma sugería que la conciencia tenía su origen en esa esencia central del universo. ¿Cómo podría conectar todo eso?

Comencé a revisar los muchos modelos diferentes que explicaban la relación entre la mente y el cerebro. El espectro total de respuestas posibles al debate mente-cuerpo puede verse como un espectro lineal anclado en dos polos opuestos, con el materialismo (el cerebro crea la mente) en un extremo y el idealismo metafísico (la mente crea el cerebro y toda la materia física) en el otro. Entre los dos polos hay muchas opciones de «dualismo» que aceptan cierta existencia de la mente que no se reduce simplemente al cerebro ni se explica por este. El dualismo permite que el cerebro y la mente coexistan de alguna manera paralelamente (como conjeturan Penfield y otros investigadores).

Junto con sus otras limitaciones, el materialismo propone que los humanos no tienen libre voluntad, dada la visión de que la ilusión de la conciencia simplemente sigue las leyes naturales de la física y la química aplicadas a la sustancia del cerebro. Pero ¿qué ocurre con cualquier libertad que pudiera estar implicada en nuestra decisión de si tenemos libertad o no? ¿Es ese proceso también simplemente el resultado de una cadena de reacciones químicas en el cerebro que de manera predecible cae en el «sí» para unas mentes y en el «no» para otras? Aceptar plenamente la explicación materialista exige reconocer que los humanos no tenemos libertad. Para mí, este fue el golpe definitivo que eliminaba el materialismo de la lista de posiciones posibles ante la cuestión mente-cuerpo.

Tales preguntas fundamentales que me hacía exigían una investigación más amplia, pero no resultaba evidente hacia dónde volverse para hallarlas. Las religiones y las tradiciones místicas reconocen, ciertamente, la existencia de una fuerza creativa en el universo y eran coherentes con mi experiencia, pero eso solo no era suficiente; mi mente científica pedía una mayor elucidación. Y para esto, me dirigí hacia la física cuántica.

La física cuántica, esto es, el comportamiento de las moléculas, los átomos y sus constituyentes en el ámbito microscópico, es la teoría mejor demostrada en la historia de la ciencia. El éxito de las matemáticas y la física subyacentes sostiene aproximadamente una tercera parte de la economía mundial (en forma de microelectrónica, especialmente teléfonos móviles, ordenadores, televisores y sistemas GPS). Sin embargo, en sus alrededor de ciento quince años de existencia, la comunidad científica no ha realizado verdaderos progresos a la hora de interpretar qué implican realmente los resultados experimentales de la física cuántica en cuanto a la naturaleza de la realidad.

Una razón para esta dificultad tiene que ver con el hecho de que la física cuántica afecta directamente a la cuestión mente-cuerpo en su nivel más fundamental. En última instancia, la física cuántica se dirige a la intersección de nuestras mentes (el conocimiento) con la materia observada (lo físico). Cuando rascamos profundamente en el mundo físico que nos rodea, hallamos que no se comporta según los principios del sentido común de nuestras vidas diarias ni de las leyes físicas que gobiernan los objetos grandes, como nuestros cuerpos. Los experimentos efectuados en el ámbito de la mecánica cuántica revelan que el tapiz energético de toda la sustancia que constituye nuestro mundo físico tiene una naturaleza decididamente extravagante, tan extraña como para poner en cuestión todas nuestras nociones de la naturaleza de la realidad.

Buena parte de la aparente confusión sobre la conciencia y la física cuántica procede de los esfuerzos de los materialistas científicos para evitar su unión, generalmente negando incluso que la conciencia exista o no logrando captar las lecciones más profundas de la evidencia cuántica acerca de su relación. Con una perspectiva diferente, algunos problemas desconcertantes de la ciencia se vuelven más abordables.

Una de las lecciones más importantes del estudio de la física moderna es que el mundo no es como aparece. Todos los componentes del mundo físico (entre ellos nuestros cerebros y nuestros cuerpos) –las moléculas, los átomos, los electrones, los protones, los neutrones y los fotones de luz, entre otros– se entienden mejor como cuerdas vibrantes de energía en un espacio dimensional superior. Los átomos constituyen toda la base material de lo que nos rodea, pero la mayor parte de un átomo es, en realidad, espacio vacío. El núcleo que hay en el centro de un átomo (que constituye el

99,95 % de su masa) está orbitado por diminutos electrones (que constituyen solo el 0,05 %, o menos, de toda la masa atómica).

Una analogía que se utiliza a menudo es pensar en el núcleo atómico como siendo del tamaño de un mosquito dentro de la amplia catedral de Nôtre-Dame (que representa el tamaño de todo el átomo). Este vasto «espacio vacío» del mundo material no es tan vacío, porque parece contener enormes cantidades de energía, en lo que se conoce como el «campo punto cero» que impregna todo el universo. Y para quienes siguen la pista de la «materia» en este ejercicio, recuerda que solo el 2 % de la masa de ese núcleo atómico es la masa de los quarks constituyentes; el otro 98 % es, en realidad, energía de unión capturada cuando esos quarks estuvieron unidos inicialmente al comienzo del tiempo. ¡Eso no es casi nada! Niels Bohr (1885-1962), que ganó el Premio Nobel de Física en 1922, aludía a esta situación cuando dijo: «Todo lo que llamamos real está hecho de cosas que no podemos considerar reales».

El término védico antiguo *maya* también habla de esto. A menudo se traduce como 'ilusión', pero eso no necesariamente quiere decir que el mundo es «no real». Solo indica que no es como parece ser. Esto es lo que Karen Newell y yo denominamos la Ilusión suprema –que nuestras percepciones del mundo enmascaran su verdad fundamental–. A diferencia de la idea que tiene la ciencia materialista convencional de que la conciencia es un epifenómeno confuso y poco importante en las operaciones del cerebro físico, observa el hecho de que *nunca* has conocido nada más que el interior de tu propia conciencia.

«Pero ¡espera!», podrías protestar al mismo tiempo que señalas todas las cosas materiales que nos rodean, desde el sofá en el que estamos sentados en la casa en que vivimos hasta las ciudades, edificios, montañas, árboles y lagos, pasando por todos esos seres humanos que hay a nuestro alrededor, así como las encantadoras estrellas en el firmamento nocturno. Todo eso. Es importantísimo en cualquier esfuerzo por comprender la realidad a un nivel más profundo entender que lo que has estado percibiendo desde antes de nacer –todo eso que está «ahí fuera»– en realidad ha sido un modelo interno: un constructo dentro de la mente que suponemos que representa algo que debería estar «ahí fuera».

En respuesta a los resultados de los experimentos cuánticos que sugieren algo diferente, Albert Einstein hizo esta famosa observación: «Me gusta pensar que la luna está ahí aunque no la esté mirando». La mayoría de nosotros estaríamos de acuerdo con él, pero revisemos lo que realmente sabemos de este proceso. En tus vagabundeos diarios, tus ojos absorben fotones de luz de los objetos que te rodean, sean los árboles y los pájaros que hay en el jardín o la luna, las estrellas y las galaxias que se pueden ver en el cielo nocturno. Centrémonos en la luna, sintonizando con el lamento de Einstein. Esos fotones lunares nos llegan atravesando trescientos ochenta y seis mil kilómetros de espacio (en 1,6 segundos) para interactuar con las moléculas de pigmento que hay en la retina de nuestro ojo, lo cual desencadena una cascada de encendidos neuronales que siguen senderos a través de varias regiones del cerebro, hasta que la información de esos fotones (los colores, formas, relaciones y movimiento de los objetos observados) llega realmente a la percepción consciente.

La neurociencia nunca ha identificado ningún lugar concreto del cerebro en el que este instante final de conciencia tenga lugar. La mayor parte de la evidencia sugiere que no hay un «centro de la conciencia» en ninguna parte de este órgano. La cadena causal llega al interior del cerebro, haciendo que este cambie de una manera que se corresponde con nuestra percepción consciente del objeto externo, como el filósofo holandés Baruch de Spinoza (1632-1677) señaló: «Eso [que] corresponde con nuestra percepción consciente y que representa algún objeto externo como presente a nosotros».

La percepción que tiene la mente no es la luna misma, ni entidad física alguna que se parezca remotamente a la luna. La neurociencia convencional nos diría que tu percepción de la luna es un patrón de encendido electroquímico en una red altamente organizada de millones de neuronas cuyo complejo patrón representa a la luna en el «ojo de la mente». La luna que hay en tu mente es pura información, presumiblemente en forma de conexiones neuronales que se han ido formando a lo largo del período de la vida que llevas en este mundo, observándolo y correlacionando todas tus percepciones en un modelo interno funcional del presunto mundo externo. Fíjate en que este modelo mental incluye también tu cerebro y el resto de tu cuerpo, que son parte del mundo físico de «ahí fuera». En un sentido muy real, todo lo que percibimos no es más que nuestra interpretación codificada de información pura.

El principal obstáculo para darnos cuenta de esto es el truco asombrosamente eficiente del cerebro humano y de la mente humana para engañarnos haciéndonos creer que el mundo físico existe ahí fuera, tal como lo percibimos, «independientemente» de nosotros. Una metáfora excelente de esta situación es la de preguntarle a un pez cómo se siente uno al vivir en el agua. «¿Qué agua?», podría fácilmente responder el pez. Nunca ha conocido otra cosa más que el agua, y por ello se olvida de su existencia. Algo similar nos ocurre a nosotros, que nadamos en el mar de la conciencia: es lo único que hemos conocido.

Profundamente entrelazado con nuestras cambiantes ideas sobre la conciencia y la realidad está el hecho de que el fluir del tiempo, desde el pasado hacia el futuro, a través del presente, forma parte igualmente de la Ilusión suprema. Tendemos a suponer que algo tan primordial como el tiempo es algo dado y bien resuelto en nuestra cosmovisión científica convencional. Nada podría estar más lejos de la verdad. No solo la materia física no es lo que parece, sino que tampoco el tiempo lo es. La evidencia experimental, extraña pero irrefutable, del psicólogo de la Universidad Cornell, Daryl Bem (ver el capítulo cuatro), que demuestra la precognición (conciencia cognitiva) y la premonición (aprehensión emocional) *antes de que el ordenador realizase la selección al azar* (!) no es más que el comienzo del rompecabezas.[1] El conjunto de pruebas existentes sugieren que el flujo del tiempo es inherente a la realidad terrestre como parte de nuestra limitada conciencia humana.

En cierto sentido, en este *eterno ahora*, el pasado y el futuro son muy simétricos. Una forma ampliada del experimento del borrador cuántico de elección retardada, de John Wheeler (ver el apéndice B), subraya la sorprendente cuestión de que la decisión que un astrónomo toma esta noche acerca de cómo observar un quásar a unos cuantos miles de millones de años luz realmente provoca que los fotones que llegan, que dejaron ese quásar hace miles de millones de años, alteren su conducta en el lejano pasado, para aparecer como partículas o como ondas. En esencia, una elección que hacemos ahora tiene influencia causal sobre el pasado. Todo tiene que ver con la percepción y el conocimiento que podemos obtener del mundo en el instante presente.

Otros físicos brillantes también han vislumbrado esta peculiar arruga en nuestros conceptos humanos del aparente flujo del tiempo. Como Einstein afirmó tras la muerte de su amigo de toda la vida, Michele Besso: «Ahora él se ha ido de este extraño mundo un poco antes que yo. Eso no significa nada. Las personas como nosotros, que creen en la física, saben que la distinción entre pasado, presente y futuro es solo una obstinada ilusión persistente».

Existen claves importantes en cuanto al aparente paso del tiempo –o *no*–, en los sueños, bajo anestesia general, durante las experiencias cercanas a la muerte (especialmente durante la revisión de vida) y en otros estados alterados de conciencia. El flujo del tiempo en estos estados alterados puede ser muy diferente: el tiempo puede parecer avanzar y retroceder, puede ir más rápido o más lentamente que el «tiempo terrestre» o nuestra conciencia puede saltar a regiones remotamente distantes del «tiempo terrestre» consensuado.

En coma profundo, mi experiencia del flujo del tiempo en el universo físico estaba envuelta en un apretado bucle, o incluso en un punto. Fui consciente de un tipo de causalidad más fundamental, manifestada en lo que llamo «tiempo profundo». El tiempo profundo se halla relacionado, ante todo, con la evolución de todas las conciencias, y especialmente con la miríada de sucesos en las vidas de los seres sintientes. El río del tiempo terrestre que fluye constantemente se mostró que era una ilusión promovida por nuestra conciencia en «este lado del velo». Comparado con el tiempo profundo, el aparente «tiempo terrestre» es solo un subconjunto relacionado con nuestra «realidad consensuada», en la que toda nuestra conciencia colectiva está contemplando simultáneamente la misma realidad grupal. La conciencia en las dimensiones alternativas no está limitada por el tiempo terrestre, y tiene acceso a regiones que están fuera de la realidad consensuada con facilidad.

Claramente, las implicaciones de los más sofisticados experimentos recientes en física cuántica no hacen más que fortalecer la sensación de que no existe una realidad física objetiva subyacente que sea independiente de la mente del observador consciente.[2] Y sin embargo, la Ilusión suprema es «ingeniosa, desconcertante y poderosa», utilizando una frase de la literatura sobre las adicciones hallada en los programas de doce pasos. Incluso con el reconocimiento cognitivo de la Ilusión suprema, somos arrastrados por su poder seductor e irresistible.

Muchos pueden preguntarse por qué compartimos la conciencia de un mundo común, ya que esta realidad compartida parece apoyar fuertemente la existencia independiente del mundo físico. Esta «realidad» compartida es, de hecho, la base de nuestra experiencia terrestre. La realidad consensuada del ámbito físico sirve como una etapa conveniente para el desarrollo de los sucesos de nuestra vida, aunque como las fachadas de las ciudades del antiguo Oeste que Hollywood utilizaba para filmar, *no existe como tal*. En muchos sentidos, nuestro mundo físico percibido conjuntamente cumple el mismo papel que nuestros cuerpos desempeñan para proporcionar un centro de nuestra experiencia aquí y ahora.

Respecto a esa realidad consensuada, cuando David Chalmers definió el problema difícil, mencionó también el problema «fácil» de la conciencia. El problema fácil es la cuestión de valorar los *qualia*. Dicho de manera sencilla, los *qualia* son los aspectos subjetivos o cualitativos de la percepción. El problema fácil se refiere, por ejemplo, a la evaluación de la rojez de una manzana y al intento de comparar la sensación de rojo que tiene una persona con la que tiene otra –¿se trata de la misma percepción o hay diferencias en la cualidad o el contenido, por lo que se podría decir que son diferentes entre sí?–. Los científicos interesados en la conciencia han calculado que el problema fácil de la conciencia podría resolverse en «unos cuantos siglos». Puede imaginarse, por comparación, el tiempo que consideran que podría tardarse en resolver el problema difícil.

Dadas las grandes dificultades incluso para definir la naturaleza de lo que estamos comparando, las posibles discrepancias entre nuestros *qualia* individuales y la duda acerca de si convergen hacia un consenso significativo deberían indicar las enormes dificultades que presenta intentar comparar nuestras versiones individuales de la realidad en cualquier situación. Desde luego, estamos de acuerdo en que nuestras percepciones coinciden con percepciones que tuvimos en el pasado porque estamos de acuerdo en esas definiciones y comprensiones a medida que se desarrollan. Así, nuestro lenguaje está codificado para significar ciertas cosas en ciertas situaciones, pero lo único que podemos acordar es que esos *qualia* permanecen estables para nosotros en nuestra percepción del mundo, siempre en movimiento. Seguimos haciendo frente al problema de no saber o no poder comparar los contenidos y los *qualia* de nuestras percepciones con las de otros. No nos queda sino asumir que llegamos a ciertos acuerdos en nuestras percepciones.

Muchos consideran el método científico objetivo como el único camino hacia la verdad, y creen que la experiencia individual subjetiva no cuenta nada en la era actual de conclusiones basadas en las evidencias. De hecho, todo el conocimiento humano está profundamente enraizado en la experiencia personal (incluida la de los científicos que realizan los experimentos), de modo que la experiencia subjetiva del científico, ciertamente de todos nosotros, ha de verse como algo integral. De hecho, anécdotas y comprensiones mentales sutiles conocidas solo por el yo subjetivo se ven implicadas en cualquier verdad científica que haya llegado a conocerse mediante la aplicación del método científico.

Thomas Nagel, profesor de Filosofía de la Universidad de Princeton, escribió en 1974 un artículo interesante, citado a menudo, que ayuda a demostrar el valor fundamental del conocimiento subjetivo sobre el conocimiento objetivo. Su experimento mental provocativo se plantea cómo es «ser un murciélago». Eligió este animal porque es un mamífero, como lo somos los humanos, y por ello lo suficientemente parecido a nosotros como para considerar que tiene experiencia consciente subjetiva. Pero Nagel señala que el principal mecanismo perceptivo del murciélago para construir un modelo del mundo exterior es la ecolocación (o ecolocalización), que implica la producción de sonidos muy agudos como señales que emiten y así crear un modelo del mundo tridimensional mediante los complejos patrones del sonido que se reflejan como un eco tras chocar con la infinidad de entidades físicas que lo rodean (mosquitos, pájaros, árboles, otros murciélagos, etc.) y que vuelven a sus oídos y son procesados a continuación por su cerebro. Este complejo sistema de sónar le permite al murciélago construir un modelo mental de alta resolución de la distancia, la dirección, el tamaño, la textura, la forma y el movimiento de todo su entorno físico, para poder volar con eficacia a través del cielo nocturno y atrapar mosquitos al aire para cenar.

Más recientemente, en la Universidad de Nueva York, Nagel ha clarificado que este ejercicio no trata de valorar «cómo sería para mí comportarme como lo hace un murciélago [...] Quiero saber cómo es para un murciélago ser un murciélago». La información subjetiva inherente en la experiencia que el murciélago tiene de su mundo es ciertamente amplia, pero es muy diferente e independiente de la información similar disponible para los humanos. Su experimento mental elucida notablemente la cuestión de que una enorme cantidad de la información transmitida a través de la experiencia subjetiva supera el conocimiento disponible a través de la sola valoración «objetiva»; de hecho, es difícil afirmar que esa objetividad neutral pueda siquiera existir.

Dada nuestra idea cambiante de la Ilusión suprema, el único conocimiento disponible para cualquier ser humano es el subjetivo. De hecho, nunca tenemos acceso a ninguna realidad «objetiva». Parece que hay una realidad consensuada que suponemos es el mundo externo, que incluye a todos los humanos y otros seres, además de nosotros, pero tenemos que ser cautos para no suponer demasiado acerca de cualquier realidad objetiva que se encuentre al margen de lo que es subjetivamente verificable por nosotros. Nagel vio todas las explicaciones materialistas culpables justo de eso.

El filósofo analítico australiano Frank Jackson animó este debate en 1982 con su fábula de María, una neurofisióloga que había pasado su vida estudiando los mecanismos neuronales de la visión del color, pero que había extraído todo su conocimiento de una pantalla de ordenador en blanco y negro y que vivía en una habitación en blanco y negro de la que no había salido ni una sola vez en su vida. Aunque estudió todo lo que la neurociencia podía ofrecer sobre los mecanismos por los cuales podemos ver la rojez de un tomate maduro, el variado color verde del césped de un jardín o el azul del cielo claro, nunca había tenido la experiencia de ver el color con sus propios ojos. Su conocimiento incluía todo lo que se conoce por los experimentos psicofísicos de la neurociencia sobre los procesos neuronales de la percepción.

Hasta que Jackson libera a María de su sombrío mundo en blanco y negro; le proporciona un monitor en color y le permite salir al mundo real, esplendoroso, en el que hay todos los colores del arcoíris. ¿Ha aprendido María algo nuevo al percibir ese tomate rojo maduro, al ver con sus propios ojos el brillante césped verde y el azul cristalino del cielo? La mayoría de los humanos dirían que sí, que ha adquirido un conocimiento nuevo acerca del mundo que nunca habría adquirido mediante el estudio científico exhaustivo (y las descripciones verbales de tal información a partir de otros) del mecanismo físico de la visión del color: obtuvo conocimiento a través de la experiencia del color. Contemplar personalmente los brillantes colores del mundo natural añadía información que era absolutamente fundamental en su comprensión del mundo en general, y nada que no fuera esa experiencia personal directa podría haber completado su conocimiento del mundo.

Jackson concluye que todo el contenido físico no incluye todos los datos posibles, que hay información fundamental en la experiencia subjetiva que se extiende más allá de una descripción física exhaustiva. Ese algo esencial es la propia experiencia subjetiva. La fábula de María revela también un fallo fatídico en el argumento de que la única información que es útil en nuestra era científica es la que se extrae del método científico objetivo estrictamente controlado. Por el contrario, declaraciones de personas de todo el mundo desafían lo que la ciencia materialista afirma ser un hecho, y tal evidencia empírica ha de ser tenida en cuenta si nuestro interés por comprender la naturaleza del mundo va en serio.

Mi experiencia subjetiva durante el coma fue, ciertamente, una poderosa evidencia que me mostró la realidad del ámbito espiritual. Estaba acostumbrado a descartar la experiencia personal, como si no tuviera ningún valor, pero comencé a darme cuenta de que la experiencia subjetiva era una parte fundamental de nuestra comprensión del mundo, a pesar de su naturaleza anecdótica. De modo que los llamados fenómenos «paranormales» se volvieron mucho más relevantes. Me di cuenta de que incluso aceptar una teoría dualista, en la que la mente se considera una entidad separada del cerebro, no iba demasiado lejos. ¿Y si los experimentos de la física cuántica nos están diciendo que la mente crea realmente todos los sucesos que observamos en el mundo material? ¿Y si nuestras decisiones personales influyen de manera integral en el desarrollo de nuestra realidad?

Un nuevo pensamiento audaz constituye la salida de nuestra situación actual. El filósofo galés H. H. Price dijo: «Podemos predecir con seguridad que será la timidez de nuestras hipótesis y no su extravagancia lo que provocará la burla de la posteridad». Y como Einstein señaló: «No podemos resolver nuestros problemas con el mismo pensamiento que utilizamos cuando los creamos».

En este punto es donde comencé a sopesar en serio la posición filosófica llamada idealismo metafísico. La metafísica se ocupa de los presupuestos más fundamentales de la existencia, como la idea de que el universo es comprensible o la de que la única sustancia que existe es la materia física. El idealismo es la idea de que la realidad (todo nuestro universo) es básicamente una forma de pensamiento en la que participa la mente humana. De este modo, la existencia surge del ámbito de las ideas, o de la mente (a partir de la conciencia misma).

El idealismo metafísico también puede llamarse idealismo ontológico –*ontológico* se refiere simplemente a «todo lo que es»–. El idealismo metafísico existe en el extremo opuesto de la posición materialista convencional, que afirma que «el cerebro crea la mente». Desde este polo opuesto, se presupone que la conciencia existe de manera primordial y genera todas las mentes, todos los cerebros y todos los cuerpos. Hay normas que rigen el escenario (es decir, la fachada del mundo físico) para esta obra dramática (en general, las leyes de la física, o leyes de la ilusión), pero el tema y la trama de los verdaderos sucesos (especialmente desde una perspectiva humana) no son tan limitados. Hay todavía un principio poderoso de razón suficiente: la idea de que todos los efectos han de tener causas suficientes, o que nada puede ocurrir simplemente como un suceso caótico o azaroso. Este principio fue desarrollado ya por filósofos griegos, como Platón y Aristóteles, pero su forma moderna se atribuye al filósofo alemán del siglo XVIII Gottfried Leibniz. De ahí nuestra atención a las sincronías complejas, o nuestro sentir algunas de las profundas interconexiones manifestadas a través de los sucesos de nuestras vidas, lo que a menudo sugiere una fuerza inteligente que guía nuestras vidas y nuestra comprensión.

Un ejemplo de tal sincronía lo ofrece mi trayectoria profesional. Durante mi residencia neuroquirúrgica, pasé dos años (1985-1987) investigando el vasoespasmo cerebral, una complicación especialmente letal de la hemorragia subaracnoidea (HSA) a partir de aneurismas que lisian y matan aproximadamente a un tercio de los pacientes que sobreviven a la hemorragia. Después de la residencia (MIR), en 1987, obtuve una beca en Neurocirugía Vascular, y estudié intensamente el tratamiento quirúrgico de los aneurismas, antes de conseguir un puesto en la Facultad de Medicina de la Universidad Harvard y encabezar la neurocirugía vascular en el hospital Brigham de Mujeres.

Yo fui adoptado, y en la búsqueda de mis padres biológicos, más tarde supe que esta aflicción hereditaria era parte del historial médico de mi familia original. Fue esta enfermedad hereditaria lo que motivó que mi hermana biológica llegase a la agencia de adopción, un paso fundamental para volver a estar conectados. La información que se me reveló en febrero del año 2000 indicaba que mi abuelo materno había padecido una hemorragia aneurísmica subaracnoide que lo dejó gravemente dañado durante unos meses, antes de morir finalmente en 1966. Mi madre biológica tuvo dos hermanas, y en 1978 su hermana menor padeció una HSA y murió al día siguiente. Su otra hermana resistió una HSA en 2004, a los sesenta y cinco años, que la incapacitó gravemente durante tres años, aunque ha tenido una recuperación milagrosa (hasta el punto de que ha ganado varios torneos locales de golf en años recientes). Inicialmente supuso un golpe sorprendente para mí esta aparente coincidencia, pero quizás la elección de mi profesión en los años ochenta tenía alguna conexión profunda con el descubrimiento de mi predisposición biológica personal dos décadas más tarde.

En el idealismo metafísico, como también en la física cuántica, todo en el universo está profundamente interconectado. Cualquier separación de una parte respecto del todo en nuestro pensamiento lleva a distorsión y confusión. Sin embargo, tales razones suficientes en la posición del idealismo metafísico representan un conjunto mayor de causas y efectos que se extiende mucho más allá de las presuposiciones simplistas de la ciencia materialista y las leyes de la ilusión. Ellas son las que permiten la vasta interconexión revelada a través de las sincronías o las importantes implicaciones del efecto placebo (de la mente sobre el cuerpo para favorecer la curación) y otros fenómenos para empujarnos suavemente hacia un despertar en nuestra comprensión. Encontrar sentido a las vastas extensiones de la experiencia humana más allá de las de nuestra conciencia cotidiana mundana se vuelve, de este modo, más fácil.

Las leyes de la física generalmente rigen las reglas del juego, al limitar lo que resulta posible en nuestro universo físico observable. Ahora bien, muchos goznes de lo que los humanos creen posible, así como muchas limitaciones, están, en gran medida, «en la mente». Tales creencias se han ampliado espectacularmente en las décadas recientes, con la abrumadora evidencia de la conciencia no local, como la realidad de la telepatía, la precognición, el presentimiento, las experiencias fuera del cuerpo, la visión remota y el recuerdo de vidas pasadas en niños, que indican casos de reencarnación. Los investigadores de estos temas están llevando la iniciativa en la eliminación de las falsedades simplistas del materialismo científico y de las autoimpuestas limitaciones de la capacidad humana que implican.

Un principio básico en la ciencia y la filosofía, conocido como la navaja de Ockham (según el nombre del fraile franciscano inglés del siglo XIV Guillermo de Ockham), es la idea de que la explicación más sencilla, la que implica la menor cantidad de constructos adicionales al intentar explicar nuestro mundo, es la que más probablemente sea cierta. Como a menudo se dice, parafraseando a Einstein: «Las explicaciones deben ser tan sencillas como sea posible, pero no más». Guillermo de Ockham podría, según esto, apoyar el idealismo metafísico como el modelo más adecuado para explicar la naturaleza de la realidad, dado que siempre estamos limitados a nuestra experiencia de primera persona al buscar nuestra comprensión más profunda de la existencia. Simplemente necesitamos superar nuestra adicción a la Ilusión suprema y darnos cuenta de que el mundo físico objetivo es un constructo que se halla dentro de la mente.

El idealismo metafísico deriva directamente de pensadores tan profundos como el filósofo irlandés George Berkeley (1685-1753), que analizó la relación entre los objetos materiales y la percepción que tenemos de ellos mediante la pregunta siguiente: ¿es posible concebir un objeto sensible que exista independientemente de todo sujeto perceptor? Dicho de otro modo, si un árbol cae en la selva y no hay nadie presente para observar su caída, ¿hace algún sonido? De manera más general, ¿ocurre realmente su caída, si no es contemplada por un observador consciente? Nuestro sentido común nos llevaría a responder afirmativamente, pero tendríamos que admitir que es imposible saberlo con certeza. Tal certidumbre exigiría que un observador estuviese presente para testificar la caída real del árbol, violando nuestra exigencia de que «no haya nadie presente para contemplar su caída». Nuestro sentido común dice que encontrar un árbol caído en la selva es suficiente para garantizar la creencia de que realmente cayó en algún momento del pasado, pero el «sentido común» a menudo lleva a conclusiones erróneas respecto a la naturaleza fundamental de la realidad.

Posteriormente, Berkeley investigó el tema observando que los únicos elementos cruciales implicados en percibir algo, como un árbol caído, son el perceptor y la percepción. Dados estos, se dio cuenta de que la exigencia de que un objeto físico (el árbol caído) tuviera que existir realmente era una idea absurda, exigida solo por las mentes de los filósofos y complicando la cuestión. Berkeley formuló así su conclusión: «Ser es ser percibido».

Así pues, la percepción en la mente basta para explicarlo todo, sin el objeto físico externo, cuando apreciamos la naturaleza puramente informativa de los sucesos descritos y nos damos cuenta de que un sustrato más inclusivo que el mundo físico evidente (es decir, el holograma cuántico) sería suficiente para sostener todo el proceso.

Hay que señalar que la versión del idealismo metafísico que defendemos aquí reconoce la unidad del universo dentro de la conciencia, más allá de la concepción más «atomista» o «separatista» promulgada por Berkeley (considerada correctamente como solipsismo), que veía todas las almas como individuales y separadas de Dios. Nuestra concepción está más alineada con la del filósofo alemán Georg Wilhelm Friedrich Hegel (1770-1831), que siguió el ejemplo de Platón de afirmar la voluntad del alma, o del filósofo holandés Baruch de Spinoza, quien aceptó explícitamente la afirmación de san Pablo «en Él vivimos, nos movemos y tenemos nuestro ser» –que todas nuestras percepciones están dentro de la mente única de un ser superior–. Concretamente, es la concepción de Spinoza la que mejor explica nuestra experiencia de una realidad consensuada compartida.

Esta concepción considera que nuestra conciencia se origina en la Mente colectiva, que comprende a todas las conciencias sintientes del universo. Nuestra conciencia individual está superficialmente escindida, con una sensación de estar separada, lo que permite esta vasta danza de todos los elementos en la evolución de la conciencia. Algunos podrían etiquetar esta mente única como «Dios», la inefable fuerza del amor puro encontrada por muchos durante todo tipo de experiencias espiritualmente transformadoras. La realidad evidente de tal deidad tiende a perderse entre la maleza de los dogmas religiosos contemporáneos que entran en conflicto.

Un argumento más moderno a favor del idealismo metafísico procede del experto informático Bernardo Kastrup, quien me avisó de un *post* en su blog, escrito como respuesta al ataque que el neurocientífico Sam Harris hizo de mi libro *La prueba del cielo*. Harris había desafiado mi afirmación de que el daño cerebral pudiera propiciar un enriquecimiento y una expansión de la conciencia sorprendentes, y Bernardo se puso de mi parte en su blog, así como en su libro *Brief Peeks Beyond* [Breves vistazos más allá].[3] Él aborda justamente cómo nuestras creencias colectivas profundamente arraigadas pueden realmente crear materia física en *More than Allegory* [Más que una alegoría], un enfoque original y ambicioso que invoca el idealismo metafísico como su núcleo. La diligencia de Bernardo al ocuparse del tema de la conciencia intensificada en el contexto de un daño cerebral llevó su artículo al blog de *Scientific American*,[4] y en él abría la puerta a la teoría del filtro y al idealismo metafísico (o al menos a una forma de dualismo) a partir de cómo las lesiones cerebrales aumentan la función mental en muchos casos. Es interesante que tal intuición del problema mente-cuerpo se origine en quienes estudian informática, especialmente cuando se ocupan de los principios fundamentales de la información y su papel en la realidad emergente.

Recuerda que la conciencia misma es la única fuente de información disponible para cualquier ser humano. El mundo físico objetivo se proyecta como algo externo e independiente de nuestra conciencia de él, pero nuestro presupuesto de que existe como nosotros lo percibimos es solo una interpretación de nuestra experiencia sensorial, y no un hecho comprobado. La existencia real del mundo físico objetivo es un paso extra que no es necesario.

El idealismo metafísico encaja bien con la teoría del filtro, el marco de referencia emergente hoy en la neurociencia y la filosofía de la mente, que promueve un vínculo más viable entre el cerebro y la conciencia. En la teoría del filtro, el cerebro físico sirve como válvula reductora o filtro a través del cual la conciencia universal, o

Mente colectiva, es filtrada y se permite su entrada en nuestra percepción humana del mundo que nos rodea, que es más restringida. Además, sugiero que la función de filtro está íntimamente asociada con el neocórtex, la superficie externa (y la parte humana) del cerebro. En el modelo neurocientífico convencional, en el que el cerebro produce la conciencia a partir de la materia física, el neocórtex representa la calculadora más potente que hay en el cerebro humano, y se halla íntimamente implicado en todos los detalles de nuestra conciencia. Yo postulo que el neocórtex constituye la influencia dominante cuando se trata de ver qué cantidad y qué tipo de conciencia se permite que entre desde la Mente colectiva. Su función de filtro es limitar y reducir, y permitir así solamente el hilillo de conciencia que se convierte en nuestras percepciones del mundo que nos rodea.

La teoría del filtro nos lleva mucho más allá en la explicación de una amplia variedad de experiencias humanas exóticas, como las experiencias cercanas a la muerte y las experiencias de muerte compartida, la precognición, las comunicaciones *post mortem*, las experiencias fuera del cuerpo y la visión remota. Esta hipótesis explica mi propia ECM personal ultrarreal en coma, cuando mi neocórtex estaba tan totalmente desmantelado. Sin un adecuado filtro que funcionase, experimenté un contacto mucho más amplio con la conciencia universal, como les ha sucedido a otros millones de personas que han contemplado la ultrarrealidad de tales experiencias transcendentes en la conciencia.

Los resultados experimentales en física cuántica hacen las veces del humo de la pistola para indicar que la conciencia es fundamental en la creación del universo: todo lo que hay en el universo observable (y todo el resto del cosmos que existe en cualquier parte o en cualquier tiempo) parece emerger de la propia conciencia. Los resultados de la física cuántica resultan bastante desconcertantes cuando se contemplan desde una perspectiva puramente materialista. Richard Feynman (1918-1988), que ganó el Premio

Nobel de Física en 1965, es célebre por esta afirmación: «Si alguien os dice que entiende la mecánica cuántica, entonces lo que sabéis seguro es que habéis conocido a un mentiroso». Una razón de esta sensación de misterio profundo, y del comportamiento decididamente absurdo del mundo cuántico, se halla en lo que se conoce como el problema de la medición. Tiene que ver con un fenómeno conocido como el «colapso de la función de onda», esto es, que el acto de observación parece influenciar el resultado medido de un experimento.

El sello distintivo de la mecánica cuántica (según Feynman) se encuentra en el famoso experimento óptico de la doble rendija, en el cual un rayo de luz (una corriente de fotones) proyectado sobre dos rendijas paralelas en una placa metálica produce un patrón de interferencia, similar a una onda, sobre la pantalla que hay al otro lado. El patrón de interferencia aparece como la banda de oscuridad y la banda de luz que representan los picos y los valles de las dos ondas que se entrecruzan. Dadas nuestras nociones de longitud de onda y de frecuencia de onda, como los colores de la luz visible, es importante reconocer que en los experimentos cuánticos la luz puede comportarse como onda y como partícula. Las partículas son los constituyentes subatómicos de la materia física, como los electrones o los protones, y en este debate se incluyen también los átomos y las moléculas. Sorprendentemente, los estudios revelan que las partículas de materia también muestran el comportamiento ondulatorio.

En el experimento de la doble rendija, tapar una de las rendijas de la placa de metal provoca que los fotones se comporten como partículas, lo cual aparece en la pantalla que hay más allá como dos bandas sólidas. Si se colocan detectores contiguos a las rendijas para obtener alguna información respecto a qué rendija atraviesa un fotón, esos fotones se comportan como partículas. El aspecto sorprendente del experimento es que si hay algún modo de que la información esté disponible desde el detector, incluso en principio, los fotones mostrarán un comportamiento como partícula y no como onda. Es casi como si el fotón fuese consciente de ser observado y se comportase según eso, apareciendo como partícula cuando un detector podría concebiblemente proporcionar información acerca de qué rendija atravesaba. ¡Muy extraño, desde luego!

La mejora en el diseño experimental y los avances en tecnología han permitido un apoyo cada vez más fuerte para la realidad de los efectos del observador cuántico. Desde el año 2012, Dean Radin y sus colegas informaron de una fascinante serie de experimentos[5] que valoraban el efecto de observadores humanos distantes en los experimentos de la doble rendija. Radin lo preparó de manera que un participante focalizase su atención –tan solo en el ojo de su mente– en una rendija o en la otra. Sorprendentemente, la atención de los participantes bastaba para afectar el comportamiento de los fotones para que apareciesen como partícula cuando se centraban mentalmente en una ranura y como onda cuando mentalmente retiraban su atención del sistema óptico. Diecisiete repeticiones de este experimento, que incluyeron cuatro sistemas diferentes de doble rendija, generalmente confirmaron y fortalecieron los hallazgos de los experimentos anteriores. Los descubrimientos revelan la influencia de un pequeño pero detectable efecto de «la mente sobre la materia» en su forma más básica, y esto sugiere que nuestra mente podría tener influencia sobre todo el mundo físico.

La toma de conciencia más impresionante de estos experimentos es que el resultado de la medición se relaciona de manera fundamental con las elecciones realizadas por la mente del observador. El supuesto del sentido común en la física clásica consistente en creer que aquello que se mide objetivamente está separado del observador demuestra ser falso cuando el mundo físico se examina de un modo cuántico más amplio. Que un resultado dependa de las elecciones del experimentador que hace la medición es algo completamente inesperado. Y esta profunda relación entre el observador y lo observado no se limita a los experimentos de la mecánica cuántica realizados en los laboratorios de física moderna; los experimentos insinúan que también afecta a todas nuestras interacciones con el mundo físico, como observadores de ese mundo.

La idea general entre muchos es que la física cuántica solo es aplicable en el mundo subatómico (muy pequeño) a temperaturas extremadamente bajas. Muchos también consideran que el comportamiento inherente a las partículas en el nivel atómico desaparece cuando se trata de conjuntos mayores de tales partículas (algo más grande que las moléculas). Algunos físicos se refieren a esta frontera arbitraria entre lo pequeño y lo grande como el «corte de Heisenberg». En realidad, tal «corte» solo es útil para el debate y la elaboración de modelos: en el mundo real no hay tal frontera; todo en él es cuántico, no clásico.

En física cuántica, las partículas subatómicas generadas juntas se dice que están entrelazadas. Esto ocurre, por ejemplo, cuando se hacen pasar unos fotones de luz a través de un cristal no lineal, haciendo posible mediciones de su polarización y correlacionándolas entre sí. Otras propiedades correlacionadas de las partículas entrelazadas pueden incluir su posición, su *momentum* y su *spin*. Los objetos entrelazados pueden incluir no solo fotones de luz, sino también electrones, protones, neutrones, neutrinos, átomos, moléculas e incluso pequeños diamantes. Antes de realizar una medición, los valores potenciales de tales partículas se dice que existen en un estado de superposición, en el que todas las posibles mediciones se asocian con probabilidades específicas. Comenzando con el informe de Stuart Freedman y John Clauser de 1972 respecto a los fotones entrelazados, lo que un observador elige medir acerca de un miembro de una pareja de objetos subatómicos entrelazados influye en el resultado obtenido por un observador distinto de su compañero entrelazado, independientemente de la distancia que haya entre los miembros de la pareja entrelazada.

El experimento de Freedman y Clauser fue una respuesta directa a Einstein, quien nunca estuvo satisfecho con la creencia de que la física cuántica fuese una teoría completa. En un artículo que escribió con sus colegas Boris Podolsky y Nathan Rosen en 1935 (conocido como la «paradoja EPR»), se quejaba de que la función de onda cuántica no proporcionara un cuadro completo de la realidad física y de que tenían que existir «variables ocultas» que pudieran explicar los resultados más satisfactoriamente. Para ilustrar su queja, el artículo de Einstein-Podolsky-Rosen (EPR) dilucidaba el comportamiento paradójico que tiene lugar cuando se realiza una medición de uno de los fotones entrelazados. Esa medición de la primera partícula fuerza un valor de medición correlacionado que se ha de obtener en la segunda partícula, sin importar lo alejadas que puedan estar en ese instante. En ese momento de la medición, las partículas entrelazadas parecen violar el principio de la relatividad especial (que afirma que la información no puede viajar a una velocidad superior a la de la luz). Einstein se burlaba de este colapso instantáneo de la función de onda, al que llamaba «la fantasmagórica acción a distancia».

Tales experimentos cuánticos sugieren que el acto de medición en la primera partícula provoca instantáneamente que la medición correlacionada tenga lugar en la segunda partícula. Este resultado impactante sugiere que las partículas entrelazadas actúan, de algún modo, como una sola partícula que parece estar separada de sí misma en el espacio. Este es un descubrimiento muy sorprendente, y parece ser inexplicable dadas nuestras nociones cotidianas de espacio y tiempo, y sin embargo se ha confirmado muchas veces en las últimas décadas. Aplicando los principios del idealismo metafísico, tales resultados parecen indicar que, ciertamente, estamos conectados en un nivel fundamental.

Esto no es más que la punta del iceberg a la hora de transmitir el papel fundamental de la conciencia en la creación de toda la realidad emergente. La física cuántica, que puede considerarse el campo con más éxito y mejor probado en los cuatro siglos de historia de la revolución científica, tendría más sentido mediante la admisión de que la mente que observa resulta absolutamente fundamental en aquello que surge como la realidad que percibimos. Esto no es más que otra expresión del idealismo metafísico.

John Wheeler, físico de la Universidad de Princeton, ha contribuido mucho a nuestra valoración cultural moderna de la física y la cosmología, incluyendo la popularización de los términos *agujero negro* y *agujero de gusano*. Hacia el final de su vida, se fascinó con la cuestión del papel de la vida y de la conciencia en el universo; se preguntaba si eran subproductos accidentales o eran centrales en la existencia misma del universo. Su profundo conocimiento de la física cuántica lo llevó a creer que la realidad es creada por observadores y que «ningún fenómeno es un fenómeno real hasta que es un fenómeno observado». Este pensamiento evolucionó hacia lo que llamó el «principio antrópico participativo». Veía el universo como una obra en marcha, cuyo pasado no existe hasta que es observado en el presente, y consideraba que el observador consciente «participativo» era crucial en todo el despliegue de la realidad. Como concluyó, «ser es ser percibido», mostrando su acuerdo con el idealista George Berkeley, que había hecho la misma afirmación hacía más de dos siglos. La expresión más firme de esa conciencia en el corazón de la realidad es el idealismo metafísico.

Aunque Wheeler podría haber considerado algún tipo de existencia del universo sin mentes que observen, vio claramente que todo el desarrollo de la realidad depende de las acciones de los observadores conscientes. Como revela su experimento cuántico de elección retardada, la elección de un observador puede incluso influenciar la historia pasada de las partículas observadas. Concluía:

> Empieza a dar la impresión de que nosotros, en una decisión de última hora, tenemos una influencia en lo que hará un fotón cuando ya ha realizado la mayor parte de su acción. [...] Tenemos que decir

que nosotros desempeñamos un papel innegable en configurar lo que siempre hemos llamado el pasado. El pasado no es realmente el pasado hasta que se ha registrado. O, por decirlo de otro modo, el pasado no tiene sentido ni existencia a menos que exista como un registro en el presente.

Para resolver realmente tales curiosidades, comencé a considerar el idealismo metafísico como un modelo viable para explicar cómo mi conciencia podía haber sido tan fuerte, a pesar de la perturbación de mi neocórtex. Recordando el espectro de los modelos mente-cuerpo, el materialismo es la única posición que no deja ningún lugar a la «mente» que no sea el de algo decididamente irreal, la muy extraña ilusión de las operaciones físicas del cerebro (epifenomenalismo) que llamamos «conciencia». Observa que todas las posiciones dualistas aceptan que la mente tiene existencia y cierta relación con el cerebro, pero que el idealismo metafísico es especialmente puro en este sentido, al postular que toda realidad y toda existencia emergen solo del ámbito de la mente. Vienen bien unas palabras de advertencia sobre la posición del panpsiquismo –la idea de que los elementos de la conciencia primigenia existen de manera natural en toda partícula del mundo subatómico–. Esta sigue siendo una posición materialista, posición que intenta reconocer la afirmación dualista de que tiene que haber algo más que lo físico para explicar la mente. Pero el panpsiquismo no considera los principios ordenadores más potentes, como la estructura mayor del tapiz de la vida, en la que nuestras acciones y pensamientos nos vinculan de manera muy significativa con el universo, como veremos en capítulos posteriores. Y para ser completa, cualquier teoría tiene que tratar este rico aspecto de la experiencia humana.

Sintiéndome más o menos satisfecho con los conceptos del idealismo metafísico como punto de partida útil, quedaba todavía mi segunda pregunta: ¿cuál es la naturaleza de la fuerza creativa, amorosa, que se halla en el corazón de toda la existencia y que he encontrado durante mi coma? Al meditar sobre todos los universos posibles, es sorprendente que el nuestro parezca ser tan simple y ordenado como es. Como decía Einstein: «Lo más incomprensible del mundo es que sea comprensible». El hecho mismo de que buena parte de la estructura visible y de la función del universo pueda expresarse tan elegantemente mediante fórmulas matemáticas (tal como se revelan a través de las lentes de la física) es un descubrimiento increíble, que merece la más profunda de nuestras reflexiones.

Las formas avanzadas de las matemáticas, ampliamente utilizadas en todo el mundo de la física, representan un mundo abstracto de ideales. ¿Por qué el mundo real tendría que ser tan completamente definible dentro del formalismo lógico de las matemáticas? Aunque los filósofos de las matemáticas pueden plantearse si estas se descubrieron o se inventaron, los propios matemáticos reconocerían ampliamente que las matemáticas se descubren en la realidad subyacente. Está justificado preguntarse si la inteligencia subyacente a nuestro universo, o «el Anciano», como Einstein la llamaba, modeló su existencia a partir de un modelo idealizado y cuidadosamente equilibrado. Sorprendentemente, nuestro universo físico parece depender por completo de tal formulación matemática perfecta.

Además de esta asombrosa inteligibilidad matemática del universo, la gran precisión de los valores de las constantes físicas que determinan el comportamiento de todos los componentes del universo es, igualmente, sorprendente. Actualmente hay veintiséis de tales parámetros implicados en el modelo estándar de la física de partículas (más la constante cosmológica, relativa a la expansión acelerada de todo el espacio), incluidos la velocidad de la luz en un vacío c, la carga elemental de un electrón e, la constante de Max Planck h, la constante de estructura fina a y la constante de gravitación universal G. Estos parámetros básicos generalmente se cree que permanecen constantes a través del espacio del universo físico observable, así como durante todo el tiempo (aunque esta constancia a través del espacio y el tiempo es una presuposición y no un hecho establecido).

Si cualquiera de estos veintiséis números variase, incluso en una minúscula fracción de sus valores medidos (mucho menos de un 1 %), el resultado habría impedido la formación de átomos, moléculas, humanos (y otras formas de vida), planetas, estrellas y galaxias: nada de todo ello existiría. Este «ajuste», como se conoce en el mundo de la física, constituye una constatación asombrosa que no puede ignorarse al intentar entender la naturaleza más profunda de la realidad. Tanto la precisión matemática del universo como el ajuste de las constantes físicas suponen un serio reto a cualquiera que intente defender un universo frío, caótico, mecánico y carente de propósito.

La precisión matemática de nuestro mundo y el ajuste de los parámetros físicos implicados en su estructura proporcionan evidencia convincente de una conciencia altamente organizada que subyace a toda la existencia. Yo creo que esta inteligencia ordenadora, que muchos pueden ver como un Dios creador, constituye realmente la fuente misma de nuestra conciencia como seres sintientes. No hay separación entre esta fuerza creativa última y nuestra conciencia de existir en este universo. El observador, la autoconciencia del universo en sí misma, es nosotros en el nivel más profundo.

Es también este observador consciente el que se halla detrás del problema difícil de la conciencia y del problema de la medición en la física cuántica, dos de los enigmas principales en las fronteras de la ciencia moderna. Observa que el «problema difícil» es realmente un problema imposible, al menos si uno está constreñido dentro de la limitada actitud mental del materialismo. Pero se vuelve menos problemático con concepciones más amplias de las posibilidades, como las permitidas mediante la teoría del filtro y el idealismo metafísico. Los paradigmas más abiertos incluyen conceptos como la «mente total» (en palabras de Aldous Huxley) o el «inconsciente colectivo» (según Carl Jung) como la maquinaria omnipresente que subyace a todo el universo. Hay un sustrato de información (que podría denominarse el holograma cuántico o el registro akáshico) que contiene la potencialidad completa de toda experiencia consciente, para que el universo sea consciente de sí mismo.

El gran psicólogo William James (1842-1910) propuso lo que llamó «algo más». Su idea era sencillamente que no se podían explicar totalmente los sucesos de las vidas humanas mediante las interacciones definidas en el ámbito físico. Yo veo ese «algo más» como un principio organizador descendente que establece las bases de la verdadera evolución a gran escala, esto es, la evolución de la información y el entendimiento de la naturaleza del universo, alineada con una estructura que sugiere significado y propósito en la existencia humana. En muchos sentidos, esta evolución mayor de la conciencia es la razón de que el universo entero exista.

Todo tiene que ver con la conciencia, literal y verdaderamente, todo.

Por conciencia entiendo esa autoconciencia, ese saber en este instante que tú existes, que eres un ser humano vivo aquí y ahora –la parte observadora de la conciencia–, el conocedor del conocimiento.

Esa chispa capaz de percatarse de que experimenta, y que recuerda la experiencia, eso es la conciencia. Esa misma conciencia es el misterio profundo que se encuentra en el núcleo de la famosa observación de René Descartes: «Pienso, luego existo». Recuerda el profundo misterio del papel del observador en la física cuántica. Tales misterios solían ser una curiosidad aislada dentro del mundo de la física, pero nos hemos dado cuenta de que los principios son aplicables no solo en el campo de la química, sino también en el de la biología. En las últimas décadas, los biólogos han hallado una fuerte evidencia de que la física cuántica es fundamental para cualquier comprensión de los procesos biológicos como la fotosíntesis (la capacidad que tienen las plantas de convertir la energía de la luz solar en materia viva), el sentido humano del olfato y la migración de las aves (mediante su capacidad de percibir el campo magnético de la Tierra). En realidad, toda la existencia es cuántica; incluso los elementos clásicos (o newtonianos) que se presentan en el nivel macroscópico operan dentro de un sistema cuántico, regido por leyes cuánticas.

Esta sorprendente «conciencia plena» del universo, su propia autoconciencia de la existencia, se manifiesta en el nivel más pequeño a través de la conciencia de los seres individuales, y se halla estrechamente entretejida con el propósito de toda conciencia en evolución. Esta identidad con la unidad del universo vivificó totalmente mi ECM en el Núcleo central. Esta fue la realidad más rica, más importante de todo mi viaje, y sin embargo fue también, naturalmente, la experiencia más alejada de nuestras vidas terrestres cotidianas. La belleza es la perfecta unidad de todo: el que esas perspectivas enormemente distintas son solamente facetas diferentes del mismo diamante perfecto, la joya de nuestra existencia.

Este marco general de comprensión en torno al debate mente-cuerpo permite una explicación más razonable del vasto alcance de la experiencia humana. Tal modelo tiene que ser coherente con las verdades más profundas constatadas por la comunidad científica, pero no esclavo de presuposiciones incorrectas subyacentes a nuestro marco de referencia conceptual. Respetando la naturaleza profunda de la Ilusión suprema unida al concepto de idealismo metafísico y la teoría de la mente como filtro, la interpretación adecuada de la física cuántica ofrece modos significativos de considerar la conciencia como esencial en la producción de todo el universo físico visible.

Para hacernos cargo plenamente de la vasta experiencia de los seres sintientes, postulamos un universo muy grande, ciertamente, un universo con amplias posibilidades abiertas al potencial humano, ya que todos somos participantes y cocreadores en esta gran evolución de la conciencia. Nos hallamos en un viaje experiencial, experiencia del corazón y del alma, inaccesible al filósofo de salón a través de la sola erudición académica. Elevarse por encima de la Ilusión suprema exige, primero y sobre todo, prestar atención a la propia experiencia.

Capítulo 6

CONFIAR EN LA EXPERIENCIA PERSONAL

Hay dos maneras de engañarse. Una es creer lo que no es cierto; la otra es negarse a creer lo que sí que es cierto.

Søren Kierkegaard (1813-1855), filósofo danés

Su santidad el decimocuarto dalái lama ha estado exiliado de su país y su pueblo desde la revuelta tibetana de 1959, cuando el Ejército chino tomó el Tíbet. Actualmente vive como exiliado político en la India. En 1989 se le concedió el Premio Nobel de la Paz por su apoyo al pueblo tibetano. La reencarnación es una idea aceptada en el budismo. De hecho, los individuos del linaje del dalái lama han sido identificados activamente, desde 1391, mediante el reconocimiento de que el alma del dalái lama se reencarna constantemente. Después de una afirmación de su santidad en 2011 en la que dijo que podría terminar sus esfuerzos espirituales en la Tierra y elegir no volver a reencarnar, el gobierno de China, oficialmente ateo y antirreligioso, respondió con una dura advertencia: tendría que reencarnar ¡sí o sí! Dejaron claro que querían encargarse de la reencarnación y de la selección del decimoquinto dalái lama. Su interés, obviamente, no era proporcionar un tránsito seguro al *bodhisattva* de la compasión a través de los ámbitos espirituales, sino controlar y reprimir al pueblo tibetano.

Aunque el dalái lama no tiene una preparación formal en ninguna disciplina científica, está intrigado por lo que la ciencia puede ofrecer potencialmente. «Como en la ciencia, también en el budismo la comprensión de la naturaleza de la realidad se persigue mediante la investigación crítica: si los análisis científicos fuesen concluyentes en la demostración de que algunas afirmaciones del budismo son falsas, deberíamos aceptar los descubrimientos de la ciencia y abandonar esas afirmaciones», sostiene en *The Universe in a Single Atom* [El universo en un solo átomo]. En el año 2013, después de leer *La prueba del cielo*, me invitó a unirme a él en un debate público sobre las concepciones científicas modernas de la reencarnación. El debate formaba parte de la ceremonia de graduación en el Maitripa College, una escuela budista tibetana y centro de meditación ubicada en Portland (Oregón). La multitud de estudiantes, profesores y miembros de la comunidad estaba en calma pero entusiasmada.

Su santidad habló al final, y el tema elegido se centraba en los diferentes tipos de fenómenos que tienen influencia en nuestras concepciones. Explicó que los fenómenos encajan en una de estas tres categorías: fenómenos evidentes, que pueden estudiarse mediante observación directa; fenómenos ocultos, que pueden inferirse a partir de los fenómenos observados, y fenómenos extremadamente ocultos, a los que solo se tiene acceso a través de nuestras experiencias en primera persona o mediante inferencia basada en el testimonio fiable de alguna otra persona.

El primer tipo (los fenómenos evidentes) constituye el sello distintivo de la investigación de la ciencia materialista, y se refiere a las observaciones que pueden verificarse mediante percepción directa a través de los cinco sentidos físicos. El segundo tipo (los fenómenos ocultos) se refiere a teorías o inferencias que pueden extraerse de tales observaciones utilizando un análisis cognitivo.

Un caso significativo es el ejemplo de la lucidez terminal. La describí en *La prueba del cielo*: un colega cercano, director de uno de los programas de neurocirugía más respetados del país, fue testigo de cómo su padre tenía una profunda conexión espiritual con el alma de su propia madre en el momento de su tránsito. Estaba seguro de la realidad de ese encuentro, y ese suceso cambió para siempre su visión de la realidad del mundo espiritual; contemplar la experiencia de su padre lo convenció de la falsedad del modelo «el cerebro crea la conciencia».

Obviamente, para mí, la ECM que tuve caía en la tercera categoría (los fenómenos extremadamente ocultos), porque la experimenté directamente. Pero los demás tienen que elegir decidir si mi testimonio es creíble.

«Cuando llegamos a la tercera categoría de fenómenos –los que son extremadamente ocultos y oscuros–, de momento, para las demás personas, no hay acceso real, ni directo ni a través de la inferencia. Así que el único método que queda es confiar realmente en el testimonio de la experiencia en primera persona tenida por alguien –explicó su santidad con ayuda de su traductor–. Con todo nuestro respeto hacia la ciencia y su alcance para el conocimiento, tenemos que hacer una distinción acerca de la posibilidad de que existan algunos tipos de fenómenos que están más allá del alcance de la investigación científica».

Señalándome, terminó diciendo: «En un nivel más profundo, hay cosas todavía más misteriosas».

Su santidad reconocía que mi experiencia, y otras similares, no es posible explicarlas totalmente utilizando los métodos científicos tradicionales. Pero las experiencias de primera mano son fundamentales para nuestra comprensión personal. Podemos confiar en las experiencias de otros, o podemos cultivar las nuestras y confiar en ellas. Y en eso es en lo que estoy interesado: en los misterios de cómo la conciencia interactúa con el mundo físico y cómo cada uno de nosotros desempeña un papel en ese proceso.

Hay fenómenos misteriosos en todos los rincones; lo único que tenemos que hacer es prestar atención a nuestra experiencia. Parece simple, pero he aprendido que es más fácil decirlo que hacerlo.

Conocí a Michael Shermer, editor de la revista *Skeptic*, cuando ambos fuimos invitados al *Larry King Live* en diciembre de 2013. Shermer figuraba como «destacado escéptico» en un panel para debatir sobre mi ECM. El panel incluía también a la activista espiritual Marianne Williamson y al rabino Marvin Hier. El principal papel de Shermer fue presentar el argumento materialista, en el que afirmó que yo debía de haber tenido un sueño o una alucinación. Al final del debate, dijo que esperaba que estuviera en lo cierto acerca de la vida *post mortem*, pero todavía mantenía su postura de incredulidad y negaba la evidencia médica en mi caso. Como después de la grabación nos fuimos juntos, me regaló amablemente un ejemplar dedicado de su libro, *The Believing Brain* [El cerebro creyente]. En él, intenta explicar cómo el cerebro forma creencias para dar sentido a los patrones percibidos en nuestro entorno.

Dada su postura, me impresionó cuando unos meses después, en octubre de 2014, escribió un artículo en su columna mensual para la revista *Scientific American* respecto a una historia personal más bien inusual y aparentemente inexplicable. Él y su mujer, Jennifer, se habían casado en junio de ese año. Jennifer parecía un poco triste en los días previos a la boda, y expresó su deseo de que su abuelo, que había sido para ella la figura de un padre hasta que murió, cuando ella tenía dieciséis años, estuviera allí en el día más especial de su vida. Lo único que tenía de él eran unos cuantos objetos personales que había heredado, muchos de los cuales se habían estropeado con el paso del tiempo. Unos meses antes de la boda, Michael había intentado reparar una radio rota, muy apreciada por el abuelo de Jennifer, una Philips 070 de 1978, con pilas nuevas y una tapa, ayudado de un destornillador, pero, desafortunadamente, sus esfuerzos no dieron resultado: la radio se negaba a funcionar y fue relegada al fondo de un cajón del escritorio, con otros objetos rotos.

Una vez en casa, tras intercambiar los votos matrimoniales en presencia de diversos miembros de la familia, los recién casados se retiraron un poco para un momento de intimidad y pronto se dieron cuenta de que había una música desconocida que venía de su dormitorio. Siguiendo el sonido de una canción de amor romántico, descubrieron, con gran asombro, que la música procedía de la radio rota abandonada al fondo del cajón del escritorio. Quedaron atónitos, en silencio, hasta que Jennifer, tan escéptica como Michael acerca de los fenómenos «paranormales y sobrenaturales», dijo con lágrimas en los ojos: «Mi abuelo está aquí con nosotros. No estoy sola».

La música la oyeron también otros miembros de la familia y siguió sonando durante la noche. Pero a la mañana siguiente paró. Nunca lograron que la radio volviera a funcionar. Shermer terminaba su artículo afirmando que el credo científico consiste en «mantener la mente abierta y permanecer agnóstico cuando la evidencia no es concluyente o el enigma sigue sin resolverse».

Admiré la valentía de Michael al compartir una historia de posible comunicación *post mortem* en *Scientific American*, un bastión del pensamiento materialista. Estaba emocionado con la posibilidad de hablar con él acerca del artículo, la siguiente vez que nos encontramos, en agosto de 2015, cuando nos entrevistaron juntos en el *show* televisivo *Ask Dr. Nandi*. Cuando llegó con Jennifer, nos saludamos y le dije:

–Eso realmente exigía valentía. Mostró que eres un escéptico de mente abierta.

–Bueno, terminamos entendiendo que tenía una explicación totalmente natural –contestó, mientras Jennifer asentía.

–Oh, ¿de verdad? Me encantaría conocerla –respondí–. ¿Qué ocurrió?

–Bueno, obviamente no era una verdadera comunicación del espíritu de su abuelo. Tiene una explicación perfectamente racional.

–Que es... –lo animé a seguir, sorprendido por ese cambio brusco.

–Bueno, no podía haber sido sobrenatural, de modo que tiene que haber alguna explicación lógica.

Los miré a los dos, esperando la explicación «científica».

–Realmente no la conocemos, pero ha de tener una explicación racional –concluyó Michael.

Cientos de personas me han contado historias parecidas, muchas de las cuales nunca habían considerado que la comunicación *post mortem* fuera posible, antes de encontrarse con ella. La mayoría han cambiado para siempre por tal suceso y han despertado a la naturaleza espiritual del universo. Cuando una puerta se abre, nuestra libertad nos permite cruzarla... o cerrarla y retirarnos. Tal como lo veo ahora, la explicación racional sería que el alma del abuelo de Jennifer estaba ofreciendo su apoyo y su amor desde «el otro lado».

Antes de mi coma, había oído muchas historias de ese estilo a mis pacientes, narraciones que sugerían una comunicación *post mortem*, pero siempre las había archivado como fantasías o vanas ilusiones. Incluso yo mismo había tenido mi encuentro personal, muy sorprendente, en 1994, aunque, como Michael y Jennifer, me había convencido con el tiempo de que se trataba solo de alguna casualidad inexplicable.

Stuart Massich (no es su verdadero nombre) era un amigo cercano y colega que tuvo una trayectoria vital extrañamente similar a la mía. Algunos rasgos en común (si bien él iba cinco años detrás de mí) eran los siguientes: Stuart creció en Winston-Salem, estudió en la Universidad de Carolina del Norte, en Chapel Hill, y más tarde en la Facultad de Medicina de la Universidad Duke; pasó sus años de residente en neurocirugía en Duke, pero estuvo dos años en el laboratorio de la Facultad de Medicina de la Universidad Harvard, y finalmente se unió al equipo de neurocirugía del hospital Brigham de Mujeres, emblemático entre los hospitales universitarios de la Facultad de Medicina de Harvard. Resultaba claro que habíamos compartido experiencias vitales parecidas, más que la mayoría de la gente.

Stuart era un amigo cercano y confidente desde nuestro primer encuentro, cuando comenzó sus prácticas de cirugía en 1985, destinado en el programa de formación de neurocirujanos residentes en Duke. Tuvimos varias coincidencias en nuestra formación cuando estuvimos en el mismo equipo. Stuart era mi residente más joven cuando yo era residente jefe en el Durham Veterans Administration Hospital a finales de 1986.

Nunca olvidaré cuando me enseñó a hacerme la pajarita, una habilidad que me recomendaron aprender tras conseguir un puesto de trabajo en la Facultad de Medicina de Harvard. Ya había utilizado pajarita de niño, pero siempre de las que tienen un clip. Stuart se puso detrás de mí, con los brazos por encima de mis hombros, como si estuviéramos frente a un espejo, y me transmitió ese conocimiento sagrado, ya que esas pajaritas eran consideradas por muchos de los doctores académicos de Harvard como una firma de la casa. Ahora prefiero casi siempre la pajarita (o nudo de mariposa, como se llama en Holanda) a la corbata.

Cuando Stuart pasó sus dos años de investigación en Harvard, trabajó estrechamente conmigo investigando para valorar poblaciones de receptores de los vasos sanguíneos que suministran sangre al cerebro, con la finalidad, en última instancia, de tratar un estado conocido como vasoespasmo cerebral, una complicación muy frecuente y letal de la hemorragia cerebral a partir de aneurismas (hablo de ello en el capítulo cinco). Tras terminar su formación como residente en Duke en 1992, Stuart se dirigió a Boston para unirse a nuestro equipo neuroquirúrgico en el hospital Brigham de Mujeres como cirujano jefe de la columna vertebral.

El hijo dc Stuart era un poco mayor que mi hijo mayor, Eben IV, y a menudo hablábamos de las alegrías de la paternidad y compartíamos algunas de las travesuras de nuestros chicos. Stuart me había dado a conocer (para beneficio de Eben IV, obviamente) un juego de ordenador llamado Maelstrom, que a su hijo le gustaba mucho. El protagonista es una pequeña nave espacial de dibujos animados que dispara a los cohetes, los asteroides y los cometas que van apareciendo. Los residuos espaciales llegan sobre todo de uno en uno o de dos en dos, pero la parte realmente divertida tiene que ver con pequeños grupos de cometas que ocasionalmente atraviesan volando la pantalla, ofreciendo una breve oportunidad para anotar puntos significativos al dispararles por el oscuro firmamento. Cuando esto sucede, los efectos de sonido del juego dejan oír un gran «¡yuupii!». Nuestros hijos se pasaban horas jugando al Maelstrom, y nosotros pasábamos horas jugando con ellos y poniéndonos al día. Aún puedo oír ese gracioso «¡yuupii!».

Stuart pasó su examen oral de neurocirugía en noviembre de 1994. Él y su esposa, Wendy, habían planeado un viaje para celebrarlo, con sus tres hijos pequeños, a Florida a mediados de noviembre, inmediatamente después de esa agotadora prueba de fuego (como suelen ser esos exámenes).

Fue entonces cuando nuestras parecidas trayectorias vitales se separaron trágicamente.

La mañana del 18 de noviembre estaba yo profundamente inmerso en uno de mis tipos favoritos de casos neuroquirúrgicos. Estaba realizando una craneotomía retromastoidea descompresiva del nervio trigémino, que consiste en abrir un agujero más pequeño que una moneda de diez centavos a través del hueso que hay detrás del oído del paciente, y luego, utilizando un microscopio quirúrgico, descender muy cuidadosamente hasta el tallo cerebral y apartar una arteria errática que presiona el principal nervio craneal que lleva información sensorial del rostro. Tales pacientes padecen un intenso dolor facial, o un tic doloroso, que a veces puede ser tan agudo como para inducirlos a suicidarse. Por eso se practica un tratamiento quirúrgico tan agresivo e importante en los pacientes que no responden positivamente a los analgésicos adecuados.

La parte más difícil de tales casos tiene lugar en la oscuridad, porque las luces del quirófano se apagan cuando el cirujano está utilizando el microscopio quirúrgico (que tiene su propia fuente de luz muy brillante), un mastodonte de más de dos metros, que pesa más de trescientos sesenta kilos, pero tan delicadamente equilibrado que el cirujano puede moverlo hacia cualquier posición que quiera con el ligero toque de un dedo.

Durante esa parte de la operación, por regla general la sala está llena de murmullos silenciosos de las diez personas, aproximadamente, que apoyan al cirujano en el quirófano. Estaba profundamente centrado en la ardua separación de los delicados vasos sanguíneos y nervios enredados alrededor del tronco cerebral cuando noté, mínimamente, que la puerta principal de la sala de operaciones se abría y alguien susurraba algo a una de las enfermeras. Los suaves murmullos se propagaron por la sala durante un minuto o algo así, tras lo cual se hizo un silencio ensordecedor. Yo seguía tan centrado en la tarea que tenía delante que apenas noté el silencio, aunque en algún nivel profundo quedó registrado: «Mmmm, me pregunto...». La curiosidad se filtró a mi mente, pero seguí mi delicado trabajo bajo el microscopio hasta que la arteria afectada fue apartada cuidadosamente y separada del nervio dañado por una esponjita de teflón, que a partir de ese momento lo protegería de más daños que pudiesen inducir dolor. Diez minutos después de que el silencio hubiese invadido la sala, yo estaba satisfecho con mis esfuerzos quirúrgicos, aparté el microscopio del campo operatorio y declaré:

–Encendamos la luz. Es el momento de terminar.

Solo entonces la enfermera explicó el misterioso silencio.

–Wendy Massich está al teléfono. Necesita hablar con usted.

Sabía que tenía que ser algo extremadamente importante. Nunca en los dieciséis años que llevaba en los quirófanos se me había pedido tal cosa en mitad de una intervención quirúrgica.

–¿Qué demonios pasa? –pregunté con cierta ansiedad.

–Se trata del doctor Massich –consiguió decir. Sus ojos se llenaron de lágrimas, y al mirar por toda la sala vi que otras varias personas estaban llorando, también. Habían oído la noticia mientras yo estaba con el microscopio, y con toda prudencia habían decidido no implicarme hasta que hubiese terminado la parte más difícil de la operación.

Le pedí al médico residente que había conmigo que empezara a cerrar el campo operatorio mientras me quitaba la bata de hospital y salía del quirófano por el despacho contiguo de la enfermera jefe. Otra enfermera, con los ojos llenos de lágrimas, me pasó el teléfono.

–Lo he perdido –exclamó la voz de Wendy por el teléfono–. Stuart se ha muerto –dijo simplemente.

La cabeza me daba vueltas, intentando dar sentido a lo que había escuchado. Siguió explicándome cómo un huracán había pasado por la zona de Fort Lauderdale el día anterior, y cómo el tiempo se había aclarado esa mañana y llevaron a los niños a la playa. El agua estaba todavía embravecida tras la tormenta, así que había banderas rojas para indicar a la gente que se alejara de las aguas engañosamente en calma. Había corrientes subterráneas peligrosas que surgían de vez en cuando.

Su hijo de ocho años había tomado una tabla de *boogie* de uno de los puestos no vigilados de la playa y se había dirigido hacia el océano para saltar. Cuando Stuart y Wendy se dieron cuenta, su hijo estaba a unos quince metros y el mar se lo llevaba hacia dentro. Stuart corrió hacia la playa para salvarlo. Cuando nadó hacia él, su hijo arrojó la tabla de *boogie* y lanzó sus brazos alrededor de la cabeza de Stuart.

Wendy pronto se dio cuenta de que la cabeza de Stuart no estaba ya por encima del agua. Gritó pidiendo ayuda, y dos hombres fueron nadando unos treinta metros hacia donde el hijo estaba agazapado, apoyado en el cuerpo flotante de su padre. Rescataron al hijo, ileso, y llevaron el cuerpo sin vida de Stuart a la playa, donde intentaron sin éxito su reanimación. Nuestra pequeña familia neuroquirúrgica de los Hospitales Brigham de Mujeres y de Niños estaba desolada por la pérdida. Todo el mundo quería a Stuart. Lo arreglamos para que el equipo de neurocirujanos y médicos residentes, una plantilla mínima, pudiera volar a Winston-Salem (Carolina del Norte) para el funeral de Stuart. Wendy y los niños volarían directamente a Carolina del Norte desde Florida, y ella me pidió que fuese a su casa, que está al lado de la carretera 9, en las afueras de Boston, para recoger unas cuantas cosas que quería llevar al funeral.

Mis ojos estaban nublados por las lágrimas cuando llegué y entré en su casa. La tristeza me invadió mientras reunía las cosas que Wendy me había pedido y pensaba en los hermosos momentos que había compartido con Stuart. Era una trágica pérdida de un cirujano brillante, un colega y un gran amigo.

Cuando me preparaba para salir, me di cuenta de que su ordenador Macintosh de sobremesa todavía estaba encendido. En la pantalla se veía la bienvenida al juego de Maelstrom. De algún modo, parecía una invitación. Me senté en su mesa.

«Vale, Stuart. Una última partida. Por ti», murmuré suavemente.

Comencé a jugar, disparando a los objetos que aparecían y consiguiendo puntos. Estaba casi en trance, por el espantoso carácter definitivo de la ausencia de Stuart y la lista de tareas prácticas que tenía que hacer para ayudar a Wendy a pasar los días próximos. Estaba jugando mecánicamente, con cierto vago sentido de honrar su memoria y los bellos momentos que pasamos juntos.

Justo cuando estaba sintiendo las profundidades de la tragedia por la pérdida de Stuart, una constante tormenta de cometas voló en la pantalla del ordenador. El sonido «¡yuupii!» que acompañaba a los cometas creció rápidamente en una cacofonía de sonidos muy superior a todo lo que había experimentado en juegos anteriores. El mayor grupo de cometas que había conseguido antes era de diez, pero lo que veía en la pantalla ahora era un alud de miles de cometas, con sus respectivos «¡yuupii!» sonando por los altavoces en una tormenta de puntos que rápidamente multiplicaron por veinte la puntuación más alta que había visto en el juego.

¿Qué demonios había ocurrido? El *software* parecía haber violado totalmente todas sus reglas anteriores. ¿Qué había cambiado? ¿Por qué había ocurrido en ese momento?

Una parte de mí –la misma parte que había sentido una muda invitación a sentarme y jugar– sabía la respuesta. Sentí que una exhibición tan extraordinaria tenía que haber sido instigada por el espíritu de Stuart, todavía presente. Sentí cierto alivio al notar que, de algún modo, era el espíritu de Stuart mostrándome que no se había ido. Pero el neurocirujano racional en mí no dejaba espacio a tal pensamiento. Me amonesté severamente a mí mismo por sentir algo así como cierto confort a partir de la experiencia y archivé ese suceso bajo el rótulo de «desconocido», sin mencionarlo a nadie. Era demasiado extraño, y hacía que me sintiera demasiado vulnerable. Mi lado profesional no estaba preparado para admitir la posible realidad de la comunicación desde el mundo del espíritu.

Este es un ejemplo perfecto de cómo «el otro lado» puede establecer contacto con nosotros a través del mundo de la microelectrónica. Para quienes estudian las comunicaciones *post mortem*, es muy frecuente oír comentarios acerca de contactos producidos a través de aparatos electrónicos. Por ejemplo, la noche que murió el padrastro de Karen, su madre contó que todos los ventiladores de los techos de la casa se pusieron en marcha por sí solos. He escuchado muchas historias similares acerca de luces de la casa o televisores que se encienden o se apagan, o incluso inexplicables llamadas telefónicas y mensajes de texto relacionados con la comunicación de seres queridos fallecidos.

Es la propia naturaleza efímera de la conciencia que interactúa con el mundo físico lo que hace posible tales ejemplos obvios de efectos físicos debidos a la influencia espiritual. El libro de 1987

Margins of Reality, de Robert Jahn y Brenda Dunne, del laboratorio del Princeton Engineering Anomalies Research ('búsqueda de anomalías en ingeniería de Princeton'), revela lo común que resulta la influencia psíquica en la microelectrónica. Jahn y Dunne han acumulado una enorme cantidad de datos que correlacionan la influencia humana en un generador microelectrónico especializado de números al azar, un equipo que genera secuencias de ceros y unos. En sus experimentos, los participantes han demostrado que sus mentes pueden influir significativamente en qué números aparecerán. En un metaanálisis realizado por Dean Radin, en el que cita cuatrocientos noventa estudios, mostró que las probabilidades de que estos fenómenos se debieran al azar eran mínimas, de 1 frente a 3.050. Estos datos demuestran claramente que la participación activa de la conciencia afecta al comportamiento de los sistemas físicos. Aunque el ejemplo es de mentes vivientes que influyen en el ámbito cuántico de la microelectrónica, las implicaciones más amplias incluyen interacciones de mentes que no se hallan ya entrelazadas con cerebros físicos (es decir, de los ya fallecidos) en nuestro ámbito terrestre.

Las mentes brillantes que lidian con algunos de los misterios más profundos de la ciencia a menudo tienen que contar con anomalías inesperadas en sus vidas personales. Nikola Tesla es considerado ampliamente como uno de los pensadores científicos más brillantes del siglo XX. Buena parte de nuestro mundo moderno recorrido por la electricidad se debe a sus brillantes intuiciones científicas, y algunas de sus ideas más avanzadas respecto al «uso de la energía cósmica libre» pueden apuntar a realidades destinadas a fructificar en el futuro.

La biografía de Tesla, hermosamente tejida a cargo del biógrafo y ganador del Premio Pulitzer John J. O'Neill,[1] resulta más valiosa todavía debido a la relación personal muy estrecha que ambos compartían. En esa biografía, O'Neill escribe que Tesla se había esforzado por resolver el enigma de la muerte, pero que no podía más que hablar de un suceso en su vida que interpretaba como una experiencia sobrenatural. Ese suceso fue profundamente personal, y tenía que ver con una toma de conciencia que se produjo alrededor del momento de la muerte de su madre.

Pocos meses antes, Tesla había visitado a su amigo *sir* William Crookes, cuyo «trabajo, de los que hacen época, sobre la materia radiante» había provocado que Tesla emprendiese una carrera centrada en el estudio de la electricidad. No obstante, durante su reciente visita a Londres, la conversación había estado dominada por el interés de Crookes en la espiritualidad. Esas conversaciones estaban muy presentes en su mente cuando Tesla fue llamado para que volviera a Nueva York debido a los problemas de salud de su madre. Durante los últimos días de esta, estuvo junto a ella, de manera intermitente, pero se agotó tanto durante la prolongada vigilia que tuvieron que llevarlo a su propia casa una de las noches. Aunque lamentaba mucho estar lejos de su madre durante esa fase crítica, cuando era posible que abandonara el mundo, sintió que todo iría bien.

A la mañana siguiente, muy temprano, tuvo en sueños una fantástica visión en la que vio «una nube llevando figuras angélicas de una belleza maravillosa, una de las cuales me miró amorosamente y poco a poco cobró los rasgos de mi madre. La aparición atravesó la habitación flotando, lentamente, y se desvaneció, mientras yo era despertado por una canción indescriptiblemente dulce, cantada por muchas voces. En ese instante tuve la certeza, una certeza que las palabras no pueden expresar, de que mi madre acababa de morir. Y así fue».

Meses después, tras haberse recuperado de esa pérdida, Tesla tendió a recurrir a sus «creencias racionales», en un esfuerzo por explicar su extraordinario conocimiento de la muerte de su madre, y atribuyó su visión a un cuadro que había visto antes de que muriera. Pero su biógrafo llama la atención sobre sus muy poco científicos intentos de ser «científico» en su explicación, y nos recuerda la «certeza» que Tesla sintió en ese momento y el hecho de que su extraordinaria visión ocurrió al mismo tiempo que su madre moría.

Las experiencias personales que se encuentran fuera del rango de lo «normal» las rechazamos a menudo cuando no podemos integrarlas plenamente en nuestra comprensión o en nuestro sistema de creencias. Yo pensé que mi experiencia con el ordenador de Stuart sonaría como una locura a los demás y nunca la compartí con nadie hasta después del coma. Me he vuelto mucho más abierto a la aceptación de tales comunicaciones *post mortem* y otros fenómenos como claves fundamentales para la naturaleza de nuestra existencia, aunque algunos sucesos siguen resultando difíciles de entender.

P. M. H. Atwater es una mujer resuelta y enérgica, que vive la vida con una intensidad feroz desde 1977, cuando pasó por tres ECM en tres meses. Desde entonces su ritmo nunca ha disminuido. Ha investigado meticulosamente todo el espectro de las ECM, incluidos los importantes cambios vitales que tienen lugar en las personas después de haber tenido una de esas experiencias (los efectos posteriores), y ha estudiado concienzudamente las cualidades únicas de los niños que han pasado por esa experiencia. Nos conocimos en el congreso anual del IANDS, tres años después de mi coma, donde conocí a Raymond Moody. La energía y el entusiasmo de esta mujer eran contagiosos, pero las últimas palabras que me dirigió al final del congreso, visto retrospectivamente, cayeron en oídos relativamente sordos: «Eben, tú estás todavía en esa fase mágica de la integración de tu experiencia, cuando todo es tan maravilloso y estimulante, al mismo tiempo que confuso y lleno de espíritu. Te mandaré por correo un gráfico con las cuatro fases de la integración. Por favor, tómatelo en serio. Lleva un tiempo aterrizar y poder equilibrar tu vida [...] Te mandaré también mi boletín sobre el componente eléctrico de las tormentas y los terremotos, que afectan a muchos de los que han tenido esa experiencia, quizás también a ti. Ten cuidado, especialmente, al conducir de regreso a

Virginia, e intenta darte algún tiempo a ti mismo. ¡Estás sentado en un torbellino de energía!».

En esos primeros días y semanas de recuperación posteriores a mi coma, experimentaba una constante energía vibrante, una hipersensibilidad al hecho de estar vivo, de ser consciente: una radiante sensación corporal. Tal vez era eso lo que mi hijo mayor, Eben IV, que estaba especializándose en neurociencia en ese momento, percibió cuando me vio por primera vez, dos días después de salir del hospital. «Estás tan luminoso, tan centrado..., tanto más presente que antes. Es como si hubiera una especie de luz brillando en tu interior», me confesó después de abrazarnos cuando volvió a casa desde la facultad para el Día de Acción de Gracias de 2008. Las luces de la calle parpadeaban mientras caminaba debajo de ellas. Mi Macintosh portátil parecía especialmente propenso a estropearse. Acabé con tres relojes antes de encontrar uno que siguiera funcionando. Al principio no tenía ni idea de que tales fenómenos constituyeran un lugar común entre quienes experimentan una ECM, y simplemente los descartaba como infraestructura urbana degradada, la subcontratación de Apple a China y el declive del nivel de calidad en pequeños segmentos de la fabricación estadounidense.

Esa energía vibrante también podría haber guardado relación con el efecto colateral principal de mi meningoencefalitis: el hecho de tener importantes dificultades para dormir. Esa imposibilidad de dormir mucho tiempo fue disminuyendo lentamente y se normalizó al cabo de unos años, pero no sin antes haberme aportado el beneficio de permitirme tener mucho tiempo para leer, estudiar y reflexionar.

Efectos posteriores de ese tipo se fueron difuminando en unos pocos años, aunque ocasionalmente levantaban la cabeza otra vez. Tales levantamientos de cabeza conllevaron la extraordinaria energía durante la época del congreso del IANDS en 2011, cuando entré en contacto con otras personas que habían tenido una ECM y con investigadores del tema. Cuando comienza a apreciarse la noción de una Mente colectiva, de que nuestras conciencias están interconectadas, tal resonancia de experiencias comunes entre un grupo tan espiritualmente experimentado contribuye a un saber colectivo que trasciende la mera comunicación verbal compartida.

La energía agitada del descubrimiento en la que había estado inmerso durante el fin de semana del congreso en el Día del Trabajo avivó una intensa fase de creatividad. Mis conversaciones con otras personas que habían tenido la experiencia y con los líderes científicos de ese campo en ese encuentro habían puesto en marcha una energía estimulante que me animaba a registrar todos mis pensamientos sobre ese asunto en una narración lo más completa posible. Nada más llegar a casa, me sumergí profundamente en la continuación del manuscrito que más tarde se convertiría en *La prueba del cielo*. Cuando se acercaba la medianoche, estaba inmerso en un flujo creativo, calmado por el suave sonido de una lluvia otoñal amable que caía al otro lado de la ventana...

¡*Craaaaaccckkkkkkk*!

Un estruendo ensordecedor, el sonido de un trueno muy cercano, hizo que mi corazón se acelerase y entrase en estado de alerta. ¡Era tan extraño que no hubiese habido ningún relámpago, ni el más pequeño destello! Escudriñé a través de la ventana, mirando por el jardín, pero poco pude ver dada la lluvia que caía por el cristal en la intensa oscuridad de la medianoche. Finalmente, pude distinguir algunos detalles. Veía las hojas de los árboles y suponía que había caído una rama de uno de ellos. Al salir al jardín me impresionó ver que la mitad de un enorme roble había caído junto a la pared trasera (cara norte) de la casa, justo en la otra parte de la ventana de mi pequeño despacho del segundo piso, detrás de la cual había estado tecleando febrilmente. El coloso caído se extendía a lo largo de todo el jardín, desde el límite de un vecino hasta el límite del otro. Les pedí ayuda a mis hijos para cortar algunas de las ramas en un esfuerzo por rescatar los árboles más pequeños y los arbustos. Lo dejamos sobre las dos y media de la madrugada, cuando sentí que ya habíamos hecho todo lo que podíamos para salvar lo máximo posible del pequeño jardín trasero.

Examinando la escena, estaba perplejo ante la aparente ausencia de cualquier signo que indicase por qué el árbol había caído. No había caído ningún rayo, en ningún momento, durante la suave lluvia sin viento, aunque el terrible *crack* que oí al principio sugería que el responsable podría haber sido un rayo. Había visto antes árboles recién golpeados por un rayo, y siempre había notado cómo saltaba la corteza y las marcas de quemaduras debidas al furioso calor de cinco veces la temperatura de la superficie del sol. Pero aquí no había nada de eso. El enorme diámetro del tronco permanecía mudo acerca de cualquier posible causa de la calamidad. «Tendré que esperar la opinión de un experto», pensé.

Sin embargo, el árbol no había terminado todavía sus travesuras. Estaba tecleando en la esquina de mi despacho la tarde siguiente, cuando fui sorprendido por otro «craaaaack», mientras otra de las ramas principales del mismo roble caía a noventa grados de la primera, dejando como dentro de una horquilla el rincón noroeste de la casa que contenía mi pequeño despacho de arriba. Esta segunda rama principal, más grande incluso que la primera, cayó a lo largo de la pared occidental de la casa, hacia el patio delantero y la calle. Era tan grande que, incluso extendida plana en el suelo, una de sus ramas principales llegaba al tejado de la casa de dos pisos, junto a la chimenea.

Recibí varias consideraciones acerca de la caída del árbol, pero nunca ninguna explicación satisfactoria de su muerte prematura. Los expertos estaban tan perplejos como yo. «Generalmente puedo explicar por qué cae un árbol –dijo una de las personas a las que consulté, que había sido arbolista profesional durante tres décadas–, pero este me deja asombrado. No tengo ni idea. La madera parece perfectamente sana, sin ningún signo de daño causado por insectos, ni la podredumbre, ni el viento, ni un rayo. Eres condenadamente afortunado, pues cada una de esas ramas principales son tan pesadas que podrían haber atravesado tu casa como un cuchillo caliente atraviesa la mantequilla, de arriba abajo, si hubieran caído sobre ella, en lugar de hacerlo junto a las paredes. Es curioso cómo ambas han quedado justo al lado de los muros de la casa».

Volvió a mirar la escena otra vez. Y mientras regresaba a su camión, moviendo la cabeza de un lado a otro, iba diciendo: «¡Condenado milagro!».

«Quizás debería haber prestado un poco más de atención a la advertencia de P. M. H.», me pasó por la cabeza.

Para mí, el juicio acerca de este asunto está todavía pendiente. *Psicokinesia* es el término general para la influencia de la mente sobre la materia física, y ya he comentado su papel en el mundo de la microelectrónica. Ahora bien, se ha demostrado que también objetos más grandes se han visto implicados en tales acciones de la mente (macropsicokinesia). Desde luego, mi mente racional dudaría en establecer cualquier relación entre la energía aumentada que sentí después del congreso y la caída de un roble centenario. Pero he conocido otras historias como la mía, especialmente un abundante repertorio de sincronías relatadas por muchas otras personas, y he comprendido lo inteligente que es no descartar tan rápidamente estas posibles conexiones. Las experiencias espirituales (o los fenómenos extremadamente ocultos) que parecen tan irreales en nuestra cultura moderna constituyen en realidad la bendición de nuestra existencia. A medida que descubramos la primacía de la conciencia y adoptemos el poder inherente en el idealismo metafísico completo, muchas aparentes limitaciones desaparecerán. ¡Las posibilidades del extraordinario potencial humano son espectaculares!

Capítulo 7

EL PODER DE LA ORACIÓN

La gratitud es no solo la mayor de las virtudes, sino también la madre de todas las demás.

Cicerón (106 a. C. - 43 a. C.), estadista romano

Cuando nuestra visión del mundo evoluciona hacia algo más cercano a la verdad de la existencia, proporciona una nueva libertad y comprensión, no solo para la humanidad en su conjunto, sino también para cada alma individual que participa en este viaje de descubrimiento que compartimos. A medida que avanzamos desde las duras implicaciones del puro materialismo científico hacia versiones más amplias de la comprensión del papel de la conciencia en la manifestación de la realidad, vislumbramos que ser más conscientes de nuestro mundo interno, sea a través de la meditación, de la oración centrada o de cualquier otro modo, ofrece vastas posibilidades para que el alma individual se haga cargo de su vida aprovechando el poder del amor y la compasión en el ámbito espiritual.

Como médico, estaba acostumbrado a prescribir medicación para aliviar los síntomas o a recomendar cambios en la conducta.

Claro que la cirugía del cerebro y de la médula espinal era mi especialidad, de modo que mis valoraciones tenían en cuenta también la opción de operar. Pero como en todo procedimiento quirúrgico hay riesgos, el objetivo es siempre maximizar el beneficio del paciente y minimizar el riesgo, especialmente en relación con cualquier efecto colateral. El cerebro y la médula espinal son implacables; su capacidad de sanar cualquier daño, debido a la complejidad de su estructura, es mucho menor que la de otros sistemas corporales.

Como uno de mis mentores advertía una y otra vez: «Siempre se puede hacer una operación, pero nunca se puede dar marcha atrás». Era fundamental agotar todas las posibilidades no quirúrgicas antes de dar ese paso. Una enorme cantidad de mi trabajo tenía que ver con investigar nuevos tipos de tratamientos que fueran más seguros y más efectivos para el paciente. Por ejemplo, ayudé a rediseñar completamente la tecnología de la resonancia magnética para facilitar su uso durante las operaciones, lo que permitiría procedimientos neuroquirúrgicos mínimamente invasivos y más eficaces, que en última instancia son más seguros para los pacientes. Una mejora de la imagen en la resonancia magnética, con una menor invasión del cuerpo físico, significaba, en general, una disminución de los efectos adversos posibles.

Después de mi coma, empecé a abrirme a la posibilidad de tipos de sanación más sutiles, debido a una experiencia que tuve en enero de 2011. Me invitaron a impartir una conferencia y un taller titulado «Reconciliación científica de la experiencia cercana a la muerte», a petición de la Virginia Beach International Association for Near Death Studies ('asociación para el estudio de las experiencias cercanas a la muerte de Virginia Beach'), para la Edgar Cayce's Association for Research and Enlightenment ('asociación Edgar Cayce para la investigación y la iluminación').

Había estado expuesto a un virus respiratorio bastante desagradable durante la semana anterior a mi charla y, mientras conducía a

Virginia Beach, esperaba haberme recuperado de la infección. Sin embargo, poco antes del taller de la tarde sentí el rápido avance de la congestión nasal, la irritación de la garganta y los dolores musculares, síntomas todos ellos que parecían anunciar un feo combate con el virus.

La audiencia de ciento veinticinco participantes incluía a muchos practicantes de terapias sanadoras alternativas, por no hablar de un considerable grupo de trabajadores hospitalarios (que por lo general tienen mucha experiencia con los aspectos espirituales de la salud humana gracias a su trabajo diario con pacientes moribundos). Como tosí unas cuantas veces y trataba de aclararme la garganta de la mucosidad que se acumulaba rápidamente, una amable mujer, de unos cincuenta años y pelo oscuro, que estaba sentada en la segunda fila, levantó la mano:

–Doctor Alexander, ¿se encuentra bien? –me preguntó cariñosamente.

–Me parece que estoy empezando a tener gripe –respondí, tosiendo otra vez, intentando de nuevo aclararme la garganta.

La audiencia respondió de manera eficiente. Como un equipo bien entrenado, rápidamente me invitaron a acostarme sobre cuatro sillas que dispusieron en un momento, como si fuera una camilla de urgencias, en la primera fila. Al principio estaba un poco incómodo y avergonzado –había ido allí como médico para comentar un viaje espiritual extraordinario y su importancia para la sanación, y me estaba convirtiendo en el paciente–.

–Acuéstese aquí –dijo la mujer que se había preocupado por mis síntomas–. Cierre los ojos y respire profundamente –siguió diciendo.

Percibí al menos veinte miembros de la audiencia de pie a mi alrededor, algunos con las manos en alto y las palmas hacia mí, preparados para proporcionarme energía sanadora. Cerré los ojos y respiré lentamente, siguiendo su consejo. Uno de ellos marcaba un ritmo lento, constante, en un pequeño tambor, mientras otros salmodiaban en voz baja, y podía oír murmullos de otros, como si fueran oraciones, aunque no conseguí escuchar ninguna de las palabras. Me dejé mecer por la suave energía que sentía a mi alrededor.

Los minutos siguientes quedaron difuminados, y no guardo un recuerdo detallado de otras actividades que pudieron tener lugar. Tenía una aguda conciencia de todos los seres bienintencionados que me rodeaban y una sensación de que estábamos unidos dirigiéndonos hacia una meta común. Siguieron así durante unos quince minutos. Enseguida comencé a sentir la garganta libre de mucosidad, y el agudo dolor que había comenzado durante el taller empezó a disiparse. Del mismo modo, los dolores musculares que habían comenzado justo antes del descanso para comer también desaparecieron. Antes de darme cuenta, me sentí repuesto por completo, sin que persistiera ningún síntoma vírico.

El grupo no parecía tan sorprendido ante mi cambio, pero yo estaba muy asombrado por aquello. Terminé las horas que quedaban del taller perfectamente bien. Ese virus en concreto no volvió a molestarme. De algún modo, el grupo había trabajado con fuerzas invisibles para facilitar un cambio en mi cuerpo físico, similar a los efectos de la oración. Todavía tenía mucho que aprender sobre sanación, y especialmente sobre el poder del amor y de la conexión para alimentar nuestro bienestar.

Indudablemente, antes de mi coma, habría desestimado tal encuentro como una mera coincidencia. Mi conocimiento personal y mi comprensión de las posibilidades de sanación complementarias son todavía muy rudimentarios, pero estoy siendo testigo de algunos de los beneficios conferidos por estos tratamientos a través de mi hijo mayor, Eben IV, que actualmente está en la Facultad de Medicina Osteopática.

La medicina osteopática abarca no solo el diagnóstico y el tratamiento médico tradicionales que se incluían cuando obtuve mi doctorado en Medicina por la Facultad de Medicina de la Universidad Duke en 1980, sino también el diagnóstico y el tratamiento manuales, así como un enfoque más holístico del cuidado del paciente. El tratamiento manual osteopático sirve para complementar el empleo de medicamentos, la cirugía y otras técnicas médicas utilizadas generalmente en la medicina occidental.

En el campo osteopático, se pone un mayor énfasis en el diagnóstico y el tratamiento manuales de todo el cuerpo. Por ejemplo, el movimiento de los huesos craneales se relaciona estrechamente con los patrones circulatorios de la linfa y del fluido cerebroespinal implicados en el sistema nervioso central (es decir, el cerebro, la médula espinal y el sistema linfático). Los médicos osteópatas están formados para percibir a través de la palpación los movimientos y patrones rítmicos del cráneo y las distorsiones de los huesos y las fascias craneales. La manipulación manual experta de los huesos y las fascias craneales se utilizan así para corregir las distorsiones. La intención de este tipo de tratamiento es aumentar la capacidad del cuerpo para sanar por sí mismo, por medio de eliminar cualquier disfunción o distorsión anatómica –un método útil cuando se dirige a la vitalidad y el estado de salud global del paciente–. Esto ha abierto mis ojos a todo un nivel nuevo del uso potencial de tales técnicas no invasivas. Eben IV está más centrado en el bienestar y la salud física, un enfoque que contribuirá a un mundo mucho más sano, más allá de la medicina enfocada en los problemas y en su tratamiento, la medicina que yo estudié.

Así como mi hijo constituye actualmente una inspiración para mí, mi padre tuvo una profunda influencia durante toda mi vida y me sirvió como un perfecto modelo que imitar. Era un científico consumado que se mantenía al tanto de los principales desarrollos en física, en biología y especialmente en neurociencia; dirigía el programa de formación neuroquirúrgica de lo que entonces era el Baptist Hospital y la Wake Forest University Medical School de Winston-Salem (Carolina del Norte). Como otros directores de neurocirugía de los cincuenta y los sesenta, mi padre perfeccionado su arte en los campos de batalla de la Segunda

Guerra Mundial. Era una persona muy segura de sí misma y extremadamente competente. Lo conocí no solo como padre, sino también como mentor de nuestro campo de investigación. Mi infancia estuvo salpicada por las visitas de las mentes más importantes de la neurocirugía mundial, amigos suyos que a menudo se quedaban en nuestra casa y compartían historias llamativas de sus recuerdos y reflexiones sobre la vida.

Mi padre era también muy religioso, o más exactamente, espiritual. Su práctica de la ciencia, profundamente reflexiva –algo que incluía la atención diaria a pacientes de neurocirugía y la enseñanza a neurocirujanos residentes que se convertirían en líderes de ese campo–, se unía sin problemas con sus creencias religiosas profundamente espirituales. Creía que su parte en la tarea de curar a cualquier paciente era minúscula y confiaba en que el poder de la oración y un Dios omnipotente y omnisciente eran los principales medios de curación. Su excepcional sentido de la ética y la justicia me maravillaban y me proporcionaban una constante estrella polar que me ayudaba a navegar en la vida.

La influencia de mi padre me había inculcado el hábito de rezar, directamente relacionado con mi infancia en la Iglesia metodista y con mis posteriores tradiciones episcopalianas. A veces pronunciaba mis oraciones para ayudar a la sanación cuando quería pedir que la gripe de un amigo se curase rápidamente o que una operación difícil que tenía que hacer saliese bien. O pedía para que mis hijos recibiesen ayuda en los exámenes importantes de la escuela. Antes de las comidas y a la hora de acostarnos, repetía oraciones comunes, mecánicamente, con mis hijos. Esta forma de oración suplicante tenía lugar en mi mente, que es como suponía que funcionaba. Pedid y se os dará.

Nunca recibí respuestas directas, aunque sí noté que a veces mis oraciones parecían lograr los objetivos deseados. ¿Aprobaba mi hijo el examen porque Dios lo ayudaba, o solo porque había estudiado? Incluso cuando estaba rezando, una parte de mí se preguntaba si realmente había alguna diferencia. No tenía ni idea de si funcionaba, pero parecía un hábito reconfortante. En el año 2000, una crisis personal me llevó a rechazar cualquier idea de un Dios personal amoroso, y durante los ocho años anteriores a mi coma, había dejado de rezar por completo.

Después de la experiencia del coma, rezar resultaba algo totalmente diferente. Los primeros meses, mientras mi cerebro estaba todavía recuperándose del daño sufrido por la meningitis, apenas me costaba esfuerzo reconectar con esa inmensa sensación de amar y de ser amado que sentí durante mi viaje espiritual. En deslumbrante contraste con mis oraciones antes del coma, sentía una corriente constante de afirmación y de conocimiento de que una fuerza amorosa estaba siempre presente, y la plegaria fluía de manera muy espontánea. Parecía que tuviera una conexión permanente con el otro reino, muy especialmente con esa sensación amorosa de unidad que experimenté en el Núcleo central.

Eso cambió completamente mi modo de orar. Supe de la «oración centrante», popularizada desde los años sesenta por líderes espirituales como el padre Thomas Keating y Thomas Merton, que describían el proceso como un «retorno al corazón, hallando el centro más profundo de uno mismo, despertando a las profundidades de nuestro ser». Tal práctica de la oración reconoce el silencio como su centro, que sirve como suspensión temporal de los pensamientos y la cháchara del cerebro lingüístico. Por primera vez, mis oraciones se volvían expresiones, simples pero poderosas, de gratitud por las bendiciones que parecían tener lugar a cada paso. Se trataba mucho menos de pedir alguna intervención, especialmente con un resultado específico, y mucho más de una confianza al saber que «todo está bien».

Uno de los recuerdos más notables que tengo de mi profunda experiencia en coma en noviembre de 2008 se refiere a la multitud de seres que percibí rodeándome a medida que me acercaba al final de mi odisea. Esta infinidad de figuras estaban a mi alrededor en círculos concéntricos, alejándose hasta una distancia que se perdía en la neblina. Muchos estaban arrodillados, muchos llevaban capuchas, otros portaban lo que parecían ser velas, y todos tenían las manos plegadas sobre el pecho y las cabezas inclinadas. Yo era consciente de una irradiación muy reconfortante de lo que puede describirse como una energía amorosa y sanadora que procedía de ellos, envuelta en los murmullos sutiles e indescifrables que salían de sus labios. El aspecto más sorprendente y memorable de toda la experiencia fue la tremenda sensación de alivio que sus murmullos producían en mí, la dicha emocional que resultaba de bañarse en esa energía que, de hecho, era equiparable al gozo y la unidad más trascendentales y extremos que disfruté a través del amor incondicional, en el Valle de Entrada y en el Núcleo central. Es algo que nunca olvidaré. A veces me pregunto si tales oraciones contribuyeron a mi notable sanación.

Los estudios sobre la oración se supone que comenzaron en 1872, cuando *sir* Francis Galton, un científico pionero, con intereses diversos, como la meteorología, la genética y la psicología, comparó la longevidad de líderes religiosos con la de profesionales no religiosos. Presuntamente, los clérigos rezaban más a menudo que los otros, de modo que vivirían más tiempo. Los resultados no fueron concluyentes, del mismo modo que no lo fueron los de otros estudios que se realizaron durante los años siguientes, pero las dificultades del diseño experimental adecuado se mostraron resistentes al cambio y a ser superadas. ¿De qué modo exactamente se puede demostrar, de manera concluyente, que una entidad divina ha intervenido en beneficio de alguien? El elaborado proceso de establecer una valoración científica de la oración en un contexto controlado a menudo quita buena parte de la energía espiritual de dicho esfuerzo. Uno se pregunta si una forma tan artificial de rezar es válida siquiera, comparada con las oraciones espontáneas y sinceras por un ser querido. Resulta difícil probarlo más allá de toda duda, pero hay una gran cantidad de evidencia experimental que apoya su valor.

El 25 de abril de 1999, Alison Leigh Sugg (una lectora que compartió conmigo su historia) dio a luz a su segundo hijo, en un centro de maternidad de Dallas (Texas). El embarazo fue sano y sin problemas, lo cual era un buen augurio para su deseo de dar a luz de manera totalmente natural. Inmediatamente después del nacimiento de la hija de Alison, la comadrona no dejó al bebé en el pecho de su madre para que se acurrucara y buscara el pecho, como había hecho con su hijo. En lugar de eso, apartó inmediatamente al angustiado recién nacido para que recibiera oxígeno. Alison se sintió confusa sin saber por qué no había sentido un gran alivio después de aparecer el bebé; seguía todavía con tanto dolor como había tenido durante el breve parto, a diferencia de lo ocurrido en su primer parto, en el que el dolor dio paso rápidamente al gozo del nacimiento, en cuanto su hijo vio la luz.

Como la hemorragia seguía de manera incontrolable, con un tremendo desgarro en el útero, Alison sabía que algo había ido sumamente mal. Su útero se negaba a frenar, como tendría que hacer, para detener el abundante flujo de sangre provocado por una anormal contracción tetánica durante el parto. Había perdido la visión periférica y miraba a su marido y a la *doula*, que acababa de entrar en escena, con un gesto extraño. No podía levantar la cabeza y sentía que se iba, fundiéndose con la atmósfera que la rodeaba. La comadrona llevó el gotero de pitocina junto a la cama para ayudar a detener el sangrado. Probó todas las venas que pudo para conectar el gotero, pero no lo lograba; todas las venas de Alison estaban ya colapsadas. La comadrona mandó a la *doula* que llamara a emergencias para que acudiera una ambulancia. Alison iba a ser la primera que necesitaba ser transportada de urgencia posparto desde el centro de maternidad en que se hallaba al hospital cercano asociado, y la ambulancia no podría llegar a tiempo.

Cuando entraron en la habitación los técnicos en emergencias sanitarias, Alison sintió una oleada de amor compasivo hacia el más joven, que estaba espantado y fuera de sí al ver a una mujer tan cerca de la muerte. Él le dijo: «Todo está bien, y nosotros estamos aquí para cuidarte». Ella sabía que mentía para que se sintiese mejor y eso activó un inmenso sentimiento de amor hacia él, como ser humano, que tenía la impresión de que no procedía de ella, sino de otra presencia que había comenzado a surgir desde abajo e irradiaba a través de ella. Esa presencia era brillante, como si estuviera justo por debajo de la superficie de todo lo material, sosteniendo la camilla en la que la pusieron para llevarla a la ambulancia. Alison entró en el hospital vagamente consciente de una sensación de vergüenza por poder llenar de sangre toda la alfombra.

La doctora Margaret Christensen era la obstetra-ginecóloga asesora del centro de natalidad y estaba de guardia para atender las urgencias. Cuando Alison llegó, había perdido ya unas cinco unidades de sangre, pero estaba consciente y podía hablar. La doctora Christensen intentó hacer todo lo que pudo para detener la hemorragia, pero nada funcionaba y podía verse cómo la sangre seguía derramándose a través del apósito. En ese momento, la frecuencia cardíaca de Alison estaba cerca de 150 y su presión sanguínea había descendido hasta 85/60.

–Parece que tu útero no se cierra ni deja de sangrar, así que vamos a ver si tienes un trozo de placenta atascada. Si no podemos detener la hemorragia, probablemente tendremos que practicar una histerectomía –les dijo a Alison y a su marido.

Alison notó que la «otra presencia» comenzaba a hacerse cargo de ella para ayudarla a comunicarse con los que la rodeaban. Ya no podía hablar, pero sintió que la presencia empujaba las palabras desde un profundo pozo a partir de un lejano lugar interior para guiar al cirujano.

–Intubadme pronto o puedo morir –se oyó decir a sí misma mientras la llevaban a toda prisa al quirófano.

Mientras el equipo médico la colocaba en la mesa de operaciones, seguían intentando vigilar su presión y mantenerla con suero, hasta que llegasen la sangre y las plaquetas, antes de abrirla. Pero de repente hubo un momento crítico: su presión sanguínea descendió de golpe a 40/0, estaba inconsciente, todavía sangraba abundantemente y los latidos de su corazón se fueron reduciendo hasta llegar al electrocardiograma plano.

–Oh, Dios mío, se está muriendo –observó la doctora Christensen.

Había mucha gente en el quirófano, incluidos varios médicos residentes, el anestesiólogo y un nuevo ayudante de la doctora, que había sido cirujano especialista en traumas en la Marina y a quien había llamado para asistir en la reanimación.

–Alison, no puedes irte. Tienes dos niños a los que cuidar –le decía la doctora Christensen a una Alison inconsciente, mientras sostenía su rostro entre las manos. Mientras Alison estaba moribunda en la mesa de operaciones, estimaba su probabilidad de sobrevivir en alrededor de un 10 %.

Por fin, la sangre llegó y le pusieron toda la sangre, el plasma, sueros y plaquetas para intentar reanimar su pulso. No era posible realizar ninguna incisión quirúrgica hasta que Alison tuviese suficiente sangre en su organismo para mantener su corazón latiendo. En ese momento, la doctora hizo una pausa.

La doctora Christensen se había educado en el catolicismo, pero había rechazado totalmente cualquier religión cuando era adolescente, indignada con el hecho de que las guerras parecían haber comenzado al creer que el propio Dios era el mejor. En la Rice University, en Houston, era muy científica y analítica, con una personalidad tipo A (competitiva, hostil). Estaba entre los diez mejores de su clase. Quedó fascinada por la física cuántica y leyó *El Tao de la física*, de Fritjof Capra, que despertó en ella un interés por la filosofía, los místicos antiguos y la relación entre el budismo y la física cuántica. Había tenido varias experiencias místicas en la infancia, pero las había descartado, ya que no tenía un marco de referencia para comprenderlas. Durante su tercer año en la facultad de medicina, tuvo una potente experiencia de iluminación durante el profundo dolor del parto, mientras daba a luz a su primer hijo, un suceso que influenció toda su carrera. Se sintió conectada con todas las mujeres que a través del tiempo habían dado a luz y con todas las mujeres del mundo que estaban alumbrando con ella en ese momento.

En esa época se proyectó la película *La guerra de las galaxias*, y su concepto de la «Fuerza», la idea de que había algo más grande que ella misma, este asunto de Dios que no podía abarcar con su cerebro, resonó profundamente en ella. Tras acabar la carrera de Medicina, empezó su propia práctica y fue muy influida por la obra de Christiane Northrup, autora de *Cuerpo de mujer, sabiduría de mujer,* y la de Jean Shinoda Bolen, autora de *Las diosas de cada mujer.*

La doctora Christensen fue llevada a la idea de lo femenino divino y finalmente se planteó volver a la Iglesia. A veces escuchaba los programas de radio de la Iglesia Unificada los domingos por la mañana, mientras conducía hacia el hospital para las visitas médicas. Se identificaba con esas enseñanzas porque no había dogmas estrictos ni culpa. Dios se consideraba una presencia amorosa, y utilizaban la expresión *Dios Padre-Madre*, que le sonaba más auténtica. El cuidado de los cuerpos de las mujeres era una actividad sagrada y la oración se convirtió en una parte de su práctica médica. Rezaba con sus pacientes cuando entraban (lo que quisieran rezar y a quien quisieran rezar; eso no importaba).

–Tenemos que parar, solo dos minutos, y vamos a rezar una oración y vamos a llamar a Alison para que vuelva –le dijo al equipo médico. Pidió a todos los que estaban en el quirófano que participaran, y comenzó a rezar–: Por favor, llévanos a la curación del cuerpo de Alison. Por favor, guía a su espíritu para que vuelva a su cuerpo.

Mientras tanto, Alison se había hecho consciente de que su energía vital dejaba su cuerpo a través de dos zonas simultáneamente, su nariz/boca/garganta y su entrecejo, y que se encontraba en algún lugar por delante o por encima de su cuerpo. Veía su cuerpo ahí abajo, sintiendo una especie de indiferencia y de compasión, pero estuvo muy poco tiempo pensando en ello. Reconoció algunas energías familiares que comenzaron a girar a su alrededor, impulsando su energía en una espiral de luz, como si la empujaran cada vez más hacia arriba. Estaba inmersa en ese gozo, hasta que desaparecieron y Alison fue hacia una total oscuridad, una negrura que sostiene a todos los demás colores, y subió a un lugar estable. Allí, un maravilloso ser de luz y sonido apareció frente a ella, irradiando la presencia más pura, más profunda y más sagrada que nunca había visto. Era el innombrable, pero definitivamente cognoscible, y más bien perceptible. Ella no tenía palabras ni había otro lugar en el cosmos en el que estar.

La presencia profundamente sagrada y magnificente le dio a Alison un «pensamiento», un comunicado directo a su ser: «Tienes que elegir». Ella estaba confusa; luego se sintió desolada, al darse cuenta de lo que implicaba. Si tenía que elegir, es que había otro lugar distinto de este.

Se entristeció profundamente al saber que tendría que dejar ese sereno lugar. Al comenzar a intentar comprender qué podía querer decir «otro lugar», se hizo consciente de las oraciones que flotaban a su alrededor y detrás de ella. Eran las oraciones que procedían del personal médico de aquel quirófano de Dallas, en un día del espacio-tiempo llamado 25 de abril de 1999; esas oraciones tenían que ver con ella. No podía «escuchar» las palabras pronunciadas (o dichas mentalmente) de esas amables personas, pero podía percibir los sentimientos de sus corazones y los intentos conscientes, expectantes, de que viviese –para conocer a su hija, para cuidar de su hijo y volver con su familia–. Era como si el hecho de que esas personas se hubiesen centrado conscientemente en ella y sus hijos, y le estuviesen enviando amor a través del espacio y el tiempo, crease una conciencia en ella que le recordaba que estaba viviendo una vida en un cuerpo, en el planeta Tierra, y que hablaba un lenguaje lineal. Prestó atención. Era desgarrador separarse de ese innombrable y magnificente ser.

Alison regresó de golpe a la sala de operaciones. Estuvo rondando alrededor de las personas que oraban. Rezaban mentalmente, pero ella podía escucharlas en su mente/espíritu, fuera del cuerpo. Comenzó a recordar que tenía un cuerpo, que podía hablar, que tenía hijos, un bebé, y supo lo que tenía que hacer. De modo que con un insoportable sufrimiento, se contrajo de nuevo y volvió a la oscuridad que había más abajo, hacia la nada.

Después de que Alison estuviese durante unos once minutos sin responder, sus latidos cardíacos comenzaron a regresar y su presión sanguínea subió ligeramente. La doctora Christensen pudo empezar la histerectomía y finalizarla con éxito. Alison terminó recibiendo nueve unidades de sangre y muchas unidades de plaquetas para tratar su trombocitopenia, y permaneció en estado de coma, en la UCI, con un respirador artificial durante cinco días. Parte de su glándula pituitaria había muerto por falta de riego sanguíneo durante su prolongado paro cardíaco (el síndrome de Sheehan), así que nunca pudo amamantar a su bebé. Después del parto no podía fabricar cortisol, de manera que terminó teniendo que tomar esteroides durante un tiempo. Salió del hospital con una hemoglobina de 6 gm/dl (el margen normal de las mujeres está entre 12 y 16 gm/dl) y siguió desmayándose. Pero finalmente ella y su bebé se recuperaron. Alison habla de esta experiencia frecuentemente para ayudar a otros a superar su miedo a la muerte. Está totalmente centrada en explorar los poderes sanadores de la transformación espiritual.

El relato de esta ECM me sonó muy auténtico; resonaba con algunos de los rasgos claves de mi propio viaje en el coma profundo. Sirve para apoyar mi versión de la percepción de la energía de la oración, cómo se alinea bellamente con la energía sanadora del amor tan frecuentemente descrita en tales encuentros y cómo, visto desde el otro lado del filtro, esa confianza y ese amor sirven tan bien para expresar la realidad de que «todo está bien».

El recuerdo de Alison de lo difícil que fue dejar ese ámbito volvió a despertar en mí los sentimientos increíblemente poderosos que recordaba del final de mi propia ECM. Mi salida del ámbito espiritual fue uno de los aspectos más desgarradores y difíciles de todo el viaje. Dado que tuve amnesia de mi experiencia vital anterior durante toda mi ECM, no recordaba ningún apego ni responsabilidades hacia otras almas.

Pero el séptimo día del coma, tras escuchar a mis médicos decir que ya era el momento de dejarme ir, mi hijo Bond, que tenía entonces diez años, corrió hacia mi habitación, me abrió los párpados y empezó a suplicarme: «Papá, vas a ponerte bien», una y otra vez. A través de los amplios dominios del ámbito espiritual, sentí su presencia muy claramente, aunque no tenía ni idea de quién era ese ser y, desde luego, no entendía sus palabras. Su tono suplicante exigió toda mi atención, y al sentir ese fuerte vínculo entre nosotros, supe, de algún modo, que tenía que empezar a entender las reglas de este ámbito (incluido el ámbito terrestre), porque tenía que hacer todo lo que estuviera en mi mano para llegar hasta él. Y eso significaba volver a un ámbito que en ese momento me resultaba todavía totalmente misterioso. Sobreviví y salí adelante, algo que no siempre sucede.

Como neurocirujano, la muerte no me resultaba extraña. Mi punto fuerte había tenido que ver con tratar tumores cerebrales malignos, a menudo en pacientes a quienes se les había dicho «no puede hacerse nada» y que tenían solo unas cuantas semanas o meses de vida. Tuve muchos éxitos, pero es extremadamente raro en ese mundo tener curaciones a largo plazo –el fracaso y la muerte siempre acechan en una esquina–. La muerte es la regla, pero, desde luego, se intenta ayudar a los pacientes y a las familias todo lo que se puede en las distintas fases de la enfermedad. Tras perder a un paciente, les ofrecía a sus familiares todo el consuelo que podía: «Hemos hecho todo lo que hemos podido. Sé que pusisteis vuestra fe y rezasteis vuestras oraciones para ver un resultado más favorable. Siento mucho que no hayamos podido hacer más. Al menos hemos hecho que sufriera menos en sus últimas horas», les decía.

Esto era lo mejor que podía hacer. A las familias les tranquilizaba saber que su ser querido había sufrido lo menos posible. Si un miembro de la familia venía a mí con preguntas acerca de la posible existencia de su ser querido después de la muerte, sobre la posibilidad de un alma, decía: «Sí puede ser», aunque manteniendo mi distancia respecto a esa idea, sin aplastar sus creencias. La verdad es que, en aquel momento, no sabía la cantidad de evidencia que apoya la existencia de una vida *post mortem*.

En 1980, justo después de haber sido aceptado en el programa de formación de la residencia neuroquirúrgica en el Centro Médico de la Universidad Duke, tuve una inolvidable conversación con mi padre. Le pregunté cuál creía que era su principal contribución profesional, esperando una descripción de alguna intervención quirúrgica extremadamente difícil para asegurar un aneurisma o eliminar un tumor. Lo que no esperaba fue esto: «Que estoy ahí para mis pacientes y sus familias cuando no hay nada más que pueda hacer por ellos como neurocirujano».

Su respuesta me sorprendió totalmente. Me parecía una excusa ante los fracasos constantes y ante las dificultades de la neurocirugía. Pero tenía razón de estar orgulloso del apoyo ofrecido a sus pacientes cuando realmente más lo necesitaban –cuando estaban contemplando cara a cara la muerte y su propia mortalidad–. Consideraba un don supremo el hecho de estar ahí para ofrecerles consuelo y confianza frente al mayor reto de sus vidas. Tardé años en apreciar en un nivel profundo por qué creía que ese era un aspecto tan atractivo de su trabajo.

Quienes están familiarizados con mi odisea en el coma, a menudo me escriben para preguntarme qué pueden hacer por alguien cercano que se halla en esos momentos en coma, a causa de un accidente, una enfermedad o por cualquier otra razón. Están angustiados ante el pensamiento de la pérdida de su ser querido y desean evitarla a toda costa. A menudo preguntan si las oraciones pueden provocar un cambio. Generalmente se sienten inspirados por mi inexplicable recuperación y quieren saber desesperadamente si la oración ayudará a que su ser querido sobreviva y se recupere. Lo que resulta fundamental recordar es que nuestra existencia no termina con la muerte del cuerpo físico. La oración puede tener un poder tremendo –recuerda que tus oraciones llegarán al alma de tu ser querido en este viaje y le proporcionarán consuelo y amor–. Se recupere o no el cuerpo físico, ese no es el objetivo final. Si tal recuperación permite crecer en comprensión respecto a nuestra relación con el universo, en pos de las lecciones de vida que tenemos que aprender, eso significa que es posible.

Por más profundo que sea el coma en el que haya entrado tu ser querido, has de aceptar que la energía amorosa de tus oraciones te ayudará a conectar con su alma. Utiliza la energía de esa conexión amorosa para expresar el bien más elevado para todos los que estén implicados. Esto supone desapegarse del resultado y pedir que «se haga tu voluntad». El objetivo tendría que ser conectar con tus seres queridos y hacerles saber que son amados y queridos; que vuelvan a su cuerpo o sigan su camino sin él no es un efecto de tus oraciones, ni de su elección, simplemente son resultados diferentes. Es fundamental darse cuenta de que la muerte no es el fin de las conexiones de nuestra alma con nuestros seres queridos. La oración, a veces, nos abre la puerta para mostrarnos esa conexión, ya que percibimos que el alma del ser querido que se ha ido en realidad no se ha ido, ni siquiera después de dejar su cuerpo físico definitivamente. Por regla general, yo animo a las personas preocupadas por sus seres queridos que se hallan potencialmente cerca de la muerte a que confíen en sus médicos, que deberían poder asesorarlos sobre las posibilidades existentes. El equipo sanitario puede ayudar con la decisión de cesar los cuidados, si eso fuese lo recomendable.

Tales decisiones en el caso de los pacientes más enfermos a menudo se basan en una valoración de los criterios de la muerte cerebral. Estos criterios se desarrollaron inicialmente en 1968 para definir mejor el momento en el que el daño cerebral debido a la enfermedad o a una lesión había traspasado una línea más allá de la cual la recuperación con sentido es extremadamente improbable. Los criterios de la muerte cerebral pueden ser un medio válido de valorar las posibilidades que alguien tiene y, aplicados de manera adecuada, guían la toma de decisiones, especialmente en lo relativo a continuar o no con los cuidados y el apoyo a la vida.

La meningoencefalitis que me afectó era de una gravedad que casi siempre es fatal. Si no hubiera comenzado a despertar, el paso siguiente en mi caso bien podría haber sido una valoración formal de los criterios de muerte cerebral. Si el estado del paciente coincide con la muerte cerebral, mi consejo sería seguir la recomendación del médico, que podría incluir retirar el soporte vital y dejar que se vaya. Personalmente, soy donante de órganos y apoyo el uso, correctamente aplicado, de los criterios de la muerte cerebral para tomar tales decisiones. Incluso en ausencia de una muerte cerebral plenamente documentada, en ciertas situaciones, el cese del soporte vital a veces es la mejor línea de acción. Cuando las probabilidades de recuperación funcional son nulas, con tales esfuerzos se causa un tremendo daño que no hace sino mantener el latido cardíaco.

Hablando en general, algunos médicos consideran la muerte de su paciente como un fracaso personal. Pero muchas personas han compartido historias de cómo el mayor regalo que recibieron de su ser querido fue alguna indicación en el momento de su muerte, o posteriormente, de que la conexión entre sus almas sobrevivía a la muerte del cuerpo.

Patricia (no es su verdadero nombre) contó que su padre estaba en la UCI muriendo de gangrena y septicemia, tras una desafortunada operación. Después de tres semanas, poco a poco perdió todas sus funciones y solo era consciente de su entorno de manera intermitente. Llegó un momento en que no había abierto los ojos durante tres días y no había apretado las manos de sus seres queridos cuando le hablaban. Tras sostener su mano durante horas, para gran sorpresa de Patricia, de repente abrió los ojos y se incorporó un poco. Sonrió y fijó su atención en ella, realizando un contacto visual amoroso, intenso, que ella sintió en su alma. «¡Mira, has vuelto!». A continuación, recibió lo que denominó una clara comunicación telepática: «Todo está bien».

Después volvió a acostarse, sus ojos quedaron en blanco y ya no respondió más. Al día siguiente murió. Ella no conocía ningún mecanismo para explicar cómo le había transmitido telepáticamente un pensamiento, pero lo hizo. Lo recibió en un instante; era una enorme cantidad de información, más bien una especie de saber. La enfermera entró y dijo que vio una luz brillante tan cálida que venía de la pequeña habitación que entró para ver qué era. Patricia también fue consciente del brillo de esa luz y, por extraño que parezca, en esos momentos tenía sentido para ella. La cambió: a partir de ese momento no tuvo duda de que hay vida después de la muerte física y de que todo lo que existe es amor. Su padre quería que supiera eso y ella nunca olvidará la experiencia personal simple y breve de recibir ese mensaje.

He oído variantes de esta historia cientos de veces. Las enfermeras de hospitales y otros miembros del personal sanitario que con frecuencia están junto a los moribundos generalmente son conscientes de esta profunda verdad, porque han visto ejemplos de ello una y otra vez. Recuerda que sanar (*healing*) es santificar, consagrar (*hallow*), hacer algo sagrado (*holy*), esencialmente «hacer un todo, una totalidad» (*make whole*). El reencuentro con la fuerza creativa infinitamente amorosa en la muerte del cuerpo es la lección más hermosa de la verdadera unidad que subyace a nuestra existencia, la eternidad del espíritu y la interconexión de todas las almas.

Nuestro trabajo, como cuidadores y como seres queridos de la persona moribunda, es compartir ciertos dones o regalos, como el reconocimiento, la aceptación y el perdón (del alma que se va, de los hermanos y de otros familiares, pero muy especialmente de nosotros mismos), para confortar y consolar al moribundo. Morir es un aspecto natural del ciclo de la vida. Decirle a una persona moribunda que está bien, que tú estás en armonía con lo que sucede, proporciona una potente sanación para todas las partes. Interpreta lo que presencies con el corazón, no con la cabeza. Permanece alerta durante todo el proceso del abandono físico.

En *Destellos de eternidad*, Raymond Moody explica experiencias de muerte compartidas, que tienen lugar cuando al alma de un testigo completamente sano, sea junto a la cama o a distancia del amigo o el miembro de la familia que se está muriendo, le es dado acompañar al alma que marcha del paciente moribundo, hasta el punto de tener una plena revisión de vida. Tales experiencias a menudo resultan indistinguibles de la rica ultrarrealidad de las ECM, excepto porque ocurren en personas que están generalmente sanas. A menudo ayudan a gestionar la propia pena y a reducir el miedo a la muerte, además de proporcionar la certeza de que el ser querido sigue su viaje más allá de la muerte todavía entrelazado en gran medida con el viaje de nuestra alma.

Si bien la mayor parte de tales informes tienen que ver con experiencias espontáneas, el Shared Crossing Project ('proyecto tránsito compartido'), fundado por William Peters en Santa Barbara (California), da un paso más. Como voluntario en un hospital de enfermos terminales, William había participado en numerosas experiencias místicas con quienes estaban realizando su tránsito final. En 2010 fue inspirado por el libro de Moody y desarrolló modos de enseñar activamente a la gente cómo crear intencionalmente un evento así para beneficio tanto del moribundo como de los seres queridos que le sobreviven. Creó protocolos a través del programa Shared Crossing Project's Pathway ('camino del proyecto tránsito compartido'), diseñado para ayudar a la gente en la aceptación de la muerte como proceso natural, y con ejercicios específicos para establecer «vínculos» entre el moribundo y sus seres queridos.

Uno de esos ejercicios introductorios para facilitar ese vínculo dice así: «Concédete un momento para profundizar en un estado relajado y contemplativo, y céntrate en una relación cercana concreta. Reflexiona sobre un suceso o un recuerdo que evoque sentimientos de gratitud hacia este ser querido. Quizás esto ocurrió en un momento de gran alegría en tu vida, o cuando más consuelo necesitabas. Permite que estos sentimientos de aprecio formen un lazo a través del tiempo y el espacio, entre tú y este ser querido especial. Permítete percibir y sentir la presencia de este ser, contigo, ahora».

Al practicarla con cierta frecuencia, durante un tiempo, esta visualización crea un vínculo que se extiende entre esta vida y la que sigue. A través de una serie de ejercicios cada vez más elaborados, los participantes se familiarizan con el paisaje que conduce desde esta vida humana hacia la vida más allá y coreografían sus transiciones con los seres queridos. Los participantes que siguieron tales protocolos han logrado una relación con la muerte que tiene mucho más sentido, y también han alcanzado numerosos beneficios a largo plazo, que incluyen un mayor aprecio de la vida, un menor miedo a la muerte, una mejor gestión de la pena y una comprensión más profunda de su propio propósito en la vida.

La investigación revela que estas prácticas permiten una variedad de fenómenos relacionados con el fin de la vida que son profundos y sanadores, y que Peters ha identificado y documentado como «travesías compartidas». Estas se refieren a un tipo de comunicación a través del velo que produce un don transformador, incluidos sueños/visiones *premortem* (en los que el moribundo expresa que ha sido visitado por un ser querido fallecido que le proporciona guía y consuelo); la experiencia de muerte compartida (en la que los seres queridos informan de haber entrado en las etapas iniciales de la vida *post mortem* con quien estaba muriendo y de haber experimentado fenómenos como un suceso de salida del cuerpo, en el que contemplaron seres de luz bondadosos y encontraron ámbitos celestiales, hasta finalmente darse cuenta de que el ser querido que está partiendo está seguro, bien cuidado y feliz);

las coincidencias *post mortem* (en las que un individuo experimenta un suceso energético profundo en el que sabe que un ser querido ha muerto, pero está «vivo» y bien), y muchas más experiencias.

Como médico que ha llegado a ser consciente de la magnitud y el alcance de los fenómenos relacionados con el final de la vida, creo que urge un cambio en las prácticas dominantes en los centros de cuidados paliativos de nuestro mundo moderno. Aceptar la muerte como una transición natural –semejante al nacimiento en el amplio ciclo de la vida, y no como un término final de la conciencia– ayuda a fomentar un ambiente de celebración sagrada y de gratitud hacia la vida. Los niños, la familia y los amigos pueden participar amorosamente en la transición de un alma desde este mundo al siguiente, todo ello de un modo que respete plenamente la realidad de las conexiones que siguen presentes entre los seres queridos.

Somos seres espirituales que viven en un universo espiritual. Básicamente, esta espiritualidad significa que todos estamos conectados a través de la Mente colectiva, y que el poder emocional que hay detrás de nuestras esperanzas y nuestros sueños tiene una base en la realidad que guía el despliegue de los sucesos de nuestra vida. El combustible mismo de esa espiritualidad es el amor, y cuanto más podamos expresar amor incondicional por nosotros mismos y por los demás, más sanación veremos, pues más fácil será que nos convirtamos en totalidades integradas. El mejor modo de descubrirlo es mediante el cultivo de una manera de ir dentro de uno mismo, algo a menudo descrito como práctica de la meditación o de la oración. Toda salud física, mental o emocional ha de estar firmemente enraizada en la salud espiritual, y la oración es el medio más natural de invocar dicho bienestar general. Como cientos de personas han compartido conmigo, ese sentido de conexión eterna constituye realmente un profundo factor transformador de la vida. Lo único que tenemos que hacer es abrirnos a la posibilidad.

Capítulo 8

LA PRÁCTICA DE LA INTERIORIZACIÓN

No es la posesión de la verdad, sino el éxito que le espera al que la busca, lo que enriquece al buscador y le otorga felicidad.

Max Planck (1858-1947), Premio Nobel de Física, 1918

Debido a su permanente valoración de la ciencia moderna, su santidad el XIV dalái lama comenzó un diálogo entre budistas y científicos modernos en los años ochenta. Eso dio inicio a una serie de encuentros formales y debates en instituciones académicas por todo el mundo occidental. Su santidad comenzó a invitar a varios científicos a estudiar los cerebros de meditadores budistas altamente entrenados a través de su organización, el Mind and Life Institute, promoviendo la disciplina conocida como «neurociencia contemplativa». La ciencia ha estado estudiando de manera muy activa el cerebro para descubrir correlaciones con estados patológicos, como la depresión y la ansiedad, pero él sugirió un enfoque novedoso. Estaba especialmente interesado en saber qué sucede en el cerebro de alguien que es feliz.

Es intrínseca al budismo la idea de que la felicidad puede buscarse a través del conocimiento y la práctica personal para lograr la paz mental y así aliviar el sufrimiento. Tales prácticas se remontan a miles de años: los budistas han transmitido conocimiento especializado de diversas técnicas durante cientos de generaciones. Una de esas técnicas es el *mindfulness*, una modalidad de meditación que puede realizarse en cualquier momento; basta con que situemos nuestra atención en cualquier actividad que esté teniendo lugar, ya sea beber una taza de café, sentarse en silencio o caminar por el bosque. Implica una práctica de conciencia constante de la respiración, del cuerpo, de un objeto o de una actividad con el objetivo de apartar la atención de la mente de los pensamientos negativos o los que nos distraigan. Cuando nuestra atención permanece centrada solo en el momento presente, la mente termina liberándose de todas las demás distracciones. Una vez liberado del parloteo mental, el practicante logra la felicidad o gozo, así como la libertad respecto del sufrimiento.

Aunque la idea es sencilla de explicar, no necesariamente resulta fácil de realizar. Los monjes budistas son considerados expertos en meditación después de diez mil horas de práctica. Así, son candidatos excelentes para medir cómo podría verse afectado el cerebro por tal actividad mental. Los resultados indican que en los cerebros de los meditadores experimentados, comparados con los de los novicios, hay un aumento de la actividad en zonas asociadas con estados de concentración. Hay un área en la frente (las áreas 9 y 10 de Brodmann, en la corteza prefrontal) que contiene un mayor volumen de tejido cerebral en los practicantes experimentados que en los sujetos de control, no meditadores. El entrenamiento en mindfulness se correlaciona con una disminución del volumen de la amígdala, una estructura cerebral asociada con las respuestas de miedo. Los practicantes budistas pueden mantener un patrón electroencefalográfico sostenido de sincronía de ondas cerebrales gamma de alta frecuencia, lo que indica una mayor coordinación de las redes neuronales. La práctica prolongada de la meditación parece influir en las estructuras físicas del cerebro a través de un proceso conocido como neuroplasticidad.

Hasta tan recientemente como en la pasada década de los setenta, un principio básico que se enseñaba en neurociencia afirmaba que el cerebro humano, después de la infancia, era relativamente fijo en su estructura, y que no podían crearse nuevas neuronas. La capacidad de recuperar una función cerebral después de cualquier tipo de daño en el cerebro se afirmaba que era mínima. Sin embargo, la experiencia clínica a finales del siglo XX parecía desafiar esta hipotética limitación y en décadas recientes se ha descubierto una notable evidencia de la recuperación de cerebros humanos dañados, en una amplia variedad de situaciones.

Neuroplasticidad es el término general que se refiere a esta capacidad del cerebro para recuperarse del daño sufrido y adaptarse, en circunstancias más normales (lo que se conoce como plasticidad dependiente de la actividad), lo cual incluye la capacidad de generar nuevas neuronas e interconectarlas con el resto del cerebro de una manera funcionalmente eficaz. Investigaciones posteriores de tales casos de recuperación inesperada han revelado una notable capacidad del cerebro para recablearse y reconstruirse en un contexto normal de vida y aprendizaje, aparte de las dificultades de recuperarse de un daño físico significativo. Esta sólida neuroplasticidad parece indicar el papel de la mente, o la conciencia, en proporcionar el molde sobre el que nuestro cerebro físico cambia para reflejar nuestras intenciones y percepciones.

La investigación en neurociencia de la meditación revela un amplio espectro de beneficios emocionales y conductuales, entre los que se hallan el alivio del estrés, la reducción de la ansiedad y la depresión, el fortalecimiento del sistema inmunitario, un aumento de la creatividad, una mayor intuición y un descenso positivo de la presión sanguínea, entre otros. Las técnicas de meditación proporcionan un medio para calmar la mente de forma deliberada y descubrir un silencio interior. Esto le permite a la persona que medita alcanzar estados profundos de relajación, y presumiblemente facilita diversos beneficios reconocidos, mediante la neuroplasticidad. Los meditadores describen un extenso espectro de experiencias, y algunos pueden conectar regularmente con el ámbito de la unidad amorosa, a propósito o de manera inesperada, que yo encontré durante mi coma. No debería sorprender que se haya demostrado que quienes meditan regularmente aumentan la capacidad de mantener la atención concentrada.

Participé en esfuerzos deliberados por mejorar la concentración de mi atención durante mi formación en paracaidismo colegiado en la década de los setenta en la Universidad de Carolina del Norte, en Chapel Hill. Durante esa época pasada en dicha universidad (1972-1976), nuestro club deportivo de paracaidismo entrenaba a más de cuatrocientos estudiantes, que hicieron al menos un salto en paracaídas. Como miembro del equipo deportivo de paracaidismo, realicé trescientos sesenta y cinco saltos en paracaídas, la mayoría de los cuales eran intentos de crear formaciones grupales en caída libre. Esto suponía grupos de entre dos y veinte o más saltadores, una práctica conocida como vuelo en formación, o trabajo relativo.

Varios miembros del equipo, interesados en mejorar nuestras habilidades, entre los cuales me incluía, hicimos un curso llamado Control Mental Silva, un método cuidadosamente planificado para aplicar la concentración mental a la mejora de habilidades motoras difíciles, como las implicadas en el vuelo del propio cuerpo en caída libre para crear formaciones con otros paracaidistas, de manera segura y eficiente. Nuestra práctica estándar era recorrer la formación pretendida desplazándonos por ella, mientras estábamos en tierra, antes de saltar. Pero con el beneficio añadido de las técnicas de José Silva, invocábamos nuestro estado meditativo a través de este programa de control mental y practicábamos las distintas maniobras necesarias de la caída libre en nuestra mente, justo antes de subir al avión desde el que saltaríamos.

Nuestra competencia en el salto mejoró después de esos ensayos mentales, pero nunca hicimos una valoración científica controlada para comparar nuestras actuaciones antes y después de utilizar tales técnicas. Sé que nuestro entorno para el paracaidismo era superior al de cualquier otra universidad de la que tenía noticia: el equipo de paracaidistas de la Universidad de Carolina del Norte, en esa época, podía hacer una estrella de ocho hombres, mientras que la competición colegiada nacional de los Estados Unidos establecía equipos de tres, ya que la mayoría de las universidades estaban contentas de tener, a lo sumo, tres paracaidistas lo suficientemente expertos para realizar de manera segura formaciones en vuelo. Si cualquiera de esos evidentes éxitos se debió a nuestra práctica del control mental de Silva antes de saltar es una cuestión abierta. Aunque creo que el método Silva me ayudó a llegar a ser un mejor participante en la formación en vuelo, no intenté aplicar la práctica para complementar otras actividades de mi vida. Cuando pasé de la Universidad de Carolina del Norte a la Facultad de Medicina de la Universidad Duke en 1976, dejé atrás mi práctica de la visualización concentrada; no valoré lo suficiente cómo podría ayudarme en muchas otras áreas de mi vida. Sin embargo, ahora sus principios son mucho más relevantes para mí.

Durante casi treinta años pasados en la neurocirugía académica, generalmente vivía los momentos de mayor concentración mientras me encontraba en las intervenciones quirúrgicas. Llegué a ver el quirófano como un santuario, un espacio sagrado en el que podía concentrarme completamente en el asunto que tenía entre manos (ya fuese extirpar un difícil tumor de la base del cráneo o asegurar un aneurisma dificultoso); entraba en un estado sublime que me permitía lograr mis objetivos quirúrgicos más altos. La dilatación del tiempo era una experiencia común, y una intervención particularmente difícil, que duraba horas, podía parecer que había durado tan solo unos minutos. Mi gratitud se dirige hacia las enfermeras, los médicos residentes y el equipo que me ayudaban a aislarme de las llamadas y los estímulos que amenazaban mi burbuja, es decir, que intentaban sacarme de mi intensa concentración operativa para atender la infinidad de asuntos de los pacientes que estaban fuera del quirófano. Calma y una intensa concentración; realmente, una modalidad sublime de mindfulness.

Este estado atento de la mente se denomina a veces «estado de flujo» o «estar en la zona» y a menudo lo describen los atletas, artistas creativos y músicos cuando se concentran intencionadamente en una tarea específica con una gran satisfacción. El psicólogo húngaro Mihaly Csikszentmihalyi fue el primero en acuñar la palabra *flujo* (*flow*) para hacer referencia a este estado mental, y afirmó que la felicidad puede cultivarse intencionalmente desde el interior. En nuestra vida cotidiana, el estado de flujo no necesariamente se logra a voluntad, sino que llega durante la inmersión intensa en una actividad, cuando todas las distracciones (incluida la sensación de tiempo objetivo) se desvanecen. Cuando entramos en la zona no estamos pensando conscientemente; de hecho, es como si la mente pensante estuviera de descanso.

Los estudios sobre las ondas cerebrales revelan cosas sorprendentes sobre este fenómeno. Durante el estado de flujo se reduce la actividad de la corteza prefrontal, una región asociada con el análisis y la vigilancia de nuestra conducta. Generalmente, las decisiones tienen que ser revisadas por esta parte del cerebro (como centro de lo que se llama «función ejecutiva»), que a menudo nos lentifica mientras «cavilamos» sobre lo que estamos haciendo. Del mismo modo, los investigadores revelan que los meditadores budistas expertos, con el nivel más alto de entrenamiento, muestran niveles reducidos de actividad cerebral en esas mismas regiones.

En unos estudios relacionados, las investigaciones científicas que valoran la acción de varias drogas psicodélicas sobre el cerebro (concretamente las que influyen en los receptores serotoninérgicos) revelan hallazgos fundamentales. Un ejemplo tiene que ver con un informe de 2012, procedente del Imperial College

London, en el que se utilizaron imágenes de resonancia magnética funcional para valorar diversas regiones cerebrales en sujetos que estaban bajo la influencia de la psilocibina, el ingrediente activo de hongos psicodélicos (el género *Psilocybe* consta de más de cien especies).[1] El contenido de las experiencias mentales de los sujetos era valorado mediante una escala análoga visual que tiene en cuenta rasgos como el estado de gozo, la experiencia de unidad, el significado, la capacidad intuitiva y la desencarnación, y los efectos más profundos implican la imaginería elemental y compleja, así como la sinestesia audiovisual (superposición de modalidades sensoriales normalmente separadas, como «oler colores» o «ver sonidos»).

El descubrimiento más notable de ese estudio fue que la actividad de las principales regiones conectoras del cerebro se mostraba enormemente disminuida en quienes estaban teniendo las experiencias psicológicas más profundas, en contraposición al aumento de la actividad cerebral originalmente anticipada por los investigadores. En un sentido muy real, parece que experimentamos una mayor sensación de conciencia cuanto menos activamente funcionan determinadas partes de nuestro cerebro.

Este resultado fue tan sorprendente para quienes creían que el cerebro crea la conciencia que impulsó a Christof Koch, científico jefe del Allen Institute for Brain Science, de Seattle, a escribir una columna en la revista *Scientific American* titulada «Este es tu cerebro con drogas: para gran sorpresa de muchos, la psilocibina, un potente psicodélico, reduce la actividad cerebral». Su columna presentaba la extraordinaria naturaleza de los descubrimientos, especialmente a causa de la espectacular reducción de la actividad en las regiones más complejas del cerebro, donde se producen múltiples uniones, y del hecho de que ninguna región del cerebro mostró un incremento de la actividad; de hecho, ¡se vio una supresión generalizada, y su grado se correlacionaba con el poder de la propia experiencia psicodélica!

Estos resultados fueron confirmados por un estudio brasileño publicado en febrero de 2015. En él se valoraba la actividad cerebral mediante imágenes por resonancia magnética funcional, esta vez en sujetos que se encontraban bajo la influencia de la ayahuasca, que contiene el componente psicodélico activo N,N-dimetiltriptamina, o DMT, normalmente presente en nuestros cerebros, pero en cantidades minúsculas.[2] La ayahuasca provocó un aumento significativo de la actividad de la principal red cerebral de unión, conocida como la red en modo por defecto.

El grupo del Imperial College reveló resultados similares al examinar los efectos sobre el cerebro de la más potente de esas drogas, el LSD (dietilamida-25 del ácido lisérgico). Una vez más, las experiencias más extraordinarias fueron narradas por aquellos sujetos que tuvieron la mayor inactivación de su red central cerebral, según las mediciones obtenidas a través de imágenes de resonancia magnética funcional y magnetoencefalografía. Cuanto menos activo se vuelve el cerebro, más activa llega a ser la experiencia mental interna. Esta impresionante revelación coincide plenamente con mi propia experiencia en coma profundo. Mientras mi neocórtex estaba siendo desmantelado por las bacterias invasoras, mi conciencia se expandió enormemente, a niveles sin precedentes en las experiencias de vigilia normal, y esto me permitió conectar con esa presencia profunda de amor incondicional que se encuentra en el núcleo de toda la existencia. Dado que mi cerebro era incapaz de producir una alucinación, a causa de su total incapacidad neocortical, se hizo evidente que en última instancia esa ultrarrealidad se produjo porque la experiencia era real, aunque no tuviera lugar en el espacio-tiempo tetradimensional del universo físico observable.

Aunque tal investigación psicodélica es fundamental para que cambien nuestras ideas sobre la conciencia y para una mejor comprensión de la naturaleza de la realidad, no recomiendo el uso informal de tales sustancias en un contexto recreativo, no sagrado. En los estudios experimentales, la calidad y la cantidad de la droga administrada puede ser controlada estrictamente y monitorizada mientras el sujeto está supervisado constantemente, algo que no sucede en la mayoría de las situaciones recreativas, en las que tales sustancias psicodélicas pueden ser peligrosas para la propia salud, tanto física como mental. Otras maneras de conectar con los aspectos más sutiles de la conciencia son las técnicas que reducen, todo lo posible, la corriente constante de información sensorial que nos ata a la Ilusión suprema. Varias modalidades de deprivación sensorial dan como resultado fascinantes alteraciones en la conciencia perceptual. Reduciendo los estímulos visuales, auditivos y táctiles que nos bombardean cada minuto que estamos despiertos, podemos conectar más con esa Mente colectiva. ¿Qué permanece de nuestra conciencia cuando nos cerramos a los *inputs* sensoriales? ¿Qué queda? Cuando eliminamos el «ruido» (es decir, el flujo sensorial procesado a través del sistema nervioso de nuestro cuerpo para perpetuar la Ilusión suprema), aislamos un aspecto central de la propia conciencia.

La meditación regular entrena al practicante a estar menos perturbado por los estímulos externos, pero para los principiantes, las máscaras de ojos, las persianas que impiden que la luz pase, los auriculares que eliminan el ruido y los aparatos de ruido blanco son modos comunes de reducir las distracciones. Observa que una forma adecuada de deprivación sensorial ha ganado popularidad en los últimos años a través de la expansión de establecimientos públicos que ofrecen sesiones de tanques de deprivación sensorial. Aunque esos esfuerzos ayudan, para los estudios en laboratorio se han desarrollado métodos y aparatos especiales.

El psicólogo alemán Wolfgang Metzger describió en la pasada década de los treinta su descubrimiento de que contemplar un campo desértico durante muchos minutos podía producir estados alterados de conciencia, incluso lo que etiquetó como alucinaciones, así como las alteraciones correspondientes en el electroencefalograma del sujeto. Informes de mineros atrapados en condiciones muy duras, así como de exploradores del Ártico expuestos a un mar de hielo, indicaron también que la exposición prolongada a un campo de visión suave e indiferenciado proporcionaba un potente desencadenante de alteraciones en la conciencia. Entre estas se hallan experiencias visuales ocasionalmente ricas que parecían caóticas, y sin ninguna relación con estímulos locales presentes en el entorno del sujeto, un fenómeno conocido como el efecto *ganzfeld* (del término alemán que significa 'campo total').

El efecto *ganzfeld* se utilizó en experimentos que valoraban los efectos *psi* durante los sueños (especialmente, la telepatía entre un emisor y un receptor en sueños) en el Maimonides Medical Center, en Brooklyn, a finales de la pasada década de los sesenta y comienzos de los setenta.[3] Estos estudios se ampliaron posteriormente a la valoración de la telepatía en sujetos despiertos, con la presuposición de que el efecto *ganzfeld* reducía la cantidad de actividad neuronal en las redes cerebrales por medio de eliminar en gran medida el río de *inputs* sensoriales que normalmente encontramos en el mundo. Proporcionando un campo visual indiferenciado, sin cambios, combinado con ruido blanco en los oídos y una postura cómoda, intentaban reducir la actividad cerebral relacionada con toda la percepción sensorial con la esperanza de facilitar la transferencia telepática de información.

El montaje experimental general del *ganzfeld* incluía un emisor centrado en un objetivo (un vídeo breve o una imagen seleccionados al azar) durante unos treinta minutos, que pensaba en voz alta, en una corriente constante, todo lo que pasaba por su mente respecto a ese objetivo. Mientras tanto, el receptor yacía reposando en estado *ganzfeld* en otra habitación, aislado de cualquier *input* sensorial excesivo. Después de treinta minutos, al receptor se le ofrecían cuatro estímulos separados, solo uno de los cuales correspondía realmente al objetivo del emisor.

Dos números del *Journal of Parapsychology* a mediados de los años ochenta se dedicaron por entero a un análisis del efecto *ganzfeld*.

liberación mental, que parecía preparar el terreno para una modalidad de ensoñación en la que dejaban fluir lo que les llegaba. Este nivel de conciencia se conoce como hipnagogia, la frontera entre estar despierto y estar dormido. Todos nosotros experimentamos este estado hipnagógico cuando vamos a dormirnos, y de nuevo al despertar. Presta atención durante esos momentos cada día y observa cómo tu conciencia sensorial está alterada respecto al estado que experimentas cuando estás totalmente despierto. A menudo recordamos fragmentos de sueños y recibimos intuiciones nuevas o soluciones creativas a los problemas durante esos intervalos. Tales pensamientos pueden ser efímeros, así que es útil tener cerca una libreta y un bolígrafo y tomar notas para consultas posteriores.

En definitiva, al conseguir que el cerebro se aparte del camino, sea a través de la meditación, logrando el estado de flujo o a través de la deprivación sensorial, podemos elevarnos sobre la Ilusión suprema de nuestro espacio-tiempo terrestre. El único modo de entender realmente la naturaleza de la realidad subyacente es hacerse más plenamente consciente de ella, desde fuera, para adoptar el punto de visto más amplio posible. Buceando en el interior para explorar el infinito mundo de la conciencia universal, podemos acceder al punto de vista más amplio desde un estado de conciencia más expandido. Esto es lo que los meditadores avanzados y los viajeros espirituales, incluidos los grandes profetas y místicos que proporcionaron el fundamento de todas las creencias religiosas, han hecho desde tiempos inmemoriales. Basta con establecer una práctica regular. En nuestro atareado mundo moderno, esto puede ser difícil de conseguir, pero el esfuerzo merece la pena.

Como dije en el capítulo tres, Karen Newell se había embarcado en una exploración personal para generar experiencias espirituales. Había aprendido que la meditación era un medio valioso para tener acceso a un mayor conocimiento fuera de ella misma; pero, al principio, no le resultó fácil. Se resistía a unirse a una clase de meditación ya que muchas veces parecía exigir alguna especie de sistema de creencias dogmático, o la aceptación de rituales específicos, como la adoración de una determinada deidad. De modo que se sentó en silencio, ella sola, en una silla, e intentó que su mente quedase vacía. Había leído que centrarse en la respiración o una frase simple podía ayudar a apartar la atención de los pensamientos, pero estos persistían incansablemente. Como consumada directora tecnológica de información y de proyectos, su mente estaba planificando y reorganizando ideas constantemente; parecía imposible detener esa actividad, por lo demás muy útil y productiva. Diez minutos parecía un tiempo razonable para cerrar los ojos y sentarse en silencio, pero incluso eso le parecía una eternidad. Se convenció a sí misma de que, sencillamente, no era capaz de meditar.

Karen no era la única. Una dificultad habitual descrita por quienes intentan aquietar la mente es la presencia continua del parloteo mental, los constantes pensamientos que parecen no detenerse nunca. Esa voz interna es un producto del cerebro lingüístico, estrechamente unido al ego y al sentido del yo. El cerebro lingüístico es la base del pensamiento racional, de la inferencia lógica y de las comunicaciones humanas, pero durante la meditación todo lo que hace es interponerse en el camino.

Karen buscaba herramientas y diferentes enfoques de meditación guiada para que la ayudasen a calmar la mente. Finalmente asistió a un taller dirigido por Puran y Susanna Bair, que enseñan una modalidad de meditación basada en el ritmo del corazón, con raíces en el sufismo. Se sintió atraída por ese enfoque porque estaba abierto a personas de todo tipo, sin importar el sistema de creencias que tuvieran. La meditación en el ritmo del corazón coordina la respiración con el latido del corazón en diversos patrones repetitivos. Por ejemplo, espiramos mientras contamos ocho latidos cardíacos, y luego inspiramos mientras contamos ocho latidos cardíacos. Las técnicas de meditación se probaron en el contexto de la investigación científica realizada por el HeartMath Institute, una organización que estudia el vínculo corazón-cerebro y su relación con el estrés y los estados de ánimo en los seres humanos.

Entre otras cosas, la investigación del HeartMath pone a prueba las teorías sobre el campo electromagnético del corazón humano utilizando máquinas que miden campos magnéticos débiles, como los que se utilizan frecuentemente en las resonancias magnéticas y en ciertas pruebas cardiológicas. Resulta notable que la forma toroidal del campo eléctrico del corazón es sesenta veces más grande que la del cerebro y su campo magnético es cinco mil veces mayor que el del cerebro. El corazón genera el campo electromagnético más fuerte del cuerpo, y su acción de bombear transmite unos potentes patrones de información rítmica que contienen datos neurológicos, hormonales y electromagnéticos al cerebro y al resto del cuerpo. Realmente, el corazón envía más información al cerebro de la que este envía al corazón. Dicho de otro modo, el corazón tiene una mente propia. Hay estudios que revelan que este campo electromagnético parece recoger información del entorno que nos rodea y emite el propio estado emocional más allá del cuerpo. Estas mediciones revelan que el campo es lo suficientemente amplio como para extenderse medio metro (o más) fuera del cuerpo. Los estados de ánimo positivos, como la gratitud, la alegría y la felicidad, se correlacionan con un campo cardíaco más amplio, más expandido, mientras que emociones como la codicia, la rabia o la tristeza se correlacionan con un campo cardíaco más limitado.

En el seminario en el que nos conocimos Karen y yo, nos pusimos en parejas para un ejercicio experimental en el que practicábamos el percibir o «sentir» la energía del otro. Nos dieron instrucciones para permanecer de pie, por turnos, mientras el otro se acercaba y se alejaba repetidas veces entre medio metro y seis metros; debíamos observar si sentíamos algo mientras tanto. Cuando caminaba hacia Karen, con las manos en actitud receptiva, me hacía consciente de una frontera energética, sutil pero perceptible, a su alrededor. Esta era una sensación nueva para mí, semejante a una suave percepción de cambio en la temperatura o la densidad del aire. Cuando estuve de pie mientras Karen se acercaba hacia mí, sentí cómo mi corazón respondía con una cálida conexión, como si se originara en ella, pero parecía ser algo interno, un fenómeno completamente nuevo. En ese momento se lo describí a ella como el entrelazamiento de la energía de nuestros corazones en uno solo. Quizás la investigación del HeartMath explica parte de lo que yo sentía.

Los fascinantes resultados de la investigación apuntan al descubrimiento de que nuestros corazones se interrelacionan e intercambian información con otros. En algunos estudios, los sujetos son entrenados para activar técnicas específicas de coherencia cardíaca como centrar la atención en el área que rodea al corazón y generar un sentimiento de aprecio. La coherencia refleja un estado elevado de equilibrio y sincronización en los procesos cognitivos, emocionales y fisiológicos del cuerpo, lo cual lleva a la disminución de las reacciones de estrés y una función más eficiente. Las emociones positivas se correlacionan con grados elevados de coherencia, de modo que el simple hecho de generar aprecio en el corazón puede afectar beneficiosamente a las funciones fisiológicas de la persona, incluidas las de su sistema nervioso autónomo y sistema nervioso simpático.

Los sujetos que realizaron esas técnicas incluso mostraron una influencia medible sobre la persona sentada frente a ellos, que no practicaba ninguna técnica. Un resultado similar se halló cuando dos sujetos se sostenían las manos. Del mismo modo, cuando alguien se encuentra en un estado coherente, es más receptivo a la información generada por otro campo cardíaco cercano. Mantener la conciencia del corazón y un estado mental apreciativo mientras se escucha a otra persona a menudo produce una mayor claridad y un aumento de la conciencia de los aspectos no verbales de lo que se está comunicando, lo cual se describe como una mayor sensibilidad a la otra persona. Las parejas que duermen en la misma cama han mostrado una notable coherencia entre sus dos corazones durante la noche. Parece que nos comuniquemos de otras formas, además del lenguaje, los gestos y otras claves no verbales, a través de la energía de nuestros corazones.

Karen estaba impresionada por los resultados de las investigaciones que demuestran el valor de los estados coherentes, y aprendió la técnica en el taller sobre la meditación centrada en el ritmo del corazón. Para supervisar los resultados directamente, Puran y Susanna probaron una útil herramienta de *biofeedback* (especialmente para principiantes) llamada tecnología *emWave*, creada por el HeartMath. Se pone un clip en un dedo o en una oreja, y el otro extremo está conectado a un ordenador, que muestra información basada en la variabilidad de la medición de la frecuencia cardíaca de la persona. Los practicantes miden su éxito viendo las muestras de la gráfica, como una escena de la naturaleza llena de flores y árboles, o un tono especial que se oye a medida que se activan frecuencias más elevadas de coherencia. Esta retroalimentación directa fue de ayuda para Karen, al indicarle cuándo había alcanzado el estado deseado. A menudo la diferencia era muy sutil, pero perceptible.

Si bien estos resultados eran estimulantes, el persistente parloteo mental siguió distrayéndola e impidiéndole alcanzar estados meditativos más profundos. Inspirada por el taller y por los experimentos personales con el aparato *emWave*, se apuntó a un curso *online* para principiantes, de cinco semanas, dirigido por un mentor que se había formado con Puran y Susanna a través de su Instituto de Meditación Aplicada al Corazón. Karen podía practicar la meditación en la comodidad de su casa y mandar informes al facilitador y mantener contacto con otros estudiantes a través de un foro *online* privado. A los estudiantes se les daban instrucciones nuevas para cada semana del curso; la primera tarea fue la de mantener una postura estricta, sentándose erguido durante veinte minutos, dos veces al día. Al principio, la tarea consistía simplemente en prestar atención al patrón respiratorio. De este modo, la mente observadora empezaba a desempeñar un papel importante. «Poco después de comenzar a sentarme inmóvil y observar mi respiración, me entró un dolor en la parte media de la espalda, que más tarde se centró en el lado derecho e irradiaba hacia el hombro izquierdo. Esto me producía muchas distracciones en el proceso de sentarme inmóvil, y en el pasado ha sido una excusa fácil para parar, cambiar de posición, o estirarme. A pesar de todo, permanecía sentada, y sentía alivio cuando podía moverme al final de los veinte minutos», publicó Karen en el foro de los estudiantes. «El dolor de la parte izquierda que experimentaste hoy en meditación y que has experimentado antes puede que tenga que ver con algo más que la postura. El lado izquierdo del cuerpo se relaciona simbólicamente con la receptividad, más que con la expresividad, y a veces el dolor en uno u otro lado del cuerpo refleja un desequilibrio que pide ser corregido», sugirió el mentor.

Karen recibió instrucciones para imaginar que su respiración entraba y salía por el lugar del dolor. Lo probó y descubrió que el dolor disminuía un poco, o a veces se desplazaba a otro lugar del cuerpo. Fuese cual fuese la causa, era útil tener un método para aliviar el dolor, y le dio algo que hacer para distraerse de ello.

Para tristeza suya, la práctica de centrarse en la respiración no redujo inmediatamente el parloteo constante de la mente, y el dolor seguía yendo y viniendo. «Paso bastante tiempo pensando cómo expresaré después mi experiencia en estos mensajes en el foro. Intento recordar distintas sensaciones para poder compartirlas adecuadamente y tener algo que decir. Mis pensamientos no paran de planificar actividades futuras, en lugar de revisar sucesos pasados. Me las arreglo para hacer varias cosas al mismo tiempo, mientras eso sigue, manteniéndome centrada en la respiración y buscando los latidos del corazón, cuya sensación va y viene», escribió Karen, a lo que el mentor replicó: «¡A veces necesitamos dejar que la mente siga con su parloteo de fondo, mientras hallamos otros modos de ayudar a que la energía se mueva! ¡Quizás nunca sepamos el "porqué", pero sabemos que nos sentimos mejor!».

Esta es una experiencia increíblemente común entre los practicantes de meditación, especialmente en los comienzos. Todo el mundo se encontrará con diferentes obstáculos y experiencias, y es importante no abandonar si los resultados deseados no son inmediatos. Karen había esperado que sus pensamientos se disipasen completamente, pero comenzó a ver que no pasa nada si los pensamientos continúan mientras ella centra su atención en otra actividad mental, ya sea percibir la respiración, los latidos del corazón o el dolor del hombro y de la espalda. Esto le permitía desarrollar el fundamental y siempre presente observador interno –esa parte de ella misma que quería que la atención de su mente atendiese diferentes tareas–. Un paso importante fue tener conciencia de sus latidos cardíacos. A veces los sentía, pero cuando no podía hacerlo, se le aconsejaba ponerse la mano en el corazón para sentir su latido mientras estaba sentada en postura meditativa. Después de unas semanas, notó que su respiración se regulaba en sintonía con su corazón, sin pensarlo, mientras hacía sus tareas diarias.

Al seguir con el curso, Karen percibió rápidamente que cada estudiante tenía modos totalmente únicos de experimentar la misma actividad. Algunos expresaron profundas conexiones emocionales, pero eso no le ocurrió a Karen. Y por ello se preguntaba si estaba haciendo algo mal. «Desde luego, no eres la única en quien sucede así. Hay personas en las que la emoción no es la respuesta predominante en la meditación, sino que en lugar de eso tienen más sensaciones físicas, sensaciones energéticas o imaginaciones», advirtió el mentor.

Parece que somos únicos y reaccionamos de modos distintos. Era interesante comparar experiencias con los otros estudiantes, pero leer acerca de cómo los otros lograban intuiciones profundas y visualizaciones detalladas le provocaba una cierta angustia. En comparación con ellos, los informes de Karen parecían más bien sosos. «A veces, al sentarme, me da la impresión de que se trata de una tarea que tengo que soportar. Me gustaría que esos momentos que me tomo para mí misma fueran placenteros. Anhelo un momento espiritual profundo; me parece que tengo "envidia de momentos profundos"», compartió con su grupo. Su mentor sugirió: «Es fácil volverse impaciente o descorazonarse cuando algo que deseamos alcanzar no llega tan rápidamente como nos gustaría o del modo como imaginamos que debería ser. Y a veces nos perdemos la joya que perseguimos, la joya que yace oculta en nuestro interior y que requiere el cultivo de uno mismo, que es progresivo; es como ir apartado, uno a uno, granos de arena o minúsculas piedrecitas. Y también podemos dejar de ver la joya que se halla a simple vista, ante nuestros ojos, pero con una forma distinta a la que esperamos».

Karen se dio cuenta de que alcanzar un cierto nivel de conciencia espiritual era un proceso constante, que no se lograba con un pequeño esfuerzo. Siguió aprendiendo de docenas de profesores muchos métodos diferentes de lograr tener la mente en calma, silenciosa, y otras maneras de explorar el interior y expandir su conciencia. La meditación era solo el comienzo. Sentarse en quietud en una silla, centrada en la respiración y los latidos del corazón no era el único modo de experimentar estados expandidos de conciencia, pero aprender a silenciar la mente era una buena base para prácticas posteriores.

Durante varios años, se embarcó en lo que describía como un «campo de entrenamiento espiritual». Se dedicó a aprender cómo percibir la energía y expandir su conciencia mediante prácticas como el sueño lúcido y la autohipnosis. Hizo cursos de métodos de sanación energética, como el reiki, exploró las propiedades espirituales de los cristales y aprendió cómo comunicarse con los animales y las plantas. Estudió astrología y *feng shui*, y practicó la interpretación de las tiradas de cartas del tarot. Unas cosas tenían más sentido que otras, pero al crear su propia entrada a los «fenómenos extremadamente ocultos», Karen ya no tenía que confiar en testimonios de otros para tener pruebas de un ámbito invisible; sus resultados y observaciones personales ofrecían muchas evidencias. En cierto sentido, sus investigaciones se convirtieron en un pasaje moderno a la iniciación y a las artes espirituales, una especie de eco de las antiguas escuelas de misterios a las que anhelaba asistir.

Si bien la conciencia del corazón siguió siendo una herramienta fundamental, descubrió que los sonidos producidos por los diapasones, los gongs, los cuencos de cristal, el *didgeridoo* y los cuencos de metal tibetanos tenían una peculiar cualidad sónica que ayudaba a calmar el parloteo incesante en su cabeza. Las frecuencias acústicas (conocidas como tonos binaurales) integradas en grabaciones especializadas utilizadas para provocar determinadas ondas cerebrales eran especialmente útiles para apoyar este objetivo, y mi primer encuentro con Karen la encontró ya bien avanzada en este camino. Como yo estaba comenzando a aprender el valor de la interiorización, admiré su perseverancia y su voluntad a la hora de intentar numerosas técnicas. Me identifiqué con su apertura mental y su enfoque curioso, una actitud que adquirí a través del proceso de desmantelamiento de mi anterior creencia de que el mundo material es lo único que existe. Dejar a un lado las opiniones anteriores y mantener una actitud inquisitiva constituye un lugar valioso desde el que explorar el interior de la conciencia. Desde esta perspectiva comenzó la fase siguiente de mi viaje.

Capítulo 9

CABALGANDO LA OLA DE LA CONCIENCIA

Si quieres descubrir los secretos del universo, piensa en términos de energía, frecuencia y vibración.

Nikola Tesla (1856-1943), inventor

Como neurocirujano académico, estaba acostumbrado a pensar las respuestas a mi manera. Como esa tenaz búsqueda de comprensión a través de un proceso lineal, racional y lógico, tan común en el mundo académico y buena parte del razonamiento humano, está enraizada en nuestra cultura, me di cuenta de hasta qué punto la experiencia de mi viaje en coma proporcionaba un modo de *conocimiento* más fundamental. Anhelaba volver a acceder a ese estado del ser, con la esperanza de poder cultivar una conexión constante con ese ámbito.

En este contexto, dos años después de mi coma, descubrí las grabaciones de audios que contienen tonos binaurales, utilizados para alterar la conciencia. Al principio, no veía esto como un tipo de meditación. Mi atracción original hacia la tecnología de los tonos binaurales se relacionaba con mi búsqueda de algunas maneras de reproducir el progresivo desmantelamiento del neocórtex que tuvo lugar durante mi viaje en coma, pero sin acercarme tanto a la muerte. Los sonidos binaurales ofrecen el potencial de neutralizar la actividad procesadora de información del neocórtex, la parte analítica del cerebro. Mi reflexión fue que esto podría proporcionar un aumento importante de la conciencia, similar al estado trascendente que experimenté durante el coma. Como el estado de flujo, reducir la información que procesa el cerebro podría permitir que la función de filtro disminuyera, y que ello me permitiese tener un contacto más completo con la Mente colectiva a través del velo y esto liberase mi conciencia.

Parecía natural que el sonido pudiera permitirme trascender nuestro mundo material. Como dije en *La prueba del cielo*, la música, el sonido y la vibración fueron fundamentales para que pudiera acceder a todo el espectro de ámbitos espirituales durante mi ECM. La melodía giratoria de la pura luz blanca que me rescató de la Visión de Lombriz sirvió de portal que me condujo al ultrarreal Valle de Entrada. Los coros angélicos emitían cánticos e himnos que empoderaron mi ascenso más allá del idílico valle a través de las dimensiones superiores. Mi destino final fue el Núcleo central, mucho más allá de todo espacio y todo tiempo, la frontera misma entre la unidad infinita eterna que sentí y todo el universo emergente. Fue en el Núcleo central donde sentí el atronador asombro del *om*, el sonido tan íntimamente asociado a ese ser amoroso, sabio e infinitamente poderoso, esa Deidad que está más allá de todo nombre y toda descripción, a quien algunos podrían llamar Dios.

Las grabaciones que contienen tonos binaurales están pensadas para ayudar a quien las escucha a lograr estados de conciencia que se correlacionan con estados de ondas cerebrales tal como son medidos por un electroencefalograma. Los estados de las ondas cerebrales se dividen en cinco categorías de frecuencias cada vez más altas (expresadas en hercios [Hz], o ciclos por segundo): delta (0-4 Hz), zeta (4-8 Hz), alfa (8-12 Hz), beta (12-25 Hz) y gamma (25-100+ Hz).

En todo momento, cualquiera de estos rangos de frecuencia, o todos ellos, pueden estar presentes en la superficie de todo el cerebro. Pero los patrones coherentes de una determinada frecuencia en ciertas regiones cerebrales específicas, especialmente las dominantes durante una actividad concreta, se correlacionan con diversas actividades mentales. En términos generales las ondas beta se asocian con actividades como la conversación, el análisis y el procesamiento de información, mientras que las ondas delta, más bajas, están presentes durante el dormir profundo sin sueños y en el estado de coma. Las frecuencias del nivel gamma más alto se encuentran en individuos en momentos de profunda intuición y de alto rendimiento físico. Alfa refleja una mente relajada, en calma y focalizada, a menudo visible durante el dormir soñando (fase REM del sueño, o de movimientos oculares rápidos). Las ondas cerebrales de la franja zeta corresponden a la meditación, la intuición acrecentada y la creatividad. Este es el estado en el que se hallan los niños, de manera natural, durante su vida normal, y refleja un estado primordial en el que se aprende y absorbe más rápidamente del entorno circundante.

En las grabaciones de audio que llevan al cerebro los sonidos binaurales, cada oído recibe una frecuencia ligeramente diferente. La diferencia aritmética entre las dos frecuencias define el estado resultante de las ondas cerebrales. Por ejemplo, presentar 100 Hz en el oído izquierdo y 104 Hz en el oído derecho transmitiría una señal de 4 Hz al tallo cerebral. Nuestros oídos no pueden percibir frecuencias inferiores a los 20 Hz, pero un circuito de tiempo ubicado en el tallo cerebral inferior (el complejo olivar superior) genera una intensa señal que es igual a la diferencia aritmética entre las dos señales entrantes (la izquierda y la derecha). A través de la interacción con una región del tallo cerebral que sirve como arranque importante o como mecanismo vinculante de la conciencia (el sistema de activación reticular), esto parece modular las ondas cerebrales dominantes del neocórtex.

Recuerda que el estado hipnagógico es ese punto ideal en el que nuestra conciencia planea entre la vigilia y el sueño, estado que muchos científicos y muchos artistas han utilizado como fuente de creatividad e intuición. Las ondas cerebrales en este estado se hallarían probablemente cerca de la frecuencia theta de 4-8 Hz, un objetivo privilegiado para lograr una mente silenciosa y centrada. Los productores de grabaciones que influyen en las ondas cerebrales utilizan diferentes combinaciones de tonos binaurales. Algunos incluyen también tonos isocrónicos, que son tonos regulares de la misma frecuencia, como el redoble de tambor, pero más rápido. Fórmulas diferentes, combinaciones que pueden incluir todos los estados de las ondas cerebrales, parecen ayudar a entrar en distintos estados de conciencia.

La primera vez escuché tales grabaciones mediante auriculares, tranquilamente acostado en una sala oscura, con un antifaz para eliminar cualquier luz ambiental. Para mí era una actividad totalmente nueva. Los sonidos que escuché eran notablemente distintos de la música normal; eran parecidos a la vibración de una máquina, pero con una pulsación oscilante constante. En las primeras escuchas, pensé que me había quedado dormido. Pero, a diferencia de una típica cabezada, sentí como si hubiera estado muy activo, no durmiendo. Tenía curiosidad por saber por qué no recordaba más de todo ello. Después de unas cuantas sesiones de escucha, mientras estaba echado preguntándome qué podría venir a continuación, de repente me hice consciente de una sensación flotante parecida al sueño. Sabía que estaba acostado en mi cama, pero mi conciencia parecía estar separada de mi cuerpo físico.

La extrañeza etérica del estado hipnagógico era parte de ello, pero simultáneamente tuve la sensación de salir de la ilusión del mundo material. Al principio era sutil, pero lo que verdaderamente me impresionó fue el desapego respecto del flujo temporal. Me hice consciente de un ámbito que estaba literalmente fuera de la burbuja del aparente aquí y ahora, que es algo tan fundamental en nuestra existencia humana. Tuve la sensación de un aspecto más grande de mi conciencia desde una perspectiva superior a todo lo que había conocido, aparte de mi viaje en coma. Había una paz potente y una aceptación de la experiencia, pero también una sensación de acceder a niveles de comprensión y de entendimiento mucho más completos y elevados.

La noción de abandonar cualquier apego a los resultados era crucial para el proceso. Mediante la práctica repetida, me he entrenado para resistir la tentación de llenar el vacío con el parloteo de mi cerebro lingüístico egoico. Los tonos binaurales parecían ayudarme a aquietar los pensamientos, pero en ese contexto de privación sensorial, aparecían distintas imágenes y visiones complejas, que al principio parecían totalmente espontáneas. Al relajarme en un estado de calma, de conciencia ampliada, descubrí que el universo parecía ofrecer información para ayudarme a llegar a una comprensión más rica de algún aspecto de mi vida.

Aprendí que podía estimular una experiencia más plena expresando gratitud (por cada pequeña bendición de la vida) y confianza (en que la conciencia superior me ofrecería una mejor comprensión), y luego entregarme para ver lo que el universo (¿y mi alma superior?) podía ofrecerme en el camino del conocimiento. Aprendí a formular una pregunta, y a veces se revelaban las respuestas en este estado más ampliado de conciencia. Todos estos pasos me permitieron tener una experiencia más gratificante. Más tarde me di cuenta de que esta manera de entrar en el ámbito de la conciencia era ya un tipo de meditación que me permitía conectar más plenamente con mi mundo interno (y con el universo externo).

Mientras que yo estaba comenzando a explorar tales métodos de investigar la conciencia, Karen había estado utilizando las grabaciones de audio que provocan determinadas ondas cerebrales desde hacía años. Junto a sus otras muchas prácticas, había descubierto que las grabaciones que contienen tonos binaurales eran especialmente potentes y llegaron a ser una herramienta muy útil en sus investigaciones personales. Al principio, se dormía a menudo cuando oía los tonos binaurales, pero la persistencia valió la pena. Tras aclimatar su cerebro mediante sesiones regulares de escucha, cultivó la capacidad de mantener la conciencia durante largos períodos de tiempo. Estaba muy dedicada a sus prácticas personales, y yo estaba especialmente intrigado cuando compartía conmigo su hábito de escuchar grabaciones de audio con su amigo y colega Kevin Kossi.

Ambos asistieron a un taller relacionado con el sonido y allí se conocieron por primera vez y, después de escuchar una grabación guiada, se reunieron con el grupo para compartir sus experiencias. Varias personas se turnaban para describir lo que habían sentido o visto, a veces colores, mensajes personales o sensaciones corporales, y luego fue el turno de Kevin. Karen había oído antes cómo Kevin hablaba de su notable capacidad de describir cosas que había encontrado durante sus experiencias fuera del cuerpo (EFC) o experiencias extracorporales.

Una EFC ocurre cuando alguien puede ver su cuerpo desde arriba mientras duerme o bajo anestesia y se da cuenta de que su conciencia flota cerca del techo. Quienes tienen una EFC pueden hallarse en un lugar familiar de su casa, otros sienten que su cuerpo astral puede viajar a través de muros y son capaces de explorar a distancia. Los intentos de replicar tales fenómenos en laboratorio han sido elusivos, pero esto no los hace menos reales para quienes los experimentan. Kevin había estado viajando fuera de su cuerpo desde que era niño. «Cuando me separaba de mi cuerpo y empezaba a elevarme sobre él, sentía que algo me llevaba hacia la habitación de Karen. Observé que había varias filas de imágenes en la pared con formas geométricas de colores vistosos que parecían portales. Utilizando mi cuerpo etérico, comencé a zambullirme en los portales para ver qué había allí», afirmó.

Mientras Kevin le contaba esta historia al grupo, Karen no recordaba haberlo percibido durante su experiencia, que había sido completamente diferente, desde su perspectiva. No obstante, sí recordaba las postales que ella misma había traído de su casa. Habían llegado por correo unos días antes y estaban todavía sin abrir, en cajas que contenían docenas de postales. Cada una mostraba una imagen diferente, relacionada con distintos símbolos encontrados en los círculos de las cosechas. Un artista había convertido esas formas en patrones geométricos coloridos, cada uno como una postal diferente. Karen se ofreció a enseñárselas a Kevin, quien declaró con naturalidad más tarde, ese mismo día, que sí eran esas.

¿Había sido consciente Kevin de las mismas postales? Bueno, esto no era un estudio científico, y existen todo tipo de explicaciones en las que podría pensarse para explicar la situación, pero Karen no tenía la costumbre de descartar las cosas como meras coincidencias. Prestó mayor atención a sus experiencias personales, practicó el discernimiento cuidadosamente y permaneció abierta a todas las posibilidades. Ni que decir tiene que estaba intrigada.

Kevin le reveló a Karen que estaba interesado en crear sus propias grabaciones de sonidos binaurales. Como ingeniero mecánico que es, destaca en desarmar objetos y dar forma a nuevos inventos, y comparte las aptitudes altamente innovadoras de Karen. Cuando le diagnosticaron a su perra un cáncer, le dijeron que solo viviría dos meses más, y Kevin buscó modos alternativos de sanarla. Esto lo puso en camino para aprender sobre sanación energética, y logró prolongar su vida hasta dos años más. Había practicado también la meditación trascendental y la visión remota. Una experiencia cercana a la muerte en 2006 lo estimuló, como sucedió también en mi caso, a recorrer un sendero a través del cual poder volver a visitar esos ámbitos. Una vez más tenemos a alguien altamente técnico con una carrera científica que también exploraba las cuestiones espirituales en su tiempo libre.

Karen comenzó a colaborar con Kevin; tenían el interés compartido de querer intensificar sus respectivas investigaciones personales. Durante un año, aproximadamente, antes de encontrarse, habían estado creando archivos de sonidos experimentales que incorporaban tonos binaurales y otros tipos de técnicas de producción de determinadas ondas cerebrales. Mediante el análisis de la extensa biblioteca de grabaciones de sonidos que tenía Karen, deconstruyeron y reconstruyeron varias series de frecuencias de todas las maneras. A través del método de ensayo y error, hallaron técnicas novedosas que funcionaban más eficazmente a la hora de lograr sus objetivos. Más fascinante todavía era que este proceso incluía compartir frecuentemente viajes simultáneos hacia estados ampliados de conciencia. Tras escuchar una grabación al mismo tiempo, hablaban por teléfono desde sus respectivas ubicaciones, en Nueva York y Baltimore, para describir sus experiencias. Karen halló que la comparación de sus percepciones con las de Kevin era especialmente útil y permitía verificarlas.

A comienzos de 2012, ambos me invitaron a probar sus grabaciones de sonidos. Todavía no las habían compartido con nadie más, así que consideré esa oportunidad como una gran suerte. Kevin llegó a la habitación de mi hotel, en Nueva York, con un aparato de electroencefalograma (EEG) portátil en su mochila.

–Te pondré los tres sensores de actividad eléctrica en la frente para medir tanto el lóbulo frontal derecho como el izquierdo –me explicó–. Así podremos ver en tiempo real qué ondas cerebrales destacan generalmente y cuándo exactamente se producen, a medida que la grabación suena.

El analizador visual de ondas cerebrales interactivo (IBVA, por sus siglas en inglés) era muy rudimentario comparado con el equipo EEG que yo conocía de la práctica clínica, pero tenía una pantalla de gráficos bien visible que nos permitía analizar en tiempo real el grado de sincronía y la frecuencia dominante en los lóbulos frontales. Su diseño sencillo nos limitaba a examinar la actividad de las regiones prefrontales (las encargadas de la función ejecutiva y de la toma de decisiones), pero esas regiones eran de las más importantes que observar, como el estado de flujo y los estudios sobre la meditación demuestran. El sistema IBVA se mostró muy adecuado para un estudio de campo como ese. Buena parte de nuestro trabajo más reciente se realiza con un sistema EEG-20, que proporciona una visión más global del neocórtex cerebral, a diferencia de la visión limitada a través del IBVA.

Como era su costumbre, Karen iba a escuchar la misma grabación desde su localidad; iba a enviarnos un mensaje de texto para indicarnos que estaba a punto de pulsar el botón de reproducción. La grabación que seleccionamos era su última creación.

–Observemos qué sucede y después nos lo decimos los unos a los otros –sugirió Karen, mientras coordinábamos nuestro plan.

–Suena bien –asentimos Kevin y yo.

Mientras me ajustaba los auriculares y me ponía cómodo en el sofá del hotel, Kevin se preparaba también para escuchar, con sus propios auriculares. La grabación comenzó, y emprendí el viaje sónico. Al principio, me impresionó el poder del sonido. Era más rico que todo lo que había oído hasta el momento. Tenía cuidado para no tener unas expectativas desmesuradas, y rápidamente me hallé entrando en el estado de ser que me resultaba familiar pues me había acostumbrado a él en los últimos meses. Me situé en el paisaje sónico y dejé que mi experiencia se desplegara. Los potentes tonos facilitaron rápidamente una expansión de mi conciencia más allá de la ilusión del aquí y el ahora.

Al quitarme los auriculares una vez que hubo terminado la grabación, Kevin contestó a la llamada de Karen y la puso en modo altavoz. Como ya estaban familiarizados con el intercambio de sus propias experiencias, tenían especial curiosidad por escuchar las mías.

«¡Oohh!» fue todo lo que pude decir, conmovido todavía por la conciencia trascendental de la exploración interior inspirada por los tonos. Estaba sorprendido por su poder. Claramente, Kevin y Karen habían dado con algo importante, e inmediatamente sentí un gran compañerismo con ellos. Aunque ya antes había percibido una potente sinergia creativa entre ellos, ahora la veía a un nivel totalmente distinto. Compartían una química que resultaba muy adecuada para ese esfuerzo elaborado y altamente técnico por desarrollar grabaciones punteras que provocasen determinadas ondas cerebrales capaces de invocar profundas exploraciones trascendentales en ámbitos alternativos de conciencia. Empezaba a vislumbrar cómo mi implicación en ese trabajo podría mejorar su colaboración ya en curso.

Kevin era especialmente experto en relatar sus viajes desde una perspectiva visual. Describía de manera meticulosa escenas detalladas e interacciones intrincadas con presencias energéticas. En contraste con ello, Karen lo experimentaba todo más desde un estado conceptual. Mediante una sensación de saber, describía el mismo tipo de cosas que Kevin podía ver, aunque afirmaba no ser tan visual como él. Ella percibía objetos y sucesos, y a menudo tenía intuiciones y respuestas emocionales inesperadas. Esto me recordaba cómo las ECM pueden describirse de distintas maneras, aunque las lecciones aprendidas sean de naturaleza muy parecida.

Fui invitado por estos dos intrépidos psiconautas a unirme a ellos en su práctica regular de escuchar grabaciones experimentales e intercambiar las descripciones de nuestras experiencias. Así comenzó una serie de viajes sónicos compartidos, estuviera donde estuviese. Estaba encantado de verme involucrado en este esfuerzo y hallé una excelente oportunidad de practicar regularmente estados ampliados de conciencia. Varias veces a la semana, los tres coordinábamos nuestros horarios y escuchábamos la misma grabación, a lo cual seguía una conversación telefónica a tres.

En esas primeras semanas de nuestros viajes compartidos, entraba y salía de distintos estados de conciencia; quizás percibía ciertas imágenes y sensaciones de conexión con algo, pero no siempre resultaba fácil articular todo ello. A menudo escuchábamos las grabaciones por la noche, bastante tarde, para acomodar nuestros diferentes horarios, y a veces a mí me costaba permanecer despierto. Estaba acostumbrado a flotar en mi propia conciencia, dejando de lado todas las distracciones y experimentándome energéticamente. Descubrí que implicar la parte lingüística de mi cerebro para poner palabras a mi experiencia inmediatamente después de volver de tales meditaciones, a menudo mostraba ser algo difícil. Al principio, no tenía mucho que añadir a nuestros debates, pero tras practicar más frecuentemente, conseguí mantenerme más alerta todo el tiempo y hallé que podía describir más fácilmente mi experiencia.

Prestaba atención a la respiración, concentrándome en su ritmo, y la vi como una oscilación natural que resuena con los armónicos de cualquier aspecto de mi vida que pueda elegir investigar (a través de una pregunta o una intención declarada). Con la práctica a lo largo de los años, esto se ha convertido en un proceso muy eficaz de desapego de la existencia del «aquí y ahora». Más allá de este punto, solo rara vez soy consciente de pensamientos, en forma de palabras, que entran en mi conciencia: me he adentrado en un ámbito no lingüístico, que es más coherente con las regiones principales de la conciencia ampliada que percibo que me alinean con mi alma superior.

El solo hecho de existir en la riqueza de los tonos audibles, de flotar en sus oscilaciones rítmicas, me permite sumergirme en un suave océano de conciencia, no estrechamente encerrado en los confines de la información sensorial del mundo de vigilia, normal. Este océano está hecho del amor reconfortante que he llegado a identificar tan perfectamente con el ámbito espiritual de influencia consciente y potencial infinito –el ámbito del alma superior–. En ese estado, dejo mi cerebro lingüístico (y egoico) muy atrás, y de ese modo encuentro la interrelación entre concepto y emoción que proporciona un sustrato fértil a mi experiencia meditativa. Este es el ámbito en el que comencé a sentir la Mente colectiva, de la que todos los seres sintientes formamos parte.

Si bien disfrutaba de esos viajes compartidos, tenía un interés particular propio. Quería volver a mi ECM, es decir, al estado en el que permanecí durante el coma. Parecía que Kevin podía crear cualquier serie de frecuencias imaginable y aproveché esa oportunidad para solicitarle una grabación que me volviese al estado de coma. Pasamos unas dos semanas experimentando con la «serie del coma», un conjunto de grabaciones que consistían en intensas señales delta, el estado de ondas cerebrales asociado con el coma. ¡Ese intento en particular lo que logró sobre todo fue ponernos a dormir! Conseguimos entrar en algunos estados profundos, pero afortunadamente no inducían el coma real. En general, estas grabaciones son muy seguras. Los tonos proporcionan un impulso para alcanzar una relajación profunda, pero el oyente conserva la capacidad de manejar la situación y puede detenerla en cualquier momento, si lo desea, o simplemente dormirse y despertar de manera natural.

Como ellos habían descubierto ya, una mezcla de tonos que contuviesen varias combinaciones de delta, theta y alfa era lo más efectivo para apoyar nuestros objetivos. Al final, no se trata de un proceso directo; exige un notable trabajo de ensayo y error lograr los resultados deseados. Incluso entonces, cada uno de nosotros tres respondíamos de manera diferente. Un enfoque uniforme, en el que todo oyente obtendría los resultados predecibles, no resultaba evidente. Por ejemplo, Karen, generalmente prefería las frecuencias bajas a las altas, a diferencia de lo que me sucedía a mí, así que no siempre era tan sencillo hallar las combinaciones ideales.

Kevin y Karen coleccionaban grabaciones originales de diversos sonidos, como oleajes oceánicos, cataratas y pájaros, que añadían a su repertorio de efectos auditivos. Asistieron a un congreso en Sedona centrado en temas relacionados con la prehistoria, como los alineamientos astronómicos de estructuras megalíticas, restos arqueológicos de tecnologías antiguas y vastos ciclos de tiempo relacionados con el movimiento de las constelaciones y los planetas. Las ponencias eran fascinantes, pero ellos tenían otro objetivo: explorar la zona que se hallaba en las cercanías, como parte de su investigación.

En una localidad cercana, pero aislada, grabaron un trueno espectacular de larga duración procedente de una tormenta del desierto. Eso proporcionó el toque final a su colección favorita de grabaciones, que bautizamos como Portal a lo Desconocido. Incluía un efecto de sonido en espiral que nos lanzaba a una variedad de frecuencias experimentales, las cuales nos ocuparon durante meses en nuestros viajes compartidos. El trueno estruendoso y en un tono bajo fue lentamente convirtiéndose en un *crescendo*; el tintineo de una campana tibetana y otros sonidos creaban una intensa aceleración, que culminaba en una sensación de espiral que impulsaba nuestra conciencia a ámbitos más profundos.

Desde allí, nos introdujimos en una amplia variedad de frecuencias experimentales. Kevin proporcionaba grabaciones nuevas de manera regular, con meticulosas revisiones constantes a partir de nuestros comentarios. Consideramos los conjuntos de frecuencias más logrados aquellos en los que sentíamos escenas o patrones similares, y estos se convirtieron en los fundamentos de futuras grabaciones. Generalmente intentábamos encontrarnos los unos a los otros en nuestros viajes sónicos compartidos, para poder comparar nuestras propias experiencias con cómo los otros dos nos habían sentido. Cuanto más parecidas eran esas descripciones, más logradas sentíamos que habían sido. En la serie Portal a lo Desconocido, el efecto espiral era la constante, y cada uno de nosotros desarrollaba un modo de contarlo, único pero parecido.

Cuando comenzaba el sonido espiral, yo nos percibía a nosotros tres, de pie, en una plataforma metálica elevada en medio de un mar tormentoso, turbulento, vestidos con trajes metálicos, reflectantes, idénticos. Nubes luminosas de un gris oscuro giraban sobre la plataforma mientras olas gigantes golpeaban los pilares, duchándonos con un espray salado a medida que el sonido espiral comenzaba a crecer. Arriba, las nubes giraban a una velocidad cada vez mayor. Luminosos rayos de un violeta profundo atravesaban las nubes, partiendo el cielo con estallidos de fuertes truenos. De pie en la plataforma, formando un triángulo, nosotros flotábamos desafiando la gravedad. Los nubarrones, arremolinados, se reunían en un vórtice altamente energizado, mientras toda la experiencia sensorial era conducida por una espiral que se expandía exponencialmente. Nos veíamos arrastrados a un agujero de gusano donde confluía el espacio-tiempo infinito y lanzados a una existencia dimensional superior.

Generalmente, Kevin nos describía a los tres de manera muy detallada, como si nos reuniéramos en una isla y luego rotásemos verticalmente subiendo por los aires. Karen era menos visual, pero aun así, nos percibía a los tres energéticamente unidos y luego volando a través de un vórtice. Describíamos esta actividad de maneras ligeramente distintas, pero todos sentíamos que íbamos juntos, y eso proporcionaba un punto de anclaje consistente. Adquirir ese nivel de conexión exigió una larga práctica como grupo. Aunque parte de ello parecía proceder de nuestras imaginaciones, lo que captaba nuestra atención eran los aspectos compartidos de esas experiencias. No tendríamos que minusvalorar estos encuentros como simples productos caóticos de una fantasía demasiado activa. Como dijo Einstein: «El conocimiento no es nada, la imaginación lo es todo».

Una vez que habíamos pasado a través del efecto espiral, se sucedían diferentes escenas o sensaciones. Durante una sesión en la que logramos encontrarnos los unos a los otros, identificamos también a otros tres seres que actuaban como nuestros guías. Los describimos de maneras parecidas; dos de ellos eran más altos que el tercero. Cada guía estaba emparejado con uno de nosotros y nos proporcionaba un recorrido personalizado basado en nuestros respectivos intereses.

Es notable que cada una de nuestras descripciones durante este viaje fuese muy parecida, hasta que nos separábamos con nuestros respectivos guías. Otras veces, cada uno nos describíamos desplazándonos a través del tiempo para ver destellos de escenas en la Tierra que ocurrieron en el pasado, o nos encontrábamos viajando juntos por un paisaje selvático. El efecto espiral se convirtió en una señal sónica útil que era nuestro mecanismo para lanzarnos hacia estados ampliados de conciencia.

La fascinación de Karen por las espirales tiene su origen en una curiosidad de toda la vida sobre algunos lugares sagrados, y comenzó cuando le enseñaron en la escuela que las tres pirámides situadas en la meseta de Giza, en Egipto, fueron construidas por decenas de miles de trabajadores durante dos décadas para servir como tumbas de los faraones. Al mismo tiempo, los historiadores estaban desconcertados respecto a cómo se lograron las increíbles hazañas de ingeniería implícitas en la Gran Pirámide, como los alineamientos extremadamente precisos con los cuatro puntos cardinales y esquinas de noventa grados perfectos en una estructura de un tamaño tan ingente, así como la manera en que se tallaron y levantaron las enormes piedras para ser colocadas en la posición en que se hallan.

Hay muchos otros ejemplos relacionados con ruinas antiguas y anomalías arqueológicas. La evidencia encontrada en lugares sagrados de todo el mundo señala hacia una conciencia perdida de la verdadera historia de la humanidad, y a menudo hay símbolos misteriosos que se repiten. Uno de esos símbolos es la espiral, como la triple espiral hallada en Newgrange, una estructura prehistórica de Irlanda. Aunque son intrigantes, no hay consenso respecto a qué significaban las espirales para quienes las grabaron en piedra. Algunos creen que representan un portal hacia estados alterados de conciencia. Karen había participado en una ceremonia realizada por místicos sufís, conocida como derviches giróvagos, en la que dan vueltas con su cuerpo constantemente, con los brazos extendidos, la mano derecha señalando hacia arriba y la mano izquierda hacia abajo. A medida que los danzantes giran, se desplazan por el suelo con un movimiento espiral, que representa nuestro sistema solar y los planetas. En cierto sentido, se unen al movimiento del cosmos para experimentarlo más directamente, lo cual les permite experimentar un cambio trascendental de conciencia. Kevin estaba de acuerdo en que la espiral era interesante de explorar como un impulso potencial para lograr una conciencia ampliada.

Un tipo particular de espiral se refleja en la serie Fibonacci, una secuencia de números relacionada con la proporción áurea. La proporción áurea (o *phi*, el número de oro) fue definida por el famoso geómetra y matemático griego Euclides, en sus *Elementos* (*circa* 300 a. C.), como la «razón extrema y media». Posteriormente fue clarificada por el célebre matemático italiano Fibonacci (apodo de Leonardo de Pisa, 1175-1250 d. C.) en su *Liber Abaci*, publicado en 1202. Este libro proporcionó la primera introducción del sistema numérico indoarábigo (originado en la India antes del siglo IV d. C.) en el mundo occidental, que liberó a este de las cadenas del complicado sistema numeral romano. Las contribuciones de Fibonacci incluían varios conceptos claves del sistema indoarábigo (que incluye no solo los nueve dígitos, sino también el concepto de cero y el sistema decimal), lo que permitió la firme expansión de las matemáticas en Europa y, actualmente, a escala global.

Los números y la proporción áurea de Fibonacci se muestran abundantemente en la naturaleza, como en la estructura espiral de las galaxias y las órbitas de los planetas; la estructura de los cristales, las piñas de los pinos y las piñas comestibles; la bella curva de las conchas de mar; el diseño de las colmenas de las abejas e infinidad de otros ejemplos, entre los que se cuenta el propio cuerpo humano. La boca y la nariz humanas están situadas cada una según la proporción áurea de la distancia entre los ojos y la parte inferior del mentón. Al medir la longitud de las articulaciones de nuestros dedos y nuestras manos, cada parte (desde la punta del dedo hasta la muñeca) es mayor que la anterior más o menos según el número áureo. La razón áurea aparece también en la estructura helicoidal del ADN, siguiendo con precisión las dimensiones de su espiral molecular. Incluso la cóclea del oído interno tiene forma de espiral, y aunque cada anatomía humana es ligeramente diferente, las proporciones están muy cerca de las propias de la espiral de Fibonacci. Nuestro modo humano de recibir el sonido depende de su forma espiral, ya que cada punto de la cóclea se relaciona con una frecuencia diferente. El astrofísico israelí Mario Livio afirmó:

> Probablemente es razonable decir que la proporción áurea ha inspirado a pensadores de todas las disciplinas como ningún otro número en la historia de las matemáticas. Algunas de las mentes matemáticas más grandes de todas las épocas, desde Pitágoras y Euclides en la Grecia antigua, pasando por el matemático italiano medieval Leonardo de Pisa y el astrónomo renacentista Johannes Kepler, hasta las figuras científicas actuales, como la del físico Roger Penrose, de la Universidad de Oxford, han empleado interminables horas pensando sobre esta simple proporción y sus propiedades. Pero la fascinación con la proporción áurea no se limita a los matemáticos. Biólogos, artistas, músicos, historiadores, arquitectos, psicólogos e incluso místicos han reflexionado y debatido sobre la base de su ubicuidad y su atractivo.

Del mismo modo, Karen y Kevin han investigado modos de utilizar la proporción áurea en sus grabaciones, junto a otros armónicos hallados en la naturaleza. Como ingeniero, Kevin es muy aficionado a las matemáticas. Descubrieron que los tonos que incorporan varios principios armónicos resultaban más agradables y eficaces que otros. Yo estaba intrigado por este enfoque, ya que el sonido era un componente fundamental de mi travesía por el ámbito espiritual. La música es, en realidad, sonido expresado en forma matemática. La precisión matemática se halla en toda la naturaleza y puede definir nuestro mundo físico de maneras que son todo menos aleatorias. Si nuestro mundo está estructurado mediante relaciones matemáticas, tiene sentido que crear sonidos que reflejen esas relaciones pueda servir como un motor para explorar la propia conciencia.

No puedo imaginar intentar pasar la vida sin una práctica regular de exploración espiritual y de amor, para compartir esas herramientas con cada alma que encuentro. De modo que animé a

Karen y a Kevin a hacer que esas grabaciones estuvieran disponibles para otros, lo cual los llevó a crear su empresa Sacred Acoustics. Escuchar esas grabaciones de audio me ayuda a concentrarme antes de una ponencia, me posibilita un respiro de las situaciones estresantes y me proporciona una oportunidad para aprovechar la inspiración creativa o la guía frente a un problema en particular. Sigo asistiendo al desarrollo de tonos con Kevin y Karen, e intento estar al menos una hora al día escuchándolos (a veces hasta dos o tres horas al día, si es posible). Esta práctica regular se ha convertido en mi forma preferida de meditación con la intención de explorar las amplias regiones desconocidas de la conciencia y volver a los ámbitos, los seres y la divinidad que descubrí por primera vez durante el coma provocado por la meningoencefalitis.

Aunque he logrado reconectar con el ámbito espiritual, he de decir que no he conseguido la hiperrealidad total que experimenté durante el coma. Tampoco he podido reproducir con precisión los sonidos que escuché durante ese viaje espiritual de siete días, a pesar de los muchos intentos que he realizado. Para ello, creo que tendré que esperar hasta que mi cuerpo físico no esté ya disponible para albergar mi conciencia. El velo que nos separa del mundo espiritual es potente y está ahí con el objetivo de mantenernos centrados en nuestras vidas aquí en la Tierra.

Estos «viajes sónicos» superan con mucho la simple evocación de los recuerdos de mi ECM. Implican una interacción firme y expansiva con todos los aspectos de esos ámbitos y llevan a una amplia mejora de mi intuición, mi comprensión, mi creatividad, mis relaciones, etc. Al abrir esta puerta al cosmos diariamente durante años, he llegado a un alineamiento mucho más rico con mi alma superior y con el universo en conjunto. «Yo» no soy ya simplemente una «parte» del universo, sino que, en muchos sentidos, mi ser mental/espiritual se solapa perfectamente con el cosmos de una manera holográfica. Esto es otra forma de expresar la unidad que constituye el santo grial de tantos buscadores a través de la historia humana.

Capítulo 10

SÉ EL AMOR QUE ERES

Algún día, tras dominar los vientos, las olas, las mareas y la gravedad, utilizaremos para Dios las energías del amor, y después, por segunda vez en la historia del mundo, el hombre descubrirá el fuego.

Pierre Teilhard de Chardin (1881-1955), filósofo y paleontólogo francés

Uno de los descubrimientos más profundos en el curso de mi despertar espiritual ha sido que las emociones son lo que nos da «esa intensidad vital» que llena de valor y de sentido las lecciones que aprendemos al vivir nuestras vidas humanas, ya sean de amor o de pérdida. Esto ha constituido un cambio de paradigma. Como muchos, fui educado con la idea de que expresar las propias emociones no necesariamente era una cualidad admirable. Dicho de otro modo, se me educó para reprimirlas y no molestar a otros con mis reacciones emocionales ante las dificultades de la vida. Mantenerme impasible y seguir adelante, sin importar lo que sucediese, eran cualidades que aprendí de mi madre y mi padre, dos almas trabajadoras y adorables. Ellos habían crecido durante la Gran Depresión y pasaron sus vidas de jóvenes adultos haciendo frente a la horrible crisis existencial generada por la Segunda Guerra Mundial. Nacido de las buenas intenciones, en un esfuerzo por resistir, muchas personas en nuestra cultura occidental compartieron este rasgo de autocontrol emocional, pero no necesariamente nos hace un buen servicio.

En un congreso en Chicago, conocí al maestro espiritual Gary Zukav y a su mujer, Linda Francis. Gary es licenciado por la Universidad Harvard y había sido boina verde en las Fuerzas Especiales del Ejército de los Estados Unidos durante la guerra de Vietnam. Quedó cautivado por las fascinantes revelaciones de la mecánica cuántica y en 1979 escribió *La danza de los maestros de Wu Li: la nueva física, sin matemáticas ni tecnicismos, para los amantes de la filosofía y de la sabiduría oriental*, un recurso útil para los legos en este denso tema. Diez años después, escribió *El asiento del alma*, que analiza la conciencia humana desde una perspectiva espiritual. Después de impartir un taller en Seattle, Karen y yo viajamos por Oregón con mi hijo Bond y estuvimos encantados de aceptar la invitación de Gary y Linda para visitarlos en su casa de Ashland durante unos días.

Gary y yo disfrutamos de una viva conversación sobre algunas de las revelaciones que Einstein había extraído a partir de su reflexión sobre la equivalencia entre la masa gravitacional y la masa inercial. Esto era un hecho conocido por los físicos desde hace tres siglos, pero se había dejado de lado como una correlación curiosa. La brillantez de Einstein estuvo en saber proseguir tales observaciones mucho más profundamente de lo que lo habían hecho otros físicos. Yo valoraba mucho sus experimentos mentales y cómo había utilizado su propia conciencia como la herramienta de la que surgirían intuiciones importantísimas sobre el universo. Cultivar estas prácticas demostraba el poder fundamental del observador y su conexión con la Mente colectiva.

A mí me encantaban esas conversaciones científicas, pero Gary estaba más interesado en escucharme hablar de los cambios significativos que había tenido en mi vida personal desde mi ECM. Mi total alejamiento del materialismo científico parecía impregnar todos los aspectos de mi vida, pero Gary quería decir algo más profundo y más íntimo.

–Hemos hablado mucho de cómo esta experiencia ha cambiado tu comprensión de las cosas, tus pensamientos, tu manera de ver el mundo. En lo que estoy interesado ahora es en cómo estas experiencias te han cambiado a ti. Si puedes percibir tal cambio, ¿cómo te ha afectado en el modo de relacionarte con la gente que te rodea? –me preguntó.

Tuve que pensar un poco su pregunta.

–Es muy evidente en todas las relaciones. Ahora veo que todos somos almas eternas que hemos venido a ver mucho más profundamente cómo estas fronteras del yo por las que antes de mi coma estaba tan limitado son, en realidad, artificiales en muchos sentidos –respondí.

–¿Puedes darme un ejemplo de «fronteras del yo»? ¿Cómo lo notaría si yo fuera un espectador en aquel momento, si anduviese por ahí y te viera interactuar con alguien? ¿De qué manera sería diferente de cómo te comportarías, hablarías o te relacionarías con alguien ahora?

–Se trata de mi percepción del yo como parte de este Yo mayor que aparecería al observador externo como un reconocimiento más delicado, más maduro, más auténtico de esa unidad, del amor, de que todos formamos parte de algo que se dirige en esa dirección de la comprensión. Es muy difícil de... –intenté explicar.

–Entiendo, porque ahora estamos hablando de emociones. ¿Puedes pensar en las emociones que tenías antes del coma? ¿Especialmente en las emociones dolorosas como la impaciencia, los celos, la rabia, el resentimiento, la humillación o la impotencia? ¿Algunas interacciones provocan todavía esas emociones dolorosas? Y, si es así, ¿cuál es la diferencia entre cómo te sitúas ahora cuando esas emociones dolorosas rugen a tu alrededor (si es que lo hacen) y cómo hubieras reaccionado en el pasado?

Me esforcé por hallar un ejemplo específico. No estaba acostumbrado a reconocer mis emociones personales, ni antes ni después del coma.

Gary se refiere al «auténtico poder» como un proceso de alinear nuestros pensamientos, nuestras emociones y nuestras acciones (la personalidad) con nuestra naturaleza superior (el alma) y descubrir que nuestra fuerza yace realmente en nuestro interior. La lógica y el entendimiento de la personalidad se hallan en la mente, pero para participar del alma tenemos que volvernos hacia nuestro corazón. Y esto requiere una cuidadosa atención a nuestros sentimientos. Gary sostiene que en nuestros esfuerzos por sobrevivir, intentamos controlar nuestro entorno. Adquirir dinero o conocimiento, las guerras por los recursos valiosos, buscar estatus, las relaciones amorosas o un cuerpo atractivo son representaciones del «poder externo». Intentar cambiar estas circunstancias externas es un enfoque frecuente a la hora de resolver los problemas. «Si mi jefe fuera más amable conmigo, mi vida sería mucho mejor», podemos decirnos. Mientras perseguimos el poder externo, miramos fuera de nosotros mismos para resolver los asuntos, en lugar de mirar dentro, a la fuente de nuestro dolor emocional. Dejar de buscar el control en el mundo externo nos ayuda a tener una comprensión más profunda de nuestra naturaleza espiritual interna, más allá de los cinco sentidos físicos, con el fin de crear un poder auténtico. Y para esto, las emociones son fundamentales.

Mientras hablábamos de esta conciencia emocional, Gary puso el ejemplo de estar en conflicto con una persona difícil. Quizás esa persona está haciendo algo que tú crees que va a afectar a tu futuro de un modo negativo, quizás está criticándote constantemente. En lugar de perseguir el poder externo para cambiarlo, podrías hallar que lo que necesitas cambiar es algo en ti mismo, acaso reaccionar con menos rabia y más compasión. Esto te permite tener acceso a todo tu potencial y no estar limitado por las experiencias de miedo, resentimiento y negatividad.

—¿Tienes que utilizar algunas veces tu voluntad para impedirte actuar de la manera en que lo habrías hecho antes del coma? —me preguntó Gary.

—Estoy todavía en el proceso de desarrollar esto, de modo que sí, tengo que ser consciente y tomar una decisión para ser coherente con mi actual visión del mundo, porque algunas de esas respuestas automáticas están todavía programadas en mi sistema. Pero no tengo que ser controlado por ellas, y es muy liberador llegar a verlo de ese modo. Me doy cuenta de que ahora se trata de cómo puedo modificar mi propia conducta, y de que cambiarme a mí mismo realmente tiene implicaciones en todos los que me rodean.

—Eso es lo que llamamos una elección responsable. Las experiencias proceden del amor o del miedo. Si proceden del miedo, son dolorosas (ira, celos o resentimiento). Si proceden del amor, tenemos la paciencia, el cuidado, la alegría y el aprecio de todo lo que vive. Una elección responsable es aquella que produce consecuencias que estoy dispuesto a asumir responsablemente, en lugar de dejar que el conflicto se agrave. Decidir no actuar como lo haría la parte temerosa de mi personalidad es la manera de crecer espiritualmente —explicó Gary.

A pesar de poder expresar exteriormente la conciencia emocional, comprendí que había comenzado realmente a realizar cambios significativos en mi vida. Ahora considero todas las almas como seres eternos con cualidades y finalidades únicas. Sus acciones resultan de asuntos que tienen que tratar en sus vidas y probablemente constituyen buenas explicaciones de conductas que antes me podría haber tomado de manera más personal. Actuar con compasión es mucho más fácil desde esta perspectiva más amplia.

Quienes estudian las ECM señalan que aproximadamente el 80 % de los matrimonios se disuelven después de que un miembro de la pareja haya tenido una de esas experiencias. El cambio en la visión del mundo, en los intereses y en las percepciones acerca de la vida producido por tal experiencia puede separar tan radicalmente que llegue a socavar incluso una relación que antes era estable. Mi exesposa, Holley, y yo habíamos pasado momentos muy felices estando juntos en nuestras vidas anteriores al coma, lo cual incluye haber sido bendecidos con dos hijos que para ambos significan más que la propia vida. Sin embargo, nuestro matrimonio había sido difícil durante los años previos a mi coma, y mi significativo cambio después de ello nos llevó a un punto en el que había que tomar una decisión. Le estoy eternamente agradecido a Holley por el apoyo que me ofreció durante las décadas que estuvimos juntos, durante mi coma y especialmente durante mi recuperación. Pero se hizo evidente que nuestra vida juntos no iba a durar para siempre. Haciendo una elección basada en el amor, nos separamos amistosamente en 2012 y seguimos manteniendo una relación cordial y de mutuo apoyo.

Cada interacción en la vida es una oportunidad para crecer espiritualmente. Toda interacción es perfecta, de hecho, para el desarrollo espiritual de uno mismo y de todos los implicados, dadas las elecciones que cada parte ha hecho. En un universo que está vivo y es sabio y compasivo, podemos utilizar estas oportunidades para crear un poder auténtico y alinear la personalidad con el alma. «Tus emociones son mensajes de tu alma que te aportan una información valiosísima. Si no recibes la información, se te entrega una y otra vez. Una vez que dejas de estar controlado inconscientemente por emociones de miedo para elegir conscientemente actuar a partir de emociones basadas en el amor, estás ante la posibilidad de cambiar tu vida, tu futuro y tu mundo», expresó Gary.

Aplicando estas ideas a su propia vida, Gary se había transformado, a partir de su naturaleza adicta a la cólera. Ahora vive activamente las enseñanzas que comparte generosamente con los demás. Yo comprendía estas ideas intelectualmente y había comenzado a aplicarlas en mi vida, pero descubrí que algunos patrones enraizados en mis primeros días todavía producían efectos.

Como neurocirujano, de vez en cuando tenía que darle la noticia a una familia de que había fallecido un ser querido. Tal pérdida irremisible suponía un reto: tendía a vincularme con mis pacientes y sus familias, y tales pérdidas nunca eran para mí una simple rutina. No obstante, construí un cierto grado de amortiguadores protectores para resguardarme de la embestida de las emociones que acompañan al hecho de estar expuesto diariamente a la muerte y sus secuelas. Había llegado a creer que mostrar emociones era señal de debilidad. Básicamente, entrenado desde mi juventud para negar mis sentimientos, en un esfuerzo por permanecer fuerte frente a tales enormes dificultades como la participación casi constante en la muerte y el morir, eso me proporcionaba cierto respiro. No obstante, tales medidas a veces parecían una especie de pequeño vendaje para contener la hemorragia de una herida mortal.

Mi formación neurocientífica había supuesto que las emociones no eran más que la expresión subjetiva de la interacción de varias hormonas y neurotransmisores químicos (las moléculas que las células nerviosas utilizan para comunicarse entre sí) con los receptores de las células del sistema nervioso. En conversaciones con mi padre sobre el tema de mi adopción, siempre me aseguraba que no había manera alguna de poder recordar los sucesos de las primeras semanas e incluso meses de mi vida, y por tanto no debería tener ningún bagaje emocional relacionado con mi adopción. Él creía, como muchos, que los niños pequeños simplemente eran incapaces de formar recuerdos. La investigación sostiene que la formación de recuerdos, al menos aquellos a los que con frecuencia tenemos acceso posteriormente en la vida, comienza alrededor de los tres años. Como director de un programa de formación neuroquirúrgica, aceptaba que sus palabras eran ciertas; al fin y al cabo, él tendría que saber la verdad acerca del tema de la memoria. Y así, seguí ignorando todos los sentimientos que albergaba con respecto al asunto de la adopción, al menos conscientemente.

Desde entonces he llegado a saber que mi padre estaba equivocado. En los estados ampliados de conciencia, he recuperado recuerdos que se remontan a momentos muy tempranos de mi vida, entre los cuales se encuentra el descubrimiento de que la percepción del abandono por parte de mi madre biológica, el undécimo día de mi vida, cuando me hospitalizaron por «incapacidad de desarrollo», fue un suceso tan dramático e impactante que dejó cicatrices todavía evidentes en mi psique. El suceso del abandono me golpeó con tal fuerza que dejó una imagen residual con el cráter humeante de la ausencia de mi madre plantado justo en el medio. Estos abandonos a menudo se manifiestan como un sentimiento de baja autoestima, es decir, de ser indigno del amor de la madre y por ello haber sido abandonado.

No hay manera de negar el poder y los efectos de ese profundo trauma emocional, aunque los detalles concretos de los recuerdos de tal episodio pueden ser difíciles de recuperar. Esto es especialmente cierto cuando se compara con la manera como recordamos otros sucesos ocurridos después de alcanzar la «edad de la razón» (alrededor de los seis o siete años). En teoría, esos primeros recuerdos se forman antes de que nuestro cerebro lingüístico haya construido de manera significativa su biblioteca de objetos y relaciones, y por ello resultan más difíciles de recuperar una vez que nuestra forma dominante de experiencia ha pasado a estar basada en el lenguaje. Esa dificultad en recordar los detalles de un trauma tan temprano es lo que contribuye a hacerlo tan resistente y difícil de aliviar o de gestionar.

Una historia que me contaron sobre ciertos sucesos de mi vida juvenil me ayudó a reducir parte del poder del recuerdo de mi abandono. Mis padres se casaron en 1942 y decidieron adoptar a comienzos de la década de los cincuenta, cuando parecían no poder concebir por sí mismos. Como ocurre a menudo, descubrieron poco después de mi adopción en abril de 1954 que habían concebido un niño, de modo que fuimos bendecidos con el nacimiento de Betsy cuando yo tenía dieciocho meses. Yo no aprecié plenamente las bendiciones tanto como ellos, pues me contaron que dejé de andar inmediatamente después de que Betsy llegase a nuestra casa en junio de 1955. Por las descripciones de mi comportamiento (especialmente durante los días en que mamá estaba en el hospital dando a luz a Betsy), me mostraba inconsolable y tuvieron que pasar varias semanas antes de que superara ese nuevo reto a mi sensación de importancia en el mundo. Sospecho que mi exuberante retroceso coincidente con la llegada de alguien percibido como un competidor estaba enraizado en mi profundo deseo de evitar el dolor de un nuevo abandono. Tras unas cuantas semanas de ser llevado para aquí y para allá, finalmente manejé la situación y empecé a caminar de nuevo.

Obviamente, el abandono infantil y otros tipos de heridas emocionales son mucho más frecuentes que las derivadas del mundo de la adopción, y a menudo proporcionan una fuente de dificultades. Karen sintió otro tipo de abandono siendo niña, cuando su hermano menor nació justo once meses después de ella. Él padeció la enfermedad de la membrana hialina, un síndrome de trastorno respiratorio que sufren algunos recién nacidos. Después de una hospitalización de diez días, naturalmente requería una atención extra. Karen lloraba sin parar y solo se calmaba si su madre la sostenía en brazos o si al menos permanecía a la vista.

Identificar tales heridas –incluso las que se infligen sin intención– es absolutamente necesario para tener una perspectiva adecuada de ellas. En el caso de asuntos especialmente profundos, cualquier terapia verdaderamente efectiva implica habérselas con el oscuro poder emocional del suceso original, algo que resulta más difícil que gestionar otros traumas que tengan lugar después de los siete años. Por ejemplo, se puede tener una ira inexplicable relacionada con un trauma temprano, pero no poder vincularla con una vieja herida de abandono. En mi caso, el conocimiento intelectual de que la sensación de abandono se debió realmente a una decisión responsable de dos adolescentes que intentaban hacer lo mejor, lo más difícil y lo más amoroso que podían hacer dando a su bebé en adopción, no fue suficiente. No es de gran ayuda en mi intento de gestionar el lado *emocional* que solo reconoce la sensación de abandono y el impacto, de los que trastocan la vida, producido cuando ocurrió.

La focalización de Gary sobre el desarrollo de la conciencia emocional parecía, pues, extremadamente importante. Pero algunas emociones son tan profundas que hacerles frente plenamente es difícil. Aunque mi propia experiencia al respecto es limitada, la hipnosis es una modalidad de terapia utilizada por psiquiatras y otros terapeutas para ayudar a aliviar los traumas emocionales. Utilizando la imaginación guiada y la sugestión, el sujeto es inducido a entrar en un estado de trance, o hipnagógico, en el que el cuerpo permanece extremadamente relajado, pero la mente está muy despierta y atenta. A diferencia de lo que ocurre con los hipnotizadores de escenario, que ordenan a los sujetos actuar de modos extraños, el sujeto conserva completamente su libertad. En teoría, se tiene acceso a la parte subconsciente de la mente cuando la mente analítica se retira. Esto permite que el terapeuta realice sugerencias útiles para un cambio de comportamiento; por ejemplo, dejar de fumar. Para tratar los traumas, los recuerdos reprimidos vienen más fácilmente a la superficie, lo que permite su examen desde una perspectiva nueva.

A veces, los traumas producidos por impactos físicos graves en el cuerpo pueden abordarse de una manera similar. Durante un encuentro de natación en el que se produjo una gran tormenta, el hipnoterapeuta neoyorquino Paul Aurand fue golpeado por un rayo. Lo primero que percibió, atónito, fue que sus pies y sus piernas comenzaban a vibrar. Luego, todo su cuerpo se puso rígido al mismo tiempo que un estruendoso rugido le subía hacia el pecho y los brazos. Todos los músculos del cuerpo se tensaron y acalambraron, y sintió el dolor más insoportable de su vida. Su sombrero saltó de su cabeza, las llaves del coche volaron de sus manos y las gafas fueron arrancadas de su cara. «¿Parará esto en algún momento? –gritó enfurecido contra la incesante carga energética–. ¡Fuera de mi cuerpo!».

Como un misil, rígido como una estatua, fue arrojado hacia atrás casi dos metros por el aire y luego cayó a la calle, golpeándose con la cabeza en el duro asfalto. Su cuerpo daba sacudidas incontrolablemente, pero no podía mover las piernas a voluntad; las partes de su cuerpo que no estaban paralizadas le dolían intensamente.

Transcurrieron cuarenta y cinco minutos antes de que lo llevasen a toda velocidad a un pequeño centro hospitalario rural en Warwick (Nueva York). En la ambulancia, comenzó gradualmente a recuperar la capacidad de mover su cuerpo y el entumecimiento disminuyó. Fue un alivio para él saber que probablemente podría volver a caminar.

Mientras esperaba para que lo examinaran, Paul permanecía en estado de *shock*, sollozando, riendo, bromeando y sintiéndose agradecido por estar vivo. Otras veces tenía la sensación de ser sobrehumano y daba vueltas por el hospital con una manta sobre los hombros, convencido de ser el Salvador, algo que ni siquiera formaba parte de su sistema de creencias. En ese momento, sabía que era una conducta extraña, pero aun así sentía que contenía en su interior una fuerza poderosa que iba más allá de sí mismo.

Días después, seguía sintiendo un dolor constante en la parte superior de la espalda y tenía una pérdida importante de la memoria a corto plazo. Por ejemplo, acababa de poner gasolina en el coche y se preguntaba por qué el depósito estaba ya lleno; su hijo de tres años le recordaba que lo había llenado hacía pocos minutos. Unas horas antes de una tormenta, podía sentir el mismo dolor en las piernas que había sufrido durante la caída del rayo y le aterrorizaba que pudiera volver a repetirse. La medicina convencional no pudo aportarle mejoría alguna. Tras semanas de síntomas constantes, su nivel de energía era todavía frustrantemente bajo, su pérdida de memoria era terrible y seguía soportando el dolor y el miedo de la experiencia. Conociendo el poder de la hipnoterapia por su propia práctica, organizó y participó en un taller impartido por David Quigley, fundador de la hipnosis alquímica, una técnica terapéutica desarrollada para liberar los traumas. Durante ese fin de semana intensivo, David ofreció una sesión individual a Paul, mientras el resto del grupo apoyaba el proceso. Después de adoptar una posición cómoda en un cojín en el suelo, David lo guio para que evocase los recuerdos del día en que fue golpeado por el rayo.

Paul comenzó a revivir todo el suceso a cámara lenta, primero en el ojo de su mente, hasta el momento en que el rayo entró en su cuerpo. Luego, sus pies empezaron a estremecerse y temblar, primero lentamente, después de manera más violenta. El temblor fue subiendo lentamente por las piernas, siguiendo el mismo curso que había recorrido el rayo, durante mucho más tiempo que en su experiencia original. A los diez o quince minutos, sus piernas comenzaron a dar sacudidas cada vez más fuertes y rápidas, mientras el grupo miraba, bastante alarmado. Los temblores subieron por las caderas y la espalda, mientras todo el cuerpo empezaba a convulsionarse en oleadas sobre el suelo. Cada ola traía más recuerdos del terrible dolor que había experimentado, pero cada oleada también liberaba cada vez más el trauma contenido en sus músculos y sus nervios.

Animado por David, dejó de luchar y aceptó el rayo en su cuerpo. Los violentos temblores y las convulsiones se redujeron poco a poco y él revivió el momento en que su corazón se detuvo durante unos segundos. Todo se oscureció y entró en un gran vacío, como una nada. «¿Por qué ocurrió eso? ¿Qué tienes que aprender de ello?». David lo llevó con cuidado para que se hiciera esas preguntas. En ese momento, Paul se sintió bañado por ese indescriptible e ilimitado amor incondicional, que evocaba lo que había sentido cuando caminaba por la sala de urgencias. «Escucha con tu corazón –le llegó este mensaje–. Escucha al espíritu, medita, mira en tu interior y escucha. El espíritu te habla constantemente; lo único que necesitas hacer es escuchar. Utiliza tu maravillosa mente, pero escucha al espíritu».

Habían transcurrido casi tres horas y Paul se sintió completamente transformado, como un bebé recién nacido. Es importante su descubrimiento de que el poder sobrehumano invencible que sintió en su interior justo después de la caída del rayo, en realidad era el indescriptible amor con el que había establecido contacto. Años después, Paul está completamente liberado del dolor crónico de espalda provocado por la caída del rayo y teme mucho menos las tormentas eléctricas y la electricidad en general. El proceso de regresión al que David lo había dirigido le permitió liberarse del trauma físico y emocional que sufría, al revivir la experiencia y dejarse llevar por ella.

Yo había experimentado todo el poder sanador del amor incondicional cuando mi cerebro sanó inexplicablemente después de mi coma, pero llevar todo el poder de ese amor a la existencia diaria mostró ser difícil. Muchos suponen que es algo que está reservado para cuando estamos en una forma no física y, durante unos cuantos años después de mi coma, tendí a estar de acuerdo con eso. Después de todo, mi foco principal había estado en la mente, y la conciencia parecía muy relacionada con el cerebro; y pensaba que las respuestas se hallarían, en última instancia, allí. Los sistemas de creencias pueden dominarnos poderosamente, y mi actitud mental materialista anterior al coma no resultaba tan simple de abandonar al intentar explicar las cosas aquí en la Tierra.

Lo que me ayudó a superar esto fue la clarificación de Karen acerca de la conciencia del corazón. A través de sus distintas experiencias y prácticas, se había vuelto muy experta en sentir y manejar la energía que rodeaba su corazón y podía sentir cómo se expandía y contraía al responder a diferentes estados de ánimo y diferentes entornos, o cómo cambiaba al alterarse su estado emocional. Cuando describí la increíble fuerza del amor que experimenté durante mi viaje estando en coma, parecía estar familiarizada con tal energía: «He vivido eso yo misma, cuando me he encontrado en algún estado alterado de conciencia, al estar atenta a mi corazón o al estar en la naturaleza. No puedo decir que indudablemente sea lo mismo que tú sentiste, pero se trata de una energía expansiva sorprendente en la que me he sentido envuelta y con la que me he fundido en muchas ocasiones; a menudo me ha llevado al llanto. Todos tenemos el potencial para convertirnos en contenedores de ese amor e irradiarlo hacia los demás aquí en la Tierra. No hay que esperar a que ocurra de manera imprevista, como durante tu coma», me explicó.

Karen había realizado su primer descubrimiento de esa potente energía del corazón tras leer *The Biology of Transcendence* [La biología de la trascendencia], de Joseph Chilton Pearce, quien sugirió que si no puedes sentir tu corazón, intentes invocar un sentimiento de gratitud y luego observar cómo se siente tu corazón. Eso tiene sentido, a la vista de los datos del Instituto HeartMath sobre el efecto de la respuesta emocional sobre el campo magnético del corazón. Pero, realmente, hacerlo supone cierta práctica. Al principio no ocurría nada, pero finalmente Karen percibió un dolor sordo o una sensación pesada en el corazón. En todo caso, era mejor que nada; pensó que estaba en el camino correcto.

Observó qué pensamientos y sentimientos le hacían sentirse más «cariñosa y alegre». Cuando tenía seis años, el perro de la familia, *Puff*, había dado a luz a varios cachorros debajo de su cama –una situación mágica de la infancia que había quedado grabada en ella–. Descubrió que cuando imaginaba de nuevo estar con *Puff* y con sus cachorros dulces, inocentes y juguetones, experimentaba (o creaba) un sentimiento cálido y suave en el área del corazón. Empezó a practicar la invocación de ese sentimiento en momentos de silencio. Más tarde, cuando me describió esto, me recordó mi experiencia poscoma con la oración, cuando no sentía más que gratitud. Hasta entonces, yo no había tenido en cuenta la participación directa del corazón. «A medida que me hacía más experta en los sentimientos y en manejar la energía que rodea a mi corazón –contaba Karen–, comencé a sentir cómo se expandía y contraía al responder a diferentes estados de ánimo y diferentes entornos, o cómo variaba junto a mis estados emocionales. Al principio, a veces era doloroso, pero aprendí a liberar el dolor mediante varios métodos, y finalmente me fue posible sentir maravillosamente la energía expansiva del corazón. Y la mejor manera de describirla es decir que es amor. El amor que había sentido antes procedía de mi mente o mis pensamientos, quizás dirigido hacia una persona. Pero este amor era diferente: moraba en mi interior, y lo reconocí como la fuente de mi yo no físico».

Algunas personas parecen irradiar energía del corazón de manera natural. Si piensas en las personas más generosas y acogedoras que has conocido, probablemente puedas tener un ejemplo de ello. En mi propia vida, mi primer encuentro con su santidad el XIV dalái lama, durante su visita a Charlottesville (Virginia), destaca de manera especial. A medida que su santidad se acercaba hacia donde estábamos situados, en la línea de recepción, recuerdo haber sentido una poderosa oleada de calidez al llegar a una distancia de unos seis metros de nosotros. Al acercarse, parecía que compartía una conexión con cada alma al saludarnos con un apretón de manos y una mirada a los ojos. Nunca olvidaré el modo en que me sentí visto y amado con su sola presencia.

Yo estaba intrigado por el amor que Karen experimentaba en el aquí y el ahora, y quería saber más, de modo que comentamos entre nosotros estos conceptos detalladamente. A menudo, yo intentaba describir ese amor utilizando el vocabulario limitado de nuestro idioma, pero Karen me animó a sentirlo de manera activa.

–¿Te amas a ti mismo? –me preguntó en una de nuestras primeras conversaciones.

–No –afirmé sinceramente, tras unos instantes de seria reflexión.

Me di cuenta de que, en cierta medida, todavía quedaban sentimientos de indignidad relacionados con el hecho de haber sido abandonado por mi madre biológica. Las creencias profundamente enraizadas, especialmente las heridas emocionales, no son tan simples de liberar por completo. Antes de esto, había hallado que era más fácil dirigir pensamientos amorosos hacia otros que dirigir ese amor hacia dentro y sentirlo realmente. Aunque se había producido una importante sanación tras la reconexión con mi familia biológica, que comenzó en octubre de 2007, no se trataba simplemente de dejar atrás el impacto emocional del abandono experimentado.

Cuando esto surgió en una conversación con Karen, fue muy empática: «Todos tenemos bloqueos como ese, aunque unos son más agudos que otros. Es una herida universal sentirnos deficientes o indignos de ser amados, y siendo así, ¿cómo podría parecernos fácil amarnos a nosotros mismos? Algunos se sienten tan poco valiosos que incluso se esfuerzan por gustarse a sí mismos», explicó con la seguridad de alguien que está familiarizado con ello.

Comprendí intelectualmente que amarse a uno mismo constituye un paso fundamental para ser plenamente capaz de amar a los demás, pero no sabía cómo dejar atrás mis bloqueos. Una cosa estaba clara: la manera de encontrar el camino hacia el amor a mí mismo no sería el análisis o pensar sobre ello. Parecía un concepto bastante sencillo, pero era absolutamente imposible llegar ahí por medio del pensamiento solamente.

Con la ayuda de Karen, comencé el trabajo de liberar mis bloqueos. Esto consiste en un proceso de darme permiso para sentir la emoción original y no evitar su impacto para terminar reprimiéndola otra vez. No hay una salida directa, sino que hay que pasar por ella y atravesarla. Intenté abandonar toda reserva respecto a si era digno de amor. Karen me animó a imaginar que el amor existe ya en mi corazón. Durante muchas sesiones, utilicé el punto de referencia del amor que había experimentado durante mi viaje en el coma profundo y sentí que crecía en mí. Tenemos la posibilidad de actuar como conducidos por el poder sanador del amor incondicional que hay en el corazón de todo lo que existe, y esto parecía un modo de lograrlo conscientemente.

Eres amado y valorado profundamente, desde siempre y para siempre. Yo recordaba mi viaje en el coma e interiorizaba ese poderoso mensaje, junto con el estado emocional asociado. «Invoca activamente ese sentimiento de ser amado –seguía recordándome Karen–. Finalmente se volverá automático, como el respirar».

Al reconocer el amor que viene de la divinidad que está en el corazón de toda la existencia como una parte interna propia, aquí en mi cuerpo físico, comencé a crear la experiencia terrenal de sentir ese amor desde dentro. Finalmente pude conectar con este sentimiento de unidad y amor con bastante facilidad durante los estados expandidos de conciencia, y esto se ha convertido en un punto de referencia útil cuando tienen lugar sucesos estresantes. Sigo trabajando en esa línea y, en la medida en que puedo, «convirtiéndome» en amor en las interacciones y las relaciones cotidianas. Me esfuerzo por reconocer y expresar de manera constructiva mis emociones, en lugar de mantenerlas embutidas en el interior. La vida sigue presentando dificultades que me ayudan a crecer. Al hacer esto, me alineo más con mi yo superior y soy más auténtico según mi propia naturaleza, algo que todos podemos hacer.

Capítulo 11

RESOLVER UNA CUESTIÓN CLAVE

No cometeré la estupidez que consiste en considerar todo lo que no puedo explicar como un fraude.

Carl G. Jung (1875-1961), psicoanalista suizo

Las experiencias cercanas a la muerte y líneas de evidencia relacionadas sugieren que nuestra conciencia no termina con la muerte y, muy posiblemente, que nuestras almas son eternas. La evidencia definitiva de tal supervivencia sería una demostración de que la personalidad singular o los recuerdos de un alma determinada permanecen intactos tras dejar el cuerpo físico cuando el cerebro ya no está disponible para sostener la corriente de conciencia. Hay muchas líneas de evidencia que confirman esta idea; no solo las experiencias cercanas a la muerte y las experiencias de muerte compartida, sino también las comunicaciones *post mortem*, las visiones en el lecho de muerte y las apariciones en sueños. Estos tipos de fenómenos suelen ocurrir de forma espontánea, lo cual hace que sea difícil estudiarlos científicamente. Pero hay una enorme cantidad de evidencias que sugieren que ocurren, con bastante frecuencia, y que algunas personas son capaces de sintonizar, a voluntad y con fluidez, con las almas que han fallecido.

La capacidad de comunicarse con los muertos y recibir sus señales son habilidades que tienen los médiums psíquicos. Películas de cine y *shows* televisivos a menudo caracterizan a los médiums como embaucadores totales, con elaboradas demostraciones que revelan cómo reúnen información para recurrir a ella en el momento oportuno mediante un transmisor oculto colocado cerca del oído del presunto médium. Hay cursos que enseñan cómo realizar «lecturas frías», que implican hacer afirmaciones generales y luego leer el lenguaje del cuerpo y las reacciones sutiles de las personas para decidir qué decir a continuación, a menudo engañando a gente desesperada que desea establecer contacto con sus seres queridos y pensar que están presentes y les hablan a través de ellos. Es triste que existan estos casos decepcionantes, pero es importante señalar que esto de ningún modo indica que todos los médiums sean fraudulentos. Muchos parecen tener habilidades naturales, mientras que otros se abren al ámbito espiritual después de estar meditando regularmente un tiempo.

Muchos científicos modernos siguen siendo escépticos (especialmente los que ignoran las investigaciones sobre ello), pero quienes buscan consuelo tras la muerte de un ser querido a menudo recurren a médiums en su duelo. Muchos quedan sorprendidos por la información que se les ofrece, con frecuencia detalles que nadie podía haber sabido. Estas experiencias suponen un reto para las explicaciones científicas, pero parecen muy reales a la persona que recibe esta importante información. Algunos médiums psíquicos son conscientes de que sus extraordinarias capacidades se hallan en potencia, latentes, en todos nosotros, pero la gente tiende a desconfiar de su propia intuición y acepta que cualquier comunicación personal con las almas de los seres queridos que nos han dejado podrían ser vanas ilusiones o el resultado de una imaginación desbocada. De ahí que obtener información de otra persona, especialmente alguien que no tuviera ningún modo de adquirir tal información a través de los canales habituales, sirva para confirmar su autenticidad.

Así es exactamente como funcionó en mi caso, tras conocer por primera vez a un médium. Hasta entonces, mi única experiencia personal había sido una década antes de mi coma, cuando mis hermanas habían consultado a una médium llamada Blanche, en California, y hablaron sobre nuestra familia. Blanche parecía estar sintonizada con sucesos futuros referentes a nuestros padres y a mis hermanas, pero a mí no me mencionó.

–¿Y qué puedes decirnos de nuestro hermano? –había preguntado Betsy hacia el final de su lectura, curiosa ante cualquier información que la psíquica pudiera recibir acerca de mi energía.

–Oh... oh... Él ya no está en este mundo –fue la inquietante respuesta de Blanche. Mis hermanas se sobresaltaron tanto por esa oscura premonición que nunca me la contaron (al menos, no hasta después de mi coma).

Desde luego, podrían haber compartido su preocupación conmigo entonces, y el cientificista materialista en mí se habría burlado de la idea de que un médium psíquico pudiera saber algo por lo que merezca la pena preocuparse. No le habría prestado atención.

Desde entonces he aprendido mucho.

Igual que la gente resulta consolada por mi mensaje de que las almas son eternas y sobreviven más allá de su muerte física, los médiums aportan consuelo conectando con los fallecidos y ofreciendo mensajes a quienes viven todavía aquí en la Tierra. Las personas angustiadas a menudo hallan consuelo en tales comunicaciones, que las alivian de una pena a veces devastadora y paralizante. Pero ¿son auténticos estos mensajes? ¿O es que la gente simplemente es ingenua y más susceptible de ser engañada al hallarse en pleno sufrimiento?

Fui afortunado de tener la oportunidad de descubrirlo por mí mismo. Pocas semanas después de conocer a John Audette en el primer encuentro del IANDS, en el que presenté una ponencia, se ofreció a concertar una lectura psíquica para mí. Él y Edgar Mitchell habían quedado muy impresionados por las lecturas recientes de una médium llamada Laura Lynne Jackson, autora de *La luz entre nosotros*.

–Es muy buena. Es realmente sorprendente –me dijo John por teléfono.

–Iré a verla. Quizás pueda ayudarme a comprender mejor mi experiencia –admití.

La única información que Laura Lynne había recibido era mi nombre completo y el hecho de que había tenido una ECM. Mi historia todavía no se había hecho pública a través de la aparición de *La prueba del cielo* y por tanto, aparte de que John le contara algo (cosa que ambos negaron), no puedo imaginar cómo podría haber sabido tantos detalles sobre mi experiencia.

–Está llegándome un varón. Diría que es una figura paterna. Tu padre ha fallecido, ¿verdad? –empezó diciendo Laura Lynne.

–Sí –respondí.

–Vale, porque para mí es una figura paterna. Veo que tienes un hijo aquí, ¿verdad?

–Sí.

–De acuerdo, él quiere que yo sepa que eres su hijo, y dice que está muy orgulloso de su nieto. Sé que compartes el nombre de tu padre, obviamente, porque eres el «tercero», ¿es así?

–Correcto, así es.

–Vale, entonces tú tienes un hijo que es el «cuarto», ¿es así?

–Sí, lo es.

–Vale, en el otro lado, el nombre se remonta a varias generaciones, pero hay una generación que se salta. Así que es como si a tu padre lo hubiesen llamado como su padre, quien recibió el nombre de su padre, hubo una generación sin ese nombre, pero luego una generación anterior a esa el nombre se repite. ¿Entiendes esto?

Tuve cuidado de que mis respuestas fueran breves. No quería revelar nada que pudiera darle información adicional desde la que leer el resto. Pero en mi interior estaba impresionado por la observación de Laura Lynne. Me resultaba totalmente misterioso que pudiera haber captado el hecho de que la tradición de poner el nombre de Eben Alexander había cambiado varias generaciones atrás. ¡Mis hermanas ni siquiera sabían los detalles de ese linaje alterado! De hecho, mi abuelo Eben Alexander sénior era originalmente Eben Alexander III. Como su propio padre, Eben Alexander júnior, ya había fallecido, en lugar de llamar a su hijo (mi padre) Eben Alexander IV, decidió comenzar de nuevo la tradición. A partir de ahí, se llamó a sí mismo Eben Alexander y a su hijo Eben Alexander júnior. Así, yo me convertí en Eben Alexander III, en lugar de Eben Alexander V. Era notable que Laura Lynne hubiese captado este cambio en el nombre. Era un hecho muy poco conocido que yo había sabido en el contexto de conversaciones con mi padre bastante pronto en mi vida. Nunca se me había ocurrido comentarlo con nadie más porque me parecía algo muy trivial.

Hasta entonces, había tenido la actitud de los científicos convencionales que simplemente descartan a todos los médiums como fraudulentos. Pero Laura Lynne era una médium certificada por el Instituto Windbridge y se halla activamente involucrada en el estudio científico experimental de este fenómeno. Me sorprendió saber que había protocolos de investigación para estudiar a los médiums.

Windbridge es una organización que ha recorrido un largo camino para crear protocolos científicos estrictos con el fin de investigar las capacidades y los métodos de los médiums. A través de un riguroso proceso de evaluación de ocho pasos, han identificado un conjunto de médiums con talento y fiables con los que realizan investigaciones regularmente. Siguiendo un riguroso entrenamiento y una serie de exigentes experimentos de quíntuple ciego para probar sus habilidades, algunos médiums se convierten en médiums de investigación certificados por Windbridge, que sigue un protocolo único y estricto para determinar las habilidades mediumnímicas y tiene un código ético estricto que los médiums tienen que aceptar seguir para participar en las investigaciones científicas.

La parte más exigente de su protocolo de evaluación tiene lugar con varias lecturas telefónicas de doble ciego. Se anticipan a todas las posibles influencias sobre el resultado eliminando cualquier posibilidad de lecturas frías, fraude, indicaciones del experimentador, afirmaciones generales y sesgos valorativos por parte de quien recibe la lectura.

Windbridge ha recogido los nombres de más de mil desencarnados (seres queridos fallecidos) a partir de voluntarios que desean establecer contacto. De esa lista de nombres desencarnados, el experimentador 1 (E1) elige dos que se consideren claramente diferentes entre sí. E1 trabaja con los sujetos de las lecturas para explicarles su papel en el proceso. Son dirigidos por él antes del momento central para que pidan en su mente que la persona desencarnada deseada se muestre realmente y proporcione datos concretos que se necesitan para la verificación. A continuación E1 pasa los dos primeros nombres de los desencarnados al experimentador 2 (E2), que está completamente aislado de los sujetos de la lectura y de las descripciones de los desencarnados. Luego, E2 concierta dos lecturas telefónicas distintas (con una distancia de una semana aproximadamente) con el médium que va a ser examinado y en cada lectura plantea una lista estándar de preguntas sobre los desencarnados, que incluye una descripción física, pasatiempos, personalidad, causa de la muerte y cualquier mensaje procedente del sujeto de la lectura.

La conversación grabada se simplifica en afirmaciones claras, como «cabello rizado pelirrojo» o «trabajaba con trenes». Un tercer experimentador (E3) manda a continuación por correo electrónico las afirmaciones a los sujetos de las lecturas (cuyos correos son proporcionados por E1), quienes puntúan las afirmaciones según su exactitud. Cada sujeto de la lectura evalúa ambas lecturas con el propósito de seleccionar qué cualidades corresponden mejor al desencarnado que ellos conocen. Esta es la razón de que, en la primera fase, E1 seleccione a dos desencarnados muy diferentes, para que las descripciones sean fácilmente distinguibles. Este proceso asegura cinco niveles de ceguera para evitar cualquier influencia subjetiva.

Los resultados de los estudios, utilizando estos parámetros, demuestran que el fenómeno de la mediumnidad es muy real. En un estudio, los resultados indicaban un índice de precisión del 76 %, algo estadísticamente muy significativo.[1] ¡Es impresionante que, dados estos exigentes parámetros, haya cualquier acierto! Durante una lectura típica fuera de los estudios de investigación, la mayoría de los médiums hablan directamente a sus consultantes, pero a estos médiums se les dio solo un nombre, sin ninguna otra información, y fueron capaces de proporcionar suficientes detalles, hasta el punto de que un 76 % de los sujetos de las lecturas los identificaron correctamente. Este protocolo está diseñado para asegurarse de que no sea posible que los médiums recojan telepáticamente información de los sujetos de la lectura. Aunque los resultados no apuntan inequívocamente a la supervivencia del alma después de la muerte, una parte destacada del protocolo experimental implica que el sujeto de la lectura pida una participación activa de su ser querido desencarnado, antes de la lectura. Parece que nuestra interacción intencional con la persona fallecida forma parte del proceso, dado que parece que estamos siempre conectados con otros a través de nuestro amor hacia ellos.

–Tengo que decirte –me comentó Laura Lynne– que tu padre viene de manera muy formal y noble a mí y siento que es un gran hombre y que hizo muchas cosas importantes también cuando estaba aquí. ¿Tiene sentido eso para ti, el hecho de que era un héroe cuando estuvo aquí?

–Oh, sí –respondí.

–Así lo he captado. Siento que es un maestro. Me viene la sensación de que era famoso en su campo y sin embargo no hay ego por su parte. Puedo leer todo esto mediante su energía, pero no es que él me esté diciendo: «Yo era famoso», ni nada por el estilo.

Laura Lynne tenía razón. Mi padre era el héroe consumado de mi vida. Era eminentemente respetado por sus colegas como un neurocirujano altamente inteligente, compasivo y capaz. Había sido presidente de varias organizaciones neuroquirúrgicas nacionales e internacionales, director de la Asociación de Alumnos de Medicina de Harvard y jefe de personal en el entonces llamado Baptist Hospital and Wake Forest University Medical Center, durante más de veinte años. Mis encuentros con cientos de sus colegas, del personal a su cargo, de sus pacientes y de los familiares de estos a lo largo de los años me hizo ver la gran admiración que sentían por sus excepcionales cualidades como médico y como ser humano. Trataba a todos del mismo modo y con respeto; y, a pesar de su extremada confianza en sí mismo y su competencia, siempre mostraba una presencia cálida y humilde.

–Vale, siento que cuando estuviste en el otro lado, te encontraste con él y compartisteis ciertos conocimientos; eso es lo que me está mostrando. Pero siento que se te ha permitido recordar la mayor parte de todo ello; eso es lo que estoy recibiendo.

–¡Ajá!, sí, ciertamente recuerdo la mayor parte de ello y, de hecho, él no estaba allí. Esa fue una de las cosas que me llamaron la atención, aunque así fue...

–Sí, él sí que estaba. Quizás esto lo recuerdes más tarde.

Tras mis displicentes respuestas, mi corazón latía fuerte. Estaba totalmente impactado por las revelaciones de Laura Lynne. Sabía que yo había tenido una ECM, pero no conocía ninguno de los detalles ni nada más acerca de mi vida. Mi padre había fallecido cuatro años antes de mi coma. Si mi ECM hubiese seguido el formato general de las ECM descritas durante los últimos miles de años, él habría estado allí delante y en el centro, como una parte importante de mi viaje, pero en los recuerdos de mi coma no lo encontré en ninguna parte. Esa ausencia hizo que me sintiera confundido, pero también defraudado: ¿por qué no lo había visto? ¿Se le impidió, de algún modo, que me visitara? ¿Había elegido él ocultar el contacto? ¿Había yo interpretado mal la naturaleza de mi experiencia? Parecía, ciertamente, una cruel trampa haber realizado un viaje espiritual tan profundo y no haber encontrado a mi padre, a quien echaba mucho de menos.

Algunos médiums afirman que todos tenemos esas mismas capacidades para comunicarnos con las almas de los seres queridos fallecidos, pero que no hemos desarrollado esas habilidades. Muchos que han tenido tales comunicaciones con sus seres queridos fallecidos se preguntan, naturalmente, si son solo ilusiones debidas, quizás, a su imaginación hiperactiva. Por eso muchos prefieren una tercera persona (es decir, un médium) que sirva de mensajero. Su falta de conocimiento acerca del alma que se ha ido les permite tener una confirmación si les proporcionan información lo suficientemente detallada que no deberían tener otro modo de conocer.

A veces semejantes comunicaciones personales desde el más allá no necesitan confirmación alguna. Shirley (no es su verdadero nombre) se quedó a la comida que había después de una charla que di en un encuentro del IANDS para compartir la siguiente historia.

El padre de Shirley había fallecido tres años antes, y ella había pedido y rezado para que le diera alguna señal de que todavía seguía presente para ella, pero tal mensaje nunca parecía llegar. Un día, iba conduciendo a ciento veinte kilómetros por hora por una autopista interestatal durante una tormenta cuando, de repente e inesperadamente, oyó la voz de su padre por primera vez desde su muerte: «Shirley, deberías reducir la velocidad y ponerte en el carril de la izquierda. A ese camión tráiler que viene detrás de ti se le va a pinchar una rueda, y no quiero que te pase nada», dijo con mucha calma.

Ella reaccionó rápidamente y con cuidado se dirigió hacia el carril izquierdo justo cuando el camión pasó a gran velocidad, y cuando estaba pasando, se produjo un ruidoso estallido y los trozos de caucho del neumático volaron por todas partes tras la explosión que su padre había predicho. Shirley nunca había contemplado la explosión de un neumático con tal estruendo, pero al encontrarse un carril más alejada, su coche no sufrió ningún daño y pudo seguir tan tranquila. Estaba absolutamente estupefacta por la voz y el aviso de su padre, pero se mantuvo en calma y serena. Desde entonces, se le ha aparecido en sueños, y ocasionalmente le aconseja en las decisiones importantes. Pero ¡ella nunca olvidará ese primer contacto!

Yo no me había comunicado con mi padre de tal manera, y esperaba que utilizar el entrenamiento de las ondas cerebrales con los tonos binaurales para volver a los ámbitos que había encontrado durante mi viaje en coma podría ayudarme a resolver el misterio de su ausencia durante mi ECM. Un momento crucial del desarrollo de los acontecimientos llegó de manera muy inesperada la mañana de un jueves de febrero, ocho meses antes de mi conversación con Laura Lynne. Encontrándome en las primeras fases del uso del sonido para acceder a estados expandidos de conciencia, supe de la obra de Robert Monroe, cuyo instituto estaba muy cerca de mi casa. Monroe era uno de los pioneros en la investigación sobre los sonidos binaurales para lograr estados fuera del cuerpo. Comencé escuchando un viaje a través del sonido, que duraba cuarenta y cinco minutos, para formular la pregunta que me inquietaba: «¿Estoy en el camino adecuado?».

A los diez minutos de la grabación, había vuelto a la escena familiar de recientes sesiones de escucha: un magnífico puente de mármol blanco que cruzaba un profundo desfiladero lleno de nubes y una neblina embravecida (en la visión de mi ojo mental). Iluminadas principalmente por un suave resplandor del puente mismo, vi numerosas siluetas de ciudadanos de este ámbito, que se confundían cada vez más con la lejana bruma. Sentí que eran almas de los fallecidos, que estaban ahí para interactuar con los visitantes procedentes de los ámbitos físicos encarnados, como yo, así como con guías y ángeles.

La riqueza de la escena aumentó a medida que yo permitía que los tonos de la grabación me llevaran cada vez a una mayor profundidad. Mi percepción se amplió cuando me envolvió una desenfrenada conciencia. Mi perspectiva cambió lentamente a medida que mi conciencia se elevaba a un lado del reluciente puente de mármol, más ligera que una pluma, y luego descendía hacia las nubes que había por encima del desfiladero que se abría vertiginosamente por debajo de mí. Sentí una veneración profunda y una alegría gozosa, y me abandoné a mi alma superior, que controlaba toda la situación.

Un patrón similar a un tablero de damas, en blanco y negro, comenzó a formarse a partir de la neblina, un suelo suave tallado en los muros mismos del desfiladero. Algunas figuras emergían ante mi vista: un café con patrones dispersos, algunas parejas absortas en profunda conversación... Mi conciencia flotó hacia una mesa redonda, pequeña, que había cerca del borde. Dos jóvenes estaban allí, en profundo debate y riendo de vez en cuando. Quedé impresionado al reconocer al hombre que había frente a mí a lo lejos, en un ángulo. ¡Era mi padre!

Pensar en ese momento de reconocimiento todavía me produce escalofríos en la columna vertebral.

Aunque mi madre y mis hermanas habían compartido a veces historias de percibir el alma de mi padre en sueños, yo no había sido bendecido de ese modo. Lo había buscado deliberadamente en otras meditaciones, sin éxito, pero ahora, en la profundidad de ese viaje por las ondas cerebrales, viaje que estaba emprendiendo para explorar la cuestión de si me encontraba en el camino correcto o no, de repente apareció.

El hombre sentado junto a mi padre era Agnew Bahnson, a quien reconocí inmediatamente como su compañero de habitación en la Universidad de Carolina del Norte, en Chapel Hill, durante el comienzo de los años treinta, aunque en ese momento no comprendí por qué era su compañero en esa escena concreta.

Ambos tenían poco más de veinte años y estaban resplandecientes, en la cima de su salud. ¡Los dos se veían tan jóvenes y vitales! Eso no era sorprendente, a la vista de lo que había estado aprendiendo sobre la multitud de comunicaciones *post mortem* que salpican a la humanidad con la evidencia de que nuestras almas no terminan con la muerte del cuerpo, que nuestras relaciones con otros miembros de nuestro grupo de almas continúan teniendo lugar. Todas las deficiencias presentes en el momento de la muerte física a menudo se han desvanecido cuando uno encuentra en ese ámbito espiritual a seres queridos a quienes había perdido; aparecen con su forma perfecta, con una edad ideal, frecuentemente a finales de la adolescencia, cerca de los veinte años, no a la edad en que murieron (fuesen viejos o jóvenes).

Cuando reconocí a mi padre, se giró para mirarme directamente. Con una sonrisa amplia y comprensiva, absolutamente llena de amor y verdad, me guiñó el ojo, y luego se volvió para seguir con la animada conversación que estaba manteniendo con el otro apuesto joven, en la mesa.

Era el mismo guiño que solía hacerme para remarcar una historia o una lección que podía haber compartido en vida, cuando yo no era más que un chaval. Eso desencadenó un tsunami de comprensión en respuesta a la pregunta que me estaba planteando en esa sesión concreta de escucha de sonidos binaurales: «¿Estoy en el camino correcto?». Típica del flujo de información sin filtrar que recibí durante mi coma, y que a veces encuentro en tales viajes meditativos, su respuesta llegó como una rica y multifacética red de comunicaciones –lo que a veces llamo un «amasijo de pensamientos»–. Era una afirmación, pero incluía también todos los matices y variaciones necesarios para una comprensión más completa. Sí, mi viaje proporcionaría una comprensión más profunda de la naturaleza de la conciencia y un mayor conocimiento acerca de la naturaleza de la realidad. Sí, a través de las distintas frecuencias sónicas relacionadas con estados de conciencia trascendental, podía acceder a esos ámbitos. Y sí, estaría equipado para participar en la expansión y en la acción de compartir esa tecnología.

Ese guiño de algún modo comunicaba mucho; iba más allá de las meras palabras. Mi padre estaba haciéndome saber que su alma estaba profundamente implicada en mi ECM (como Laura Lynne había captado), pero que era importante que no me resultara «evidente» para mí durante la ECM. Si hubiera reconocido su presencia como guía mío durante mi ECM, si esta hubiera seguido un patrón común por el que otros han pasado, habría estado más dispuesto a asumir que mi experiencia no era más que «un engaño del cerebro moribundo», como mis médicos me habían asegurado inicialmente.

Por eso mi ángel guardián había sido la encantadora chica que me acompañó, mi hermana biológica a la que nunca había conocido, y no mi querido padre. Les había descrito su aspecto y el conocimiento que tenía de ella en detalle a la familia y los amigos poco después de despertar de mi coma, y había quedado impactado por la claridad con que recordaba tanto acerca de ella, pero también tenía suficiente claridad en esos recuerdos para saber que nunca la había conocido en mi vida anterior al coma. Esas cuestiones me habían obsesionado en mis esfuerzos por comprender mi experiencia, pero me habían llevado a buscar mejores respuestas. Ahora todo empezaba a tener más sentido.

Los tonos de audio beta señalaban la terminación del ejercicio del viaje sónico; entonces, mi conciencia expandida sentía el impulso de volver a mi forma humana física. Mi mente se sentía todavía envuelta en la experiencia y luchando por darle sentido. No obstante, me sentía aturdido.

Esta hermosa experiencia me ayudó más tarde a abrir mi mente a las magníficas posibilidades y conexiones que todos compartimos y a confiar en que el universo nos proporcionará la evidencia que necesitamos para confirmar nuestro propósito y la conexión compartidos, y que la muerte no es tan definitiva. Solo necesitamos abrir nuestras mentes y nuestros corazones para recibir el mensaje.

Generalmente, tales comunicaciones llegan como una sorpresa, como este encuentro con mi padre. Quienes están haciendo el duelo y reciben tales contactos a menudo sienten un gran alivio en su tristeza, pero ¿cómo podemos todos nosotros obtener mensajes tranquilizadores de los seres queridos fallecidos? Según muchos médiums, quienes están en la otra parte con frecuencia se esfuerzan por llamar nuestra atención, pero sencillamente no nos damos cuenta. La comunicación *post mortem* (CPM) no es infrecuente, como indican cientos de historias relatadas en *Saludos desde el cielo*, de Bill y Judy Guggenheim, que recopilaron más de tres mil casos. Los mensajes llegan con una gran variedad de formas, como durante los sueños o la meditación, mediante signos y símbolos, por anomalías electrónicas, en sincronías inexplicables o, más directamente, a través de visiones, olores, sonidos o mediante el tacto.

El primer paso para que suceda una CPM es estar abierto a la posibilidad. A menudo, todo lo que se necesita es pedir mentalmente una señal de que un ser querido está presente todavía. Tras formular esta petición, es importante tener paciencia y estar alerta a cualquier cosa significativa que pueda aparecer en tu camino, a menudo de modo repetitivo o inesperado. Aunque algunas CPM son evidentes y profundas, muchas son más sutiles y exigen prestar una atención extra. Las que vienen en patrones que se repiten son especialmente potentes. Una señal puede llegar en forma de mariposa u otro tipo de imagen, pero sea lo que sea, será algo claramente relacionado con el fallecido y a menudo muy personal y único. Al ir a dormir por la noche, imagina que estás con la persona que ha fallecido, siente realmente como si estuvieras con ella y pide que se muestre en un sueño. Puede que no suceda inmediatamente, pero sigue intentándolo; puede requerir semanas o incluso meses desarrollar la sensibilidad necesaria.

Las CPM no pueden ser traídas a la existencia deliberadamente, pero volverse más receptivo a los indicios puede ayudar. Junto a sus otros muchos beneficios, una práctica regular de meditación mejorará las habilidades intuitivas y creará una serenidad silenciosa interior. Este estado de ser nos conecta con el ámbito espiritual y constituye un maravilloso espacio desde el que invitar a un encuentro. Aprender a confiar en esa conexión aporta innumerables beneficios.

Capítulo 12

LA RESPUESTA SE HALLA EN NUESTRO INTERIOR

No podemos enseñar nada a los demás; lo único que podemos hacer es ayudarlos a descubrirlo dentro de ellos mismos.

Galileo Galilei (1564-1642), astrónomo italiano

Nos corresponde a cada uno de nosotros prestar atención a la cuestión de por qué estamos aquí y cuál es nuestro sentido. Centrarnos en el papel que podemos desempeñar en el esquema más grande de las cosas nos ofrece un enorme poder sobre nuestras vidas. La conciencia es un continuo en cada fase del cual tenemos la oportunidad de aprender y crecer. Muchas personas, como yo mismo, hallan tales revelaciones a través de una experiencia cercana a la muerte u otra conexión imprevista con el ámbito espiritual. Pero todos nosotros podemos lograr el mismo objetivo cultivando una conexión con nuestra naturaleza superior. Hay que «salir» deliberadamente de la conciencia de vigilia mundana para percibir una visión mayor, que puede ser apreciada estando dentro de la Ilusión suprema. Cuando se acepta que el cerebro físico no crea la mente, sino que sirve para permitir la percepción de la conciencia universal, «ir al interior» es realmente la manera de «salir» para saber más acerca del universo.

Es la conciencia, o el observador, que hay dentro de cada uno de nosotros lo que se halla en el corazón del profundo misterio del debate mente-cuerpo y de los desconcertantes experimentos de la física cuántica. Mediante la práctica regular, fortalecer nuestra conexión con ese observador interior nos permite aplicar una comprensión profunda e influir en el curso de nuestras vidas diarias. Desarrollar esta conciencia mejora el vínculo con nuestra «alma superior», que nos conecta a la Mente colectiva.

Karen y yo impartimos regularmente talleres en los que mostramos técnicas para explorar la conciencia y ejercitar ese observador interno. Una de nuestras enseñanzas principales se centra en cómo implicar el corazón en esas prácticas. Suelo recordarle a la gente la poderosa fuerza del amor que encontré en la parte más profunda de mi viaje en coma, y cómo todos podemos ser conducidos por ese amor. Luego, Karen explica cómo comenzar a hacerlo exactamente por medio de aumentar la conciencia del corazón. Describe cómo imaginar algo por lo que estás agradecido y luego percibir cómo se siente eso en el área que rodea al corazón. Para ella, eso fue el recuerdo de jugar con perritos pequeños. Pero para otra persona, podría ser el recuerdo de una bella puesta de sol o una situación gozosa; cada uno de nosotros seleccionará algo distinto.

Cuando moremos en el pensamiento y el sentimiento de esa memoria, el corazón energético comenzará a responder. El sentimiento puede ser sutil al principio, pero al cabo de un tiempo, una sensación más ligera o más expansiva en el corazón llega a ser más evidente. Se puede hacer esto en momentos de tranquilidad, mientras se descansa en la cama o a través de ensoñaciones durante un descanso del trabajo. Puede empezar como una sensación cálida o un hormigueo, quizás una vibración o un movimiento interno. Cuando aumenta la conciencia de esto, se puede empezar a manejarlo. Practica esto una y otra vez a lo largo del día; no hay un límite de veces, pero solo unos cuantos minutos cada vez es suficiente para empezar.

Ese sentimiento que se tiene se genera y se siente en el corazón. Date cuenta de lo que eso significa: tú *eres* el amor; se genera desde tu interior. En lugar de dirigir pensamientos amorosos *hacia* ti mismo, solamente *sé* el amor que eres. Cuando vivas esto de manera confortable, comienza a practicar la expansión de tu campo cardíaco para influir positivamente en los que te rodean. Al saber que nuestros campos cardíacos se expanden alrededor del cuerpo, a medida que conscientemente te conviertes más y más en ese amor, empiezas a irradiar hacia otros y a afectarlos de manera notable. Intenta expandirte así cuando estés en un encuentro o esperando en una larga cola y date cuenta de cómo responden los demás; no tienes que decir ni una palabra para empezar a notar la diferencia. Por ejemplo, durante una reunión de trabajo muy tensa, Karen se centró silenciosamente en el hecho de irradiar amor con su corazón energético y observó cómo el estrés se disipaba. Si cada uno de nosotros se responsabilizase de manejar la energía de su corazón (no la de otros), imagina cómo podría cambiar el mundo.

Actualmente, incorporo esta conciencia del corazón, de manera regular, en mis presentaciones. Cuando me preparo durante los momentos inmediatamente previos a empezar a hablar, entro en el espacio de mi corazón, lo siento más profundamente y luego dejo que se expanda para abarcar a todo el grupo. Las palabras que transmito en mis charlas son siempre más o menos diferentes, como quienes me han escuchado varias veces saben. Por ejemplo, a veces me centro en conceptos científicos relacionados con la mecánica cuántica y la paradoja de la medición. Otras veces vienen a mi mente, de manera inesperada, anécdotas que no he compartido antes con ninguna audiencia. Visualizo que estoy resonando con el campo cardíaco colectivo, de todo el grupo, para adaptar lo que digo a las necesidades de esa audiencia concreta. Esto parece ayudarme a dirigir mi mensaje en una determinada dirección y me conecta con el grupo de una manera que mis presentaciones médicas anteriores al coma nunca logró.

Un aspecto importante de nuestros talleres es ofrecer la oportunidad de generar la experiencia de primera mano. Para esto, utilizamos grabaciones de audio para provocar determinadas ondas cerebrales, grabaciones producidas por Sacred Acoustics (la empresa que Karen y Kevin crearon para que sus grabaciones estuvieran disponibles para otros). Recomendamos escuchar con auriculares para recibir todo el poder de los tonos binaurales contenidos en el sonido, pero en los talleres hacemos una excepción y el sonido se escucha a través de altavoces. Tener un grupo numeroso de personas focalizadas sobre el mismo proceso parece acrecentar el poder de la experiencia. Imagina todos los campos cardíacos individuales interaccionando con todos los otros campos cardíacos de la habitación: juntos formamos una convergencia armónica resonante hacia un objetivo compartido.

Karen le da instrucciones al grupo para que no tenga expectativas desmesuradas de lo que podría ocurrir, sino que se limite a permitir que la experiencia se desarrolle de un modo natural. Sea uno un principiante o un meditador experimentado, estas grabaciones pueden tener un amplio espectro de efectos, desde potentes e inmediatos para algunos hasta ninguno en absoluto para otros, dependiendo de la constitución del individuo que escucha y de su actitud mental en ese momento. Un estado de gratitud hacia cualquier cosa que pueda ocurrir es un punto de partida útil.

Generalmente, ponemos una grabación para el grupo que esté centrada en el corazón. A medida que los potentes tonos surgen de los altavoces, llenando la sala, Karen emplea su voz para guiar a la audiencia a través de un proceso de relajación: «Relaja el cuerpo, aquieta la mente –dice–. Al inspirar, puedes decir en silencio: "Inspiro conscientemente". Al espirar, puedes decir en silencio: "Espiro conscientemente"».

Yo me uno a la meditación con los demás. Al relajarme, habitualmente ofrezco una plegaria breve de gratitud, y luego, mentalmente, formulo mi intención para esa meditación. Puedo apuntar al desarrollo de la conciencia del amor o mencionar algunos límites importantes que recientemente han obstaculizado el crecimiento de mi alma. O puede ser algo tan abierto como pedirle al universo lo que más necesito saber en ese momento. Después, espiro y me entrego, esto es, permito que mi conciencia pueda mecerse cómodamente en las olas del sonido que sale por los altavoces, dejando que mi cerebro lingüístico, o mi identidad egoica, se tomen un descanso. Para mí, estas meditaciones en el sonido son una modalidad de oración de centramiento en la que mi conciencia se funde con la unidad de toda la creación y con el amor divino disponible allí para sanar o sentir plenitud. Las preocupaciones mundanas se disipan como una nube de humo afectada por un fuerte viento.

«Ahora, lleva tu conciencia al centro del corazón. Imagina que la respiración entra y sale por tu corazón». Karen guía al grupo a visualizar cómo la respiración llena una burbuja que rodea todo el cuerpo; el campo toroidal electromagnético que rodea a cada uno de nosotros interactúa con quienes están a nuestro alrededor.

Yo sigo haciéndolo con todos los demás y siento en mi conciencia cardíaca una esfera de energía, palpable, que expresa el amor que soy, originado en mi corazón, pero que se expande libremente por el espacio que me rodea. Ese «espacio» no debe considerarse un constructo espacial tridimensional, porque es más una estructura en el ámbito espiritual. Este entorno perceptual reconoce que podemos conocer los eventos y las entidades que hay fuera de los entornos físicos inmediatos en los que está nuestro cuerpo, e influir en ellos.

Nuestra conciencia e influencia en ese ámbito espiritual no están limitadas como nuestra conciencia parece estarlo en el ámbito físico. No se hallan limitadas, pues, a los confines del aquí y el ahora de nuestra conciencia de vigilia normal. Esto nos empodera para conectar con un bien superior que es más beneficioso para todos los implicados; abarca las energías similares que detecto en los campos cardíacos individuales de los miembros de la audiencia.

Después del ejercicio, Karen invitará a los participantes a compartir su experiencia. Generalmente yo no comparto mi propia experiencia, para evitar toda influencia sobre las expectativas de nuestra audiencia. Cada persona reacciona de un modo único, y Karen es especialmente experta en ayudar a los participantes a comprender lo que han experimentado.

–He sentido un extraño cosquilleo en las manos y los pies –dicen a menudo algunos miembros de la audiencia.

–Esto es bastante común –afirma Karen para tranquilizar a quien ha hecho esta observación–. Los tonos parecen activar nuestra parte energética, nuestro cuerpo de energía, al que generalmente no prestamos atención. Puede sentirse como un zumbido o se puede pasar muy rápidamente de tener calor a tener frío; a veces, incluso es doloroso. Recuerda que los tonos están activando algo que ya hay en tu interior, no produciendo lo que ocurre. Limítate a tomar nota o, si te molesta, imagina que eso se está liberando, que está saliendo de tu cuerpo de energía. O pasa a enfocarte en la respiración.

–He percibido una presión en la frente, entre los ojos.

–Puede que estés activando el tercer ojo, descrito a menudo como una puerta de entrada al mundo interno –dice Karen.

–Mis manos parecían elevarse por sí solas de mi regazo, pero no creo que se movieran realmente –cuenta otro participante.

–Sí, a veces eso es el comienzo de una experiencia extracorpórea. Otros pueden sentir fuertes vibraciones, o una sensación de estar temblando. Algunos pueden sentir su cuerpo energético activándose antes de abandonar el cuerpo y a veces puede sentirse como el movimiento físico de diferentes partes del cuerpo, especialmente con los ojos cerrados –explica Karen.

Unos cuantos participantes incluso han descrito una experiencia extracorpórea completa durante nuestros talleres, aunque esto es raro.

–He visto muchos colores, especialmente el azul y el púrpura.

–Sí, esto es frecuente en estados de conciencia profundos. ¿Alguien más ha visto colores? –pregunta Karen, y habitualmente muchos asistentes levantan la mano–. Puede aparecer cualquier color, quizás brillante, a lo mejor impreciso, pero un matiz de púrpura azulado podría ser una señal de haber conectado con el propio yo energético.

–Yo he tenido la sensación de estar girando, como en un remolino, y eso hacía que me sintiera mareado.

–Piensa en ello como si fuera un vórtice, o un portal, que se abre a medida que te haces más consciente energéticamente. Puede ser señal de haber llegado a un momento de transición, y puedes elegir visualizar que tu conciencia entra realmente en la energía giratoria y sentir qué sucede a continuación –recomienda Karen.

La sincronización de las ondas cerebrales se utiliza a menudo para ayudar a silenciar el parloteo constante del cerebro lingüístico. Este es uno de los mayores retos para establecer una práctica regular, especialmente en nuestra ajetreada sociedad occidental moderna. Si bien unos hallan que las grabaciones especializadas aquietan de manera rápida y eficiente esa mente simiesca, otros encuentran el apoyo del audio solo ligeramente útil y necesitan emplear técnicas adicionales.

–Desarrollar la conciencia del observador interno puede ser muy útil –dice Karen, animando a los participantes–. Comenzad a observar conscientemente vuestros pensamientos y vuestras respuestas emocionales desde una parte diferente de vosotros mismos, sin juzgar. Esta parte de vosotros que observa los pensamientos es objetiva y neutral. Cuando comenzáis a observarlos, os dais cuenta de que hay una parte de vosotros que es independiente de vuestros pensamientos; esta es la clave. No analicéis; limitaos a observar. Este es el medio principal para descubrir esa parte más amplia de vosotros que existe más allá del mundo físico. Al crear más conciencia de este observador, contempláis vuestros pensamientos y les permitís existir, pero separados de vuestro observador.

Esto te puede sonar más bien extraño si no estás acostumbrado a esta idea, pero desarrollar el observador interior que todos tenemos te permite dar un paso hacia la salida de la Ilusión suprema. Para hacerte más consciente de tu observador, practica mientras permaneces en un estado totalmente neutro, sin apego a ningún resultado concreto, y ofrece una aceptación amplia de todo lo que aparezca. Si surgen pensamientos, simplemente obsérvalos en tu mente sin juzgarlos y sin analizarlos. Observar así tus pensamientos de manera regular te llevará a estar más en contacto con tu observador interno.

El parloteo de la mente distraída puede aparecer diciendo: «¿Qué cenaré esta noche?». Cuando tu observador presta atención, tales pensamientos quedan a una cierta distancia y pueden desaparecer en cuanto se presenta otro pensamiento. Sin embargo, si te aferras a un pensamiento, tu mente se preocupará por cualquier cosa que tenga que ver con él, como el menú de la cena o el restaurante al que irás, y te llevará muy posiblemente a un laberinto de constantes pensamientos relacionados. Cuando te des cuenta de que ha sucedido esto, has activado a tu observador interno y puedes comenzar a observar de nuevo desde esa perspectiva. Este proceso puede resultar tedioso, pero su práctica repetida aporta resultados beneficiosos. Honrar y cultivar al observador interno mientras ejercitas su capacidad de ser neutral te permite adoptar una perspectiva mucho más amplia. Percibir y observar los pensamientos y las emociones que puedan existir, manteniendo la neutralidad del observador, es un fino acto de equilibrio que podría producirse con ciertas experiencias e informaciones. Permaneciendo abiertos a todas las posibilidades, permitimos que nuevas intuiciones y una nueva sabiduría emerjan, con la posibilidad de que nos ofrezcan fuerza y sanación. Esto puede resultar difícil al principio, pero practicando regularmente se convierte en un proceso natural. Puede ser útil cultivar esto en un estado meditativo, pero también durante momentos de silencio a lo largo del día.

Con el tiempo, es posible entrar en un estado neutro más fácilmente, incluso durante el apogeo de una situación emocional. El objetivo es cambiar la mente agitada por el observador imparcial y contemplar el contenido emocional desde una perspectiva más desapegada, proporcionando un contexto más amplio. Esto ayuda a comprenderlo más plenamente. Observar el proceso de los propios pensamientos en el momento del acaloramiento y darse cuenta de la propia reacción a menudo señala ya hacia un campo más amplio, que a veces no guarda ninguna relación con el suceso más cercano. Este proceso puede proporcionar revelaciones sorprendentes respecto a la fuente de nuestras aparentes dificultades.

Una vez que distingas el contraste entre el observador interno y el parloteo mental, empieza a observar lo que ocurre en tu mente a medida que logras estados de conciencia más amplios. Puedes percibir colores o imágenes, intuiciones o inspiraciones, mensajes o símbolos, incluso escenas completas. Puedes experimentar diferentes sensaciones en el cuerpo o emociones profundas. Permite que tu experiencia se desarrolle, confiando en que ocurra lo que ocurra será, de algún modo, útil. Confía en que el universo te proporcionará la estructura y la información que mejor te permitan realizar las elecciones requeridas en tu vida.

En algunas ocasiones, las primeras veces que se entra en estos estados se puede producir cierta confusión. No todas las experiencias son equivalentes en importancia o en su relación con el viaje de nuestra alma, o incluso con la verdad última. Lo importante es discernir la diferencia. La mayoría de nosotros tenemos un sentido de la intuición bien desarrollado respecto a estos temas, pero estamos entrenados para ignorarlo a favor de un pensamiento más racional. Practicar estados de conciencia expandida traerá las sensaciones intuitivas más a la superficie. Presta atención a cómo sabe una experiencia. Así aprenderás de cualquier cosa que aparezca, siempre que te permitas mantenerte abierto y curioso.

Los mensajes más importantes a menudo vienen empaquetados con un sello, o un rasgo misterioso que de momento no muestra su sentido, como cuando vi al compañero de habitación de mi padre sentado con él en esa meditación profunda dos años después, o un poco más, de mi coma. Habría sido más que suficiente tener la experiencia de ver a mi padre, su breve mirada hacia mí y su guiño, y la enorme cantidad de «saber» contenido en el «amasijo de pensamientos» que me vino durante ese inolvidable intercambio. Esos enormes paquetes de conocimiento podían llegar, al parecer, en un instante.

Estas visiones o «conocimientos» parecen brotar de la nada, sin que haya una corriente de pensamientos que lleve a ellos ni ninguna razón aparente de su aparición. La presencia del compañero de habitación de mi padre fue totalmente inesperada, y presentaba un profundo misterio para mí. Había sabido inmediatamente que el otro hombre era Agnew Bahnson, el amigo íntimo y compañero de habitación de mi padre. Mientras estaba yendo a visitar a uno de sus hijos en la escuela en 1964, Agnew sufrió un accidente al tratar de aterrizar en una avioneta, su querida Beechcraft, durante una tormenta. De manera trágica, chocó con un tendido eléctrico e inmediatamente pereció. ¿Por qué Agnew estaba allí en mi visión? ¿Qué añadía su presencia al valor y el poder del mensaje que había recibido?

Para descifrar este misterio, comencé con la red social de mis padres en Winston-Salem (Carolina del Norte). Como por obra del destino, unos dos meses después de mi experiencia, Sophia Cody, una amiga íntima de la familia, me proporcionó una clave fundamental: me dijo que Agnew Bahnson había sido amigo muy cercano de Robert Monroe, cuya obra yo había estado explorando durante mi encuentro meditativo con mi padre. Establecí contacto con los hijos tanto de Bahnson como de Monroe, para intentar reunir los recuerdos que tenían de la relación entre ellos dos.

Posteriormente, recibí un correo electrónico de la hija de Agnew, Karen Bahnson (conocida ahora como Osha Reader). Me contó que ella había trabajado para Robert Monroe en los años sesenta; lo había ayudado a transcribir su libro de 1971 *Journeys Out of the Body (Viajes fuera del cuerpo)*, el primero de tres libros que escribió sobre el tema de las experiencias fuera del cuerpo, o experiencias extracorpóreas. «Mi padre, como Bob, era un hombre adelantado a su tiempo –decía el correo de Osha–. También él era un hombre de negocios creativo y exitoso, pero al tener un agudo interés en la antigravedad, la filosofía y lo paranormal era muy diferente de la mayoría de las personas que lo rodeaban en el Sur de los años cincuenta y comienzos de los sesenta, lo cual es, sin duda, una de las razones por las que Bob y él se hicieron tan buenos amigos».

Naturalmente, esto contribuyó a responder a mi pregunta original: «¿Estoy en el camino adecuado?». El pensamiento innovador de naturaleza científica que tenía Agnew y sus intereses en común con Monroe por lo paranormal eran indicios más que suficientes para que pudiese darme cuenta de que era acertado utilizar el sonido para inducir estados alterados de conciencia y abrirme cada vez más a la realidad de lo paranormal. El hecho de que mi conservador padre fuese compañero de habitación de uno de los amigos íntimos de Monroe era totalmente inesperado. «La última vez que vi a Bob fue a finales de los setenta –continuaba Osha–. Cuando estuve trabajando con él, me dijo que cuando mi padre se estrelló en su intento de aterrizaje en Wooster (Ohio), el 3 de junio de 1964, "fue" a despedirse de él».

Me sorprendió especialmente observar que el 12 de junio de 2011, el día que recibí la comunicación por correo de Karen Bahnson, acababa de pasar conduciendo junto al aeropuerto de Wooster County, en Ohio, el lugar exacto en el que la avioneta de Agnew Bahnson se había estrellado casi exactamente cuarenta y siete años antes. Nunca había estado en un radio de trescientos veinte kilómetros de ese lugar. Me pareció una sincronía sorprendente que me hubiera mandado el correo en el momento en que yo estaba conduciendo junto a ese aeropuerto un momento antes.

Este tipo de sincronías ofrecen más datos convincentes para reflexionar sobre las interconexiones que todos compartimos.

Solo consiguiendo el desciframiento de este misterio fui capaz de llegar a darme cuenta plenamente de la constante implicación de mi padre en el viaje de mi alma, de un modo que fomentaba el desarrollo de esta. Tal visto bueno sirve para mostrar la autenticidad de toda la experiencia. Estas elaboradas construcciones a menudo ocurren por una razón: para ayudarnos en el viaje de nuestra alma, aunque en ese momento parezcan algo arbitrario. De este modo, todo el contenido informativo –no solo de la experiencia misma, sino también de las relaciones identificables con todo lo demás que sabemos de nuestras vidas– nos puede proporcionar una clave fundamental respecto a la realidad de esa percepción en particular. Tal sello de aprobación ayuda a mostrar que nuestra experiencia podría ser más que una simple imaginación fantasiosa y a ver su relevancia específica para el viaje de nuestra alma.

Entregarse al proceso al ir hacia el interior es un enfoque útil, especialmente cuando se acaba de empezar o si no se tiene un objetivo concreto. Sin embargo, añadir la intención consciente a la práctica a menudo brinda significativos beneficios y una dirección. Realizar el mismo acto pero con una intención diferente puede traer diversos resultados. Puede que desees lograr una mente apacible o contemplar una cuestión en particular. Quizás tengas curiosidad por tener más sensaciones en tu cuerpo energético o buscar inspiración creativa. Muchos están interesados en conectar con su alma superior y la unidad colectiva de la que todos somos parte.

La intención es una herramienta de la atención concentrada del observador interno que puede emplearse para lograr estos objetivos y otros muchos. La atención es fundamentalmente el vínculo entre la conciencia y cualquier aspecto del mundo que nos rodea. La intención es lo que establece el escenario para que las elecciones y observaciones que realizamos hagan que la nube de posibilidades infinitas se convierta en una realidad (que «colapse la función de onda», en terminología de la física cuántica). Hay muchos modos de enfocar la intención focalizada utilizando distintas afirmaciones o visualizaciones, pero Karen ofrece a los asistentes a nuestros talleres una técnica sencilla.

—Intentad establecer una intención utilizando una sola palabra —sugiere—. Elegid una palabra que represente el estado de ser que os gustaría tener una vez hayáis conseguido el objetivo. Imaginad cómo os sentiríais en ese estado; sentidlo realmente, como si ya hubiese sucedido.

De este modo, si estás pidiendo la respuesta a una pregunta acuciante, imagina cómo te sentirías cuando la pregunta fuese finalmente contestada (claridad). Si estás buscando una solución a un problema, imagina cómo sería cuando hallases la solución (éxito). Si no tienes un objetivo concreto, ábrete a todas las posibilidades (confianza). Piensa en tu pregunta o tu problema primero y asócialo en tu mente con la palabra, pero mientras escuchas la grabación para producir determinadas ondas cerebrales, céntrate solo en esa única palabra. Hay muchos enfoques, pero lo fundamental es que utilices tu estado afectivo y no solo la definición literal de la palabra.

—Combinar la emoción de una palabra con el pensamiento de la palabra crea una poderosa fuerza —explica Karen durante un taller—. Imagina que esta fusión de tus pensamientos y tus emociones se convierte en parte del campo electromagnético de tu corazón e irradia hacia el mundo que te rodea.

Ya en el siglo III, el filósofo egipcio Plotino conocía el poder de la resonancia, y cómo «lo semejante atrae a lo semejante». La resonancia explica cómo los patrones de cualquier tipo pueden reforzar patrones similares, del mismo modo que los patrones de ondas producen interferencia constructiva e interferencia destructiva. Esto puede amplificar mucho el poder de la información que se superpone entre tales fuerzas en interacción.

—Mi intención era el gozo. He sentido una sorprendente conexión con todas las personas de la sala y con toda la humanidad.

Sentir la unidad amorosa que todos compartimos me hizo llorar –describió una participante.

La intención consiste en crear un estado de ser imaginado en relación con algo que deseas lograr, como si ya lo hubieras conseguido –sentirte verdaderamente como si hubieras obtenido ya lo que deseabas–. La expectativa de cómo se cumplirá exactamente ese resultado va en detrimento del éxito. La solución de problemas a menudo llega de modos totalmente inesperados. Por eso, es fundamental mantener una mente abierta para cualquier camino que pueda presentarse.

A veces, a pesar de la intención focalizada, un miembro de la audiencia se sorprende al experimentar algo desagradable, que aparentemente no tiene relación con su objetivo.

–Mi intención era «claridad», pero no he obtenido respuesta a mi pregunta. Lo único que he sentido es mucha ansiedad, y he comenzado a llorar, pero no sé por qué.

–Esto no es raro –indica Karen con calma–. Igual que los tonos pueden activar nuestro cuerpo energético, también pueden desencadenar nuestras emociones. Los traumas emocionales no resueltos pueden quedar atascados cuando no los procesamos adecuadamente. Que surja ansiedad en un estado de conciencia expandido constituye una posibilidad excelente para liberarla.

La fuente de una emoción en particular que surge en un momento determinado puede resultar obvia o no. Pero en esos momentos, permítete sentir esa emoción en concreto; no intentes hacer que se vaya y no trates de analizarla. El acto de sentir la emoción a veces actúa como una liberación en sí mismo y por sí mismo. Esto no significa que necesariamente se haya ido para siempre; podría activarse de nuevo en el futuro. Cada vez que surge una emoción, repite el proceso de permitirte sentirla de manera activa. Como al pelar una cebolla, cada capa de la emoción se liberará en su momento. Más tarde, el espacio dejado por esa liberación se llena a menudo de emociones positivas inesperadas.

Cada uno de nosotros es único. Puede costarnos algunas pruebas y errores encontrar lo que mejor funciona para nosotros como práctica regular. Pero para hallarlo, hay que buscarlo. Muchos oyentes encuentran útiles las grabaciones productoras de ondas cerebrales de Sacred Acoustics, y otros no. Todo el mundo es único y descubrirá que diferentes métodos producen resultados distintos, aunque suelen emerger patrones coherentes, como calmar las distracciones, aumentar la intuición, una mayor relajación y un sueño más profundo. Unos experimentan beneficios inmediatamente, mientras que otros necesitan más tiempo. Una oyente de Sacred Acoustics explicó que tras dieciocho meses de escucha diaria, comenzó a tener experiencias fuera del cuerpo espontáneas, que más tarde la llevaron a un crecimiento y un despertar espiritual más profundos. Otros han hablado de cambios y realizaciones profundos después de utilizar los tonos durante un tiempo mucho más breve.

Hay otros muchos métodos para alcanzar estados expandidos de conciencia, como el *qigong*, el yoga, la danza de trance, el cántico, los tanques de privación sensorial, multitud de prácticas de meditación y muchos más. Puede que una práctica que no implique sonidos aporte los mejores resultados. La clave es experimentar y descubrir lo que mejor funciona para uno.

Naturalmente, animé a mis dos hijos a que escuchasen las mismas grabaciones que yo había hallado tan útiles, con la esperanza de que descubriesen beneficios similares en sus propias vidas. Mi hijo menor, Bond, era muy escéptico respecto a que pudiera haber cualquier efecto, ya que había estado influido toda su vida por mi concepción científico-materialista del mundo. A pesar de mi ECM, siguió teniendo dudas. Lo comprendía: yo había necesitado mi experiencia de primera mano para prestar atención. Su primer encuentro tuvo lugar durante nuestra primera visita a la casa de Gary Zukav y Linda Francis, en Ashlan (Oregón). Karen había llevado el equipo del analizador visual interactivo de ondas cerebrales, artefacto que probé por primera vez cuando conocí a Kevin en Nueva York un par de años antes, y esperaba atraer a Bond involucrándolo en la investigación con grabaciones de sonidos y estados de ondas cerebrales.

Mientras Gary y yo disfrutábamos de una animada conversación sobre cuestiones de física y conciencia, Karen le enseñó a Bond la actividad de sus ondas cerebrales, utilizando el equipo portátil de EEG del lóbulo frontal. Tras acomodarse en la terraza acristalada, Karen puso el aparato en la frente de Bond.

–Puedes prestar atención a cosas diferentes y ver qué ocurre en tu cerebro –le explicó.

–¡Ostras, qué chulo! Mira cómo cambia cuando muevo el brazo así –dijo Bond, experimentando con ello.

Podía verse directamente, en tiempo real, cómo el movimiento y los diferentes procesos y estados mentales de concentración afectaban a lo que se mostraba en la pantalla del equipo portátil y rápidamente se dio cuenta de que podía modificar lo que se veía en la pantalla por medio de manipular sus pensamientos junto con sus gestos.

–Voy a ponerte una grabación, pero como no las has escuchado nunca antes, no quiero influir en tu experiencia diciéndote qué puedes esperar. Simplemente presta atención a lo que percibes o sientes, y después hablamos –le informó Karen.

Bond se reclinó en el sofá y ajustó sus auriculares, con cuidado de evitar los sensibles alambres del EEG. Así, escuchó una grabación de Sacred Acoustics no guiada de treinta y nueve minutos.

Karen fue a verlo a la terraza cuando sabía que la grabación habría terminado y vio que se había dormido. Mantener un estado de conciencia alerta en el estado hipnagógico sin adormecerse puede resultar difícil al principio, y habíamos conducido mucho. Lo dejó dormir.

–¿Cómo ha ido? –le preguntó cuando salió de su estado de aturdimiento más tarde.

–No ha ocurrido gran cosa. Creo que me he dormido, pero he tenido un absurdo sueño –contestó Bond.

–¿Qué recuerdas del sueño?

–Era extraño. Estaba caminando alrededor de la casa de Gary y Linda, aunque nunca he estado aquí antes. Recuerdo haber visto ese cuadro del comedor, los muebles y esas plantas –explicó Bond.

Al mencionar los diferentes objetos, Karen sospechó que en ese sueño podría haber más de lo que parecía.

–Creo que puedes haber tenido una experiencia fuera del cuerpo –le sugirió.

Karen había hecho cursos, años antes, acerca de cómo inducir una experiencia extracorpórea. Un curso *online* de cinco semanas incluía unos ejercicios preparatorios para aprender a sentir la energía del cuerpo, que se realizaban generalmente estando acostado en la cama. Por ejemplo, uno tenía que imaginar la sensación de un cepillo blando o una pluma desplazándose sobre las manos o los pies, y luego las piernas y los brazos. Un ejercicio consistía en imaginar el propio cuerpo energético saliendo por la coronilla en dirección al infinito y después volviendo al cuerpo, hasta el fondo de los pies, del mismo modo. Posteriores técnicas mentales implicaban visualizar la sensación de descender por una escalera interminable, y subir después por una cuerda imaginaria, o salir de la cama. Esos movimientos imaginados estaban diseñados para activar la conciencia del cuerpo energético con el fin de finalmente manejarlo más conscientemente. Una de las primeras experiencias extracorporales de Karen tuvo lugar durante un sueño. El instructor comentó que a menudo interpretamos «verdaderas» experiencias fuera del cuerpo como sueños hasta que nos damos cuenta totalmente de que realmente podemos lograr tales estados.

Bond no quedó muy convencido con esa explicación. Desde su punto de vista, podría haber estado recordando lo que ya había visto cuando horas antes se le habían enseñado los alrededores de la casa. Pero, más tarde, por la noche, después de cenar, Gary nos condujo a Bond y a mí a un edificio diferente, de su propiedad, en el que Bond dormiría en una habitación para invitados. Al entrar, Bond se sorprendió al reconocer más muebles y objetos artísticos del «sueño» que había tenido antes.

–Yo he visto este cuadro; reconozco este recibidor. Pero es la primera vez que estoy aquí. ¿Cómo es posible? –exclamó, mientras recordaba su «sueño» anterior.

Sintió como si hubiera estado realmente en ese lugar antes, aunque ni él ni ninguno de nosotros habíamos entrado en ese edificio hasta ese momento. Aquello parecía una verificación más de que la conciencia de Bond había viajado realmente por la propiedad mientras su cuerpo físico descansaba echado en la terraza de Gary. Pero, como «fenómeno extremadamente oculto», solo Bond podía verificar si sucedió realmente. Podía elegir confiar en su experiencia o no.

Más tarde contó un sueño que había tenido unas dos semanas antes, del que recordaba haber visto el mismo complejo de edificios que forman la propiedad de nuestro anfitrión, pero en ese momento no le resultaba familiar y no tuvo sentido para él. Aunque no estaba totalmente convencido de sus capacidades en cuanto a la percepción fuera del cuerpo, se sintió más abierto a la posibilidad de que lo que había experimentado no fueran solamente imaginaciones suyas.

Bond estaba intrigado por su experiencia en la casa de Gary y Linda. Como Karen y yo seguíamos escuchando los archivos de audio experimentales desarrollados por Kevin, invitamos a Bond a que los escuchase también. Una de las grabaciones incluía una guía verbal a través de etapas de relajación y abandono del parloteo mental: «Relaja la tensión de tu cuerpo. Calma tu mente. Permite que cualquier distracción mental se disuelva y centra suavemente tu atención en la respiración».

En cuanto Bond comenzó a experimentar con la visualización guiada, se dio cuenta de que podía manejar su experiencia con su mente y su intención, en lugar de limitarse a esperar a ver qué ocurría. La guía verbal no era suficiente, y siguió hasta descubrir que los tonos del audio contribuían enormemente al proceso de relajación, hasta que esta llegaba a ser completa.

Bond había experimentando recientemente algunos episodios de insomnio, por lo que le proporcionamos una grabación experimental diseñada para ayudar a dormir. Un efecto secundario interesante es que durante esas noches, al menos a lo largo de dos semanas enteras, recordó cada noche un sueño increíblemente claro.

A menudo, Bond se hacía consciente de que estaba soñando durante esos sueños ultraclaros, pero en lugar de despertarse, la ensoñación continuaba. Este estado es conocido como sueño lúcido. El sueño lúcido puede relacionarse con la meditación en el sentido de que nos hacemos conscientes de nuestro observador interno desde dentro del estado de sueño. Los sueños lúcidos pueden ser inducidos mediante diversos métodos, como unas gafas especiales que lanzan un destello de luz cuando se detecta la fase REM (movimientos oculares rápidos) para alertar a la persona que las usa desde el interior del sueño. Tras «despertar», el que sueña puede realmente manejar el sueño y realizar hazañas como volar o viajar en el tiempo, hacer frente a los miedos y ansiedades o incluso resolver problemas y acceder a la inspiración creativa. Los sueños lúcidos de Bond siguieron durante unas cuantas semanas más, aunque no todas las noches, y poco a poco se volvieron menos frecuentes. Pensó que su mente se había terminado adaptando a los tonos que escuchaba y volvió a dormir de manera habitual. Más de tres años después, puede recordar todavía unos cuantos de los sueños más vívidos, tan claramente como si los hubiese tenido ayer.

Hay personas que han contado los recuerdos ultraclaros de su ECM más de medio siglo después del suceso, muchas veces afirmando que los recordaban tan vívidamente ahora como cuando tuvieron la experiencia. Bond recordaba sus sueños más lúcidos del mismo modo. Así pues, para interpretar nuestras experiencias, es útil que veamos el grado de lucidez, ultrarrealidad y poder emocional como claves para la relevancia de una experiencia determinada.

Un indicador firme para discernir la diferencia entre un encuentro menos significativo y uno más profundo tiene que ver con el poder emocional y la lucidez de la experiencia, sea en meditación, en estado de sueño o se trate de cualquier otra experiencia espiritualmente transformadora. Las experiencias más potentes se caracterizan por parecer ultrarreales o «demasiado reales para ser reales», como yo y otros preferimos a veces describirlas. Tales recuerdos habitualmente son muy persistentes, mucho más que la mayoría de las memorias de nuestros acontecimientos vitales, y especialmente más que nuestros sueños e imaginaciones normales.

En los talleres, a menudo recomendamos llevar un diario, en parte para escribir las experiencias y reflexiones que tengan lugar (incluidas las percepciones en meditación y los sueños), ya que los patrones pueden no presentarse de la manera lineal y lógica a la que estamos acostumbrados en nuestra conciencia de vigilia cotidiana. La respuesta llega en ocasiones antes que la pregunta. Si Bond hubiera recordado el sueño que había tenido dos semanas antes de estar en casa de Gary, habría tenido observaciones disponibles para comparar cualquier detalle pertinente con su experiencia posterior. Cualquier cosa que encontremos en el camino puede ayudarnos a alcanzar una comprensión más profunda de nuestra existencia, por medio de explorar el rico tapiz de nuestras interconexiones.

Hablando en general, nuestra cultura ha estado condicionada a descartar las impresiones que vienen del interior, por lo cual confiar totalmente en ellas puede suponer un reto. Es fácil dejar de lado un mensaje o una visión como un simple producto de la imaginación, especialmente cuando no hay más que un observador de ello –el observador interior–. Pero hay maneras de comprobar la información recibida a través de medios psíquicos, y el estudio científico de la visión remota, un método que permite tal comprobación, ha demostrado resultados fecundos y estimulantes que sugieren que tales efectos son muy reales.

Sintonizando con la Mente colectiva, nuestra conciencia puede acceder a muchos niveles de información que subyacen a la realidad física. Algunos llamarían a este sustrato el holograma cuántico, o campo akáshico. Podemos acceder no solo a la información que tiene que ver con nuestra experiencia, sino también a una amplia información referente a franjas más amplias del espacio y el tiempo mediante métodos como la visión remota. Algunos lectores conoceréis el programa de la CIA sobre visión remota, que se prolongó durante veintitrés años, también conocido como «espía psíquico», dirigido por el físico nuclear Ed May y los físicos especialistas en láser Hal Puthoff y Russell Targ, afincados en el Instituto de Investigación de Stanford. Los departamentos de inteligencia de otros gobiernos (China, Rusia e Israel, entre otros) han albergado programas similares, especialmente porque no parece haber modo alguno de defensa contra tales técnicas de investigación mental, por lo que se necesitan programas ofensivos activos.

Muchos de los descubrimientos más significativos de los investigadores estadounidenses se han publicado en revistas científicas tan prestigiosas como *Nature* y *Proceedings of the IEEE*. Algunos programas de visión remota cuyos éxitos son bien conocidos incluyen la localización de rehenes estadounidenses durante la crisis de los rehenes de Irán (y la predicción de que uno sería liberado a causa de su mala salud), el descubrimiento de claves fundamentales para resolver el secuestro de Patty Hearst, la identificación de armas soviéticas de máximo secreto, la localización de un bombardero Tu-22 soviético perdido y la visión del anillo que hay alrededor del planeta Júpiter antes de su descubrimiento oficial por parte de la nave espacial *Voyager I*, entre otros.

La percepción pública del programa se vio empañada por el informe de los Institutos Americanos de Investigación en 1995, al concluir que la información proporcionada por la visión remota era «vaga y ambigua, haciendo difícil [...] que la técnica proporcionara información de calidad y precisión suficiente realmente útil para el servicio de inteligencia». Ahora bien, esta valoración de que la calidad de la información resultante de la visión remota no tuviera utilidad operativa es algo muy distinto de negar que quienes poseen visión remota superan con mucho las posibilidades atribuibles al azar cuando se trata de ofrecer información.

La doctora Jessica Utts, responsable de las estadísticas del estudio, afirmó: «Utilizando los criterios aplicados a cualquier otra área de la ciencia, se concluye que el funcionamiento psíquico ha quedado bien establecido. Los resultados estadísticos de los estudios examinados van mucho más allá de lo esperable por el azar». Una revisión completa del campo de la visión remota apoya esta extraordinaria modalidad al concluir que tiene un efecto real. Aunque los detalles de la técnica son fundamentales para su éxito, parece que cualquiera puede aprender a aplicarla.

Durante los cursos de visión remota, Karen recibió un número de ocho dígitos y se le indicó que dibujara o escribiera sus impresiones en una hoja de papel en blanco. El número estaba asociado al objetivo en cuestión, mediante una asignación al azar realizada por el instructor. De algún modo, ese acto consciente de asignarle un número a un lugar, un objeto, una persona o un suceso en particular crea una conexión informativa, un entrelazamiento de algún tipo. Nadie sabe cómo funciona esto, pero funciona, y de manera notable.

La tarea consistía en entrar en un estado neutro, centrarse en el número y luego observar cualquier cosa que llegara a la mente –formas, colores, emociones, sensaciones, texturas o temperaturas– sin juzgar ni analizar. Tras un breve período, se le mostraba a la clase una fotografía y otra información asociada con ese número. Karen estaba asombrada al ver cómo las formas, los colores y las imágenes que llegaban a su mente a menudo se correspondían con elementos de la foto que se les había mostrado, a veces de manera bastante precisa.

Ocasionalmente, el objetivo en cuestión era una persona real de cualquier lugar de la Tierra, pero los estudiantes sintonizaban del mismo modo. Sus compañeros de aula tenían distintos niveles de logros, pero la mayoría obtenían resultados al menos estimulantes. Ella percibía que sus intentos más logrados iban acompañados de una sensación peculiar en el abdomen, una especie de excitación nerviosa, pero que no era incómoda. Comprobaba sus habilidades en la clase y también practicaba de manera regular en casa; con los años completó cientos de sesiones. Esto la ayudó a entender la diferencia entre los pensamientos arbitrarios y la información intuitiva precisa. Si bien con el tiempo fue ganando seguridad en sí misma, al principio se sorprendía de su capacidad para tener acceso a esa información.

En *One Mind*, Larry Dossey sugiere que tal información está disponible a través de una inteligencia compartida que se refleja en la conexión que hay entre todas las mentes y cita la visión remota como una fuente convincente de evidencia en apoyo de esta idea. Pero no se detiene aquí. Entre otros muchos temas relacionados, comenta muchas historias de animales y sus conexiones tanto con humanos como entre sí. Estas historias incluyen casos de perros que hallaron su camino a casa desde miles de kilómetros de distancia; delfines que rescataron no solo a humanos, sino también a perros y ballenas; gatos que sabían cuándo alguien estaba a punto de morir, y otras historias que tienen que ver con vacas, gorilas y abejas. Esta sorprendente colección de historias que apoyan la interconexión de las especies simplemente no puede explicarse mediante los modelos científicos tradicionales. Tales anécdotas resultan más plausibles cuando se consideran desde la perspectiva de la unidad de la conciencia universal.

Muchos amantes de los animales sienten que son capaces de comunicarse con sus mascotas, incluso más allá de las simples órdenes de adiestramiento. Un vínculo especial entre los animales y los humanos es evidente que ha existido siempre, pero ¿podemos saber realmente lo que piensan y sienten los animales? Durante uno de los cursos de comunicación con animales de los que hizo Karen, propietarios de perros llevaron sus mascotas a clase. Los estudiantes no tenían antes ningún conocimiento de los propietarios ni de sus queridos perros. Karen siguió las instrucciones para conectar con los animales de uno en uno, por medio de vaciar su mente e imaginar que su corazón estaba realizando la conexión. Esto tenía sentido teniendo en cuenta la investigación del Instituto HeartMath con la que estaba familiarizada. Simplemente hacía una pregunta en su mente y permitía que le llegasen impresiones. Como en la visión remota, lo más importante era que percibiese sus primeras ideas, sin hacer segundas suposiciones. No se trata de adivinar el camino hacia la respuesta correcta.

–¿Hay algo que te gustaría cambiar de tu situación actual? –le preguntó en su mente a un caniche blanco; había elegido una pregunta de una lista proporcionada por el instructor.

Karen percibió cómo algunas impresiones llegaban a su mente, y las escribió debidamente como le habían dicho. Cuando llegó su turno, le leyó sus notas en voz alta al dueño del perro.

–Esto suena muy arbitrario, pero me llegó que le gustaría que pusieran su cama junto a la ventana –contó Karen.

–Nuestro perro no tiene ninguna cama –replicó el dueño–, pero justo ayer tomamos prestada una de un amigo para ver si le gustaría tener una. La colocamos cerca de la ventana y estuvo en ella todo el día, durmiendo de vez en cuando o mirando por la ventana, desde la que se ven árboles y un espacio de juego para niños.

–¿Cuál es tu juguete favorito? –le preguntó silenciosamente Karen a un labrador retriever negro.

–Una pelota azul –contestó el perro de manera decidida.

–En realidad no tiene un juguete favorito –explicó después el dueño–. Su atención hacia los juguetes específicos cambia regularmente, pero hace un par de días, durante un paseo, descubrió una pelota azul y la ha guardado cerca desde entonces.

Especialmente los perros muestran una devoción hacia sus cuidadores que, por lo general, no tiene comparación en las relaciones entre humanos. Los animales proporcionan apoyo emocional, a menudo ayudando en estados de ansiedad, depresión y pensamientos suicidas. Pero ¿son los animales conscientes del mismo modo que lo somos los humanos? Muchas veces me preguntan si los animales tienen alma y si veremos a nuestras queridas mascotas en la vida después de la muerte. En el Valle de Entrada durante mi viaje en coma, vi a niños jugando con perros que saltaban de alegría. Para mí, esto abre la posibilidad de que los animales, junto con los humanos, sigan existiendo en la vida *post mortem*.

De niños, vemos fácilmente la divinidad en los animales, pero al hacernos mayores, la ciencia convencional nos enseña que los animales son criaturas instintivas, que se comportan desde hace miles de años según instintos evolutivos. Debido a nuestra conceptualización lingüística y racional, muchos científicos presuponen que los humanos son superiores a los animales. De hecho, desde mi coma, he llegado a darme cuenta de que la capacidad que verdaderamente separa a los humanos de los animales no es algo tan profundo como el lenguaje; es simplemente que ¡nosotros cocinamos!

Dada la evidencia de que nuestras capacidades lingüísticas y el constante parloteo interno parecen limitar una comprensión más profunda, quizás los animales tengan una ventaja sobre los humanos, a fin de cuentas, ya que están mucho más en contacto con ese lado espiritual, libres del fardo de los pensamientos autolimitadores. Pero si los animales no tienen lenguaje, ¿cómo entendemos lo que dicen? El puro flujo conceptual de información recibido en estados alterados de conciencia revela las restricciones del lenguaje verbal linealmente limitado, y buena parte de nuestra comunicación con los animales tiene lugar sin que existan las limitaciones impuestas por el aspecto lingüístico. Quizás hay algo más profundo y estemos conectados a un nivel más hondo.

Fuera de la clase, Karen practicaba a menudo su conexión intuitiva con los animales cuando su perro *Niko* se perdía. El perro era un artista consumado y ágil con habilidades para escalar alambradas de metro y medio, encontrar los puntos débiles en el perímetro de áreas cerradas o simplemente permanecer alerta ante una puerta entreabierta. No había un lugar predecible por el que pudiera merodear por todo el vecindario, y Karen se veía en serias dificultades para seguir su rastro. Utilizaba como estrategia la intención, permaneciendo tranquila y sintiendo como si ya hubiese encontrado a *Niko*, al mismo tiempo que transmitía su intención de encontrarlo con su corazón. De algún modo, casi siempre averiguaba dónde estaba.

En una ocasión, tras huir hacia la oscuridad en una fría noche de invierno, *Niko* se había metido en el entresuelo de la casa de un vecino y se había quedado atrapado allí. Siguiendo un impulso intuitivo, sin saber exactamente por qué, Karen fue directamente a esa zona, donde oyó sus débiles arañazos. Nunca antes lo había encontrado allí, y era algo completamente inesperado. No podía salir del mismo modo que había entrado, así que ella tuvo que abrir el enrejado para que pudiera salir. Muchos de nosotros tenemos una fuerte conexión con nuestras mascotas, y tales encuentros extraños no son poco frecuentes.

Tales experiencias hablan de la Mente colectiva de la que todos formamos parte. Realmente, las respuestas están en el interior, y aprender a confiar en nuestra intuición es una faceta importante del descubrimiento espiritual. Pero lograr tales capacidades nunca es la meta final. Lo más importante es estar más alineados con nuestro Yo superior, resonando en unidad con el universo. Cuando nos familiarizamos con nuestra esencia interior y estamos más cómodos con ella, nuestras cualidades particulares comienzan a brillar. Accedemos más fácilmente a recibir guía e inspiración creativa y logramos una comprensión más profunda de los sucesos personales que tienen lugar en nuestras vidas. El significado y el propósito florecen en un contexto tan despierto.

Capítulo 13

APRENDER LAS LECCIONES DE NUESTRA ALMA

Vive como si fueras a morir mañana. Aprende como si fueras a vivir para siempre.

Mahatma Gandhi (1869-1948), pacifista y líder indio

Somos mucho más que nuestros cuerpos físicos. Somos más grandes que nuestros pensamientos y nuestras personalidades, mucho más que los roles que desempeñamos como médico, maestro, ingeniero, madre o padre. Somos seres espirituales que viven en un universo espiritual. Realmente, este modo de percibir el mundo afecta a nuestro enfoque de la vida diaria de muchas maneras, por ejemplo en lo relativo a cómo vemos la muerte, cómo gestionamos nuestra salud y cómo comprendemos nuestras relaciones con los demás. En lugar de ser individuos separados que estamos compitiendo por los recursos, guiados por las preocupaciones del ego, somos parte de un todo mayor, conectados entre nosotros de una manera que da sentido y propósito a nuestras vidas. No dependemos de un cerebro físico en funcionamiento, sino que nuestra conciencia sobrevive a nuestro cuerpo. La realidad que observamos existe como el escenario en el que aprendemos y enseñamos lecciones constantemente.

Un enfoque útil es considerar nuestra existencia terrestre colectiva como un tiempo que pasamos en una «escuela para el alma». Y parece que no tenemos solo una oportunidad para hacerlo bien. Esta magnífica evolución de la conciencia fue hermosamente dilucidada por el sacerdote jesuita francés, paleontólogo y geólogo Pierre Teilhard de Chardin en una obra maestra de 1955, *El fenómeno humano*. Amplió el concepto de una evolución meramente biológica en su intento de combinar la ciencia y la filosofía modernas con el pensamiento cristiano. Básicamente, concibió un propósito mucho más grande para la conciencia en el universo, muy en sintonía con las concepciones presentadas en este libro.

Esta evolución no es caótica y azarosa (como en la popular dinámica de la selección darwinista) sino que converge hacia lo que llamó el Punto Omega, a través de la fuerza de un amor infinito que guía nuestra trayectoria a través de un aprendizaje y una enseñanza de los que todos formamos parte. Incluso utilizar el término *parte* es engañoso; nuestro lenguaje conspira para ocultar el hecho de que nuestra conciencia es una con el universo. Teilhard de Chardin pensaba que el desarrollo progresivo de la propia conciencia es, en última instancia, el propósito de nuestra existencia, y que cada uno de nosotros desempeña un papel crucial en este proceso. Regresamos una y otra vez, a través de múltiples vidas a lo largo de vastos ciclos de tiempo, para participar en este esfuerzo compartido.

La reencarnación es un proceso educativo para todos los seres, en la majestuosa evolución de la conciencia. Este procedimiento, al parecer estándar, formaba parte de las lecciones que aprendí en mi viaje en coma. La reencarnación se me presentó en el ámbito Central como parte del tejido mismo de toda la existencia; no como una rueda mecánica ciega (como en algunas interpretaciones), sino como un proceso que se halla directamente relacionado con el propósito de la existencia y la transformación de nuestras almas. La reencarnación era la mejor manera de reconciliar la deidad infinitamente amorosa, omnisciente, omnipotente y omnipresente que encontré con el sufrimiento de seres inocentes permitido en nuestro mundo, especialmente en los niños y los animales.

Evidencia que apoya la reencarnación se encuentra en la investigación de los doctores Ian Stevenson y Jim Tucker, de la División de Estudios de la Percepción de la Universidad de Virginia, en Charlottesville, quienes han reunido más de dos mil quinientos casos de recuerdos de vidas anteriores en niños, para los que la reencarnación es la explicación más clara. Su investigación se centra en niños pequeños que de manera espontánea afirman que tenían otra familia o que vivían en otro lugar, o describen detalles de sucesos que no han ocurrido en sus vidas actuales. Generalmente, esto comienza a la edad de dos o tres años, y habitualmente tales memorias se borran alrededor de los siete u ocho años de edad. Los científicos que bucean en los límites de la investigación aceptable tienen que ser especialmente cuidadosos en su aproximación, de manera que mantengan su credibilidad. Tales historias resulta fácil descartarlas como fantasías o ilusiones. Desde luego, algunas de tales afirmaciones son solo eso, lo cual no significa que todas lo sean.

Aunque puede ser tentador desechar todo este tipo de cosas, en el caso de los niños que proporcionan bastantes detalles, los investigadores, a veces, han podido identificar una «personalidad anterior» específica que el niño recuerda haber sido antes, unas veces dentro de la misma familia y en otras ocasiones como alguien desconocido por la familia y residente en otro lugar. Algunos niños muestran conductas curiosas y hábitos o capacidades excepcionales, como talento atlético o musical. Otros hablan de nombres y lugares específicos e identifican a miembros de la familia anterior.

Los investigadores son meticulosos y tienen mucho cuidado al aplicar el discernimiento a la hora de tener en cuenta cómo y de dónde se han recogido los datos. Buscan registros históricos y conexiones familiares para comparar las informaciones con sucesos reales. Es fascinante ver que, con suficientes detalles comprobados, parece que la reencarnación se convierte en una explicación plausible en más de dos mil quinientos casos. Todos ellos juntos forman una base de datos impresionante; codifican cada caso a partir de doscientas variables, lo que permite un análisis muy útil. Los casos más sólidos contienen elementos que no pueden descartarse sin más.

Un ejemplo bastante chocante, examinado en el libro de Tucker *Return to Life* [Regreso a la vida], es el caso de James Leininger, cuyas pesadillas relacionadas con un accidente en un avión indicaban su conexión con un piloto de la Segunda Guerra Mundial, derribado en la batalla de Iwo Jima. A la edad de dos años, mientras soñaba, gritaba: «¡Accidente del avión! ¡Se ha incendiado! El piloto no puede salir», y se arrastraba, dando patadas al aire. Al despertar, describía estar atascado, incapaz de salir del avión, hundido en el mar. Algunas noches, a la hora de irse a dormir, James hablaba sobre recuerdos de su avión ardiendo tras ser derribado por los japoneses. Identificó el barco del que salió como *Natoma*, se llamaba a sí mismo «James 3» y afirmaba que estaba con alguien más llamado Jack Larsen.

Más tarde, los padres de James supieron de la existencia de un portaviones estadounidense Casablanca de tipo escolta, llamado *Natoma Bay*, que estuvo fondeado en el Pacífico durante la Segunda Guerra Mundial. Los archivos históricos revelaron que un piloto de este barco, llamado James Huston júnior, había perecido tras un disparo en el motor del avión de pilotaba. Sorprendentemente, tres testigos supervivientes confirmaron que los hechos ocurrieron justamente de la manera que James describía. Se descubrió que Jack Larsen todavía estaba vivo y que era un piloto compañero suyo que había volado el mismo día del accidente mortal.

James realizó otras muchas afirmaciones explícitas que se corroboraron de manera parecida. Por ejemplo, entre los tres y los cinco años de edad, hizo que le comprasen tres muñecos coleccionables G. I. Joe, con los que jugaba constantemente, y con los que incluso dormía por la noche. Los llamó Billy, Leon y Walter, y explicó que eran tres amigos con quienes se encontró en el cielo después de morir. Posteriormente, sus padres supieron que tres de los diez hombres del escuadrón de James Huston júnior, que habían muerto antes que él, se llamaban Billie, Leon y Walter. Increíblemente, el color del cabello de cada uno correspondía con el de los muñecos de acción. La investigación indicó que no tenía ningún modo de haber adquirido tal conocimiento a través de medios normales. No se halló ninguna prueba de fraude, y había una abundante documentación que podía comprobarse.

Los investigadores han concluido que los niños que informan de recuerdos de vidas pasadas a menudo recuerdan haber muerto de forma súbita y relativamente jóvenes en su vida anterior. Las memorias parecen remontarse al momento en que abandonaron este mundo, de la misma manera que las pesadillas de James parecían recrear su muerte. Resulta significativo que según los informes, el 70 % murieron por causas no naturales, como accidentes o asesinatos, y cuando existen suficientes datos, el intervalo medio antes de renacer es de dieciséis meses, aunque el intervalo medio general es de cuatro años y medio. Quizás el poder emocional asociado con un fallecimiento prematuro lleva a una mayor urgencia por reencarnar.

De hecho, el nivel de intensidad emocional se halla directamente relacionado con la fuerza de cada caso. En el 35 % de los informes, los niños tienen fobias relacionadas con la muerte anterior, como miedo al agua en los que recuerdan haber muerto ahogados. Se han documentado más de doscientos casos en los que los niños tienen marcas de nacimiento o anormalidades que corresponden generalmente a heridas fatales recibidas en la vida anterior, como una decoloración allí donde una bala entró en el cuerpo. De algún modo, el recuerdo de tal trauma parece afectar al cuerpo físico.

Aunque la mayoría de los recuerdos descritos por los niños suponen pasar directamente tras la muerte a otro cuerpo, en el 20 % de los casos catalogados, los niños recuerdan sucesos que ocurrieron antes de la encarnación actual. Muchos de los elementos son similares a las descripciones de las ECM, como encuentros con familiares fallecidos o visitar otro ámbito o plano de la realidad. Igual que en las ECM, los recuerdos que tienen los niños de su vida pasada no describen exactamente los mismos elementos, pero sí emergen patrones que destacan. Esto no debería resultar sorprendente. Si tomamos un grupo de veinte personas y las soltamos en París, y las recogemos veinticuatro horas después, todas tendrán cosas diferentes que contar.

Algunos niños revelan que eligieron a sus padres, y a veces contemplaron algunos sucesos antes de entrar en el seno de su madre. En conversaciones con el doctor Raymond Moody sobre esta cuestión, comentaba que su hijo adoptado comenzó espontáneamente a hablar de su familia, que era de China, cuando tenía dos o tres años. Aunque Raymond y su esposa, Cheryl, no intentaron comprobar sus afirmaciones, le escucharon extasiados. En una de esas veces, contó que mientras se hallaba encaramado en un árbol, vio a Raymond y Cheryl acostados en una manta sobre la hierba, antes de nacer él. En realidad, durante un viaje a Éfira (Grecia), al Oráculo de los Muertos, Raymond y Cheryl se detuvieron a descansar y se echaron en una manta, sobre la hierba, rodeados de árboles. Lo recuerdan claramente porque, mientras descansaban, comenzaron la primera de muchas conversaciones en las que hicieron planes para adoptar a un niño. Cinco años después, adoptaron a su hijo recién nacido, Carter. Animo a quienes tengan algún niño menor de seis años a que le pregunten: «¿Dónde estabas antes de venir aquí?». No tengas expectativas y no hagas preguntas tendenciosas. Limítate a preguntar, sin ejercer presión y aceptando cualquier respuesta que recibas.

El fenómeno de la reencarnación apoya la observación de que los recuerdos no parecen estar almacenados en el cerebro físico. Los esfuerzos de los neurocientíficos no han logrado encontrar una ubicación para los recuerdos en el cerebro (ver el capítulo cinco).

Del mismo modo que la teoría del filtro hace plausible que el cerebro no sea el productor de la conciencia, utilizamos el cerebro para acceder a la memoria ubicada en un campo de información (esto es, el holograma cuántico o registro akáshico) que se encuentra fuera del cerebro.

En nuestro esfuerzo por explicar la naturaleza y el funcionamiento del mundo, tenemos que explicar estos casos de recuerdos de vidas pasadas bien documentados en niños que no han tenido ningún otro modo de adquirir tales memorias. Sería razonable aceptar los descubrimientos revelados por las investigaciones y bucear más profundamente incluso en su estudio científico. No se trata simplemente de un debate sobre lo que uno quiere creer, sino que, en la medida de lo posible, debemos abordar el mundo tal como es. Tenemos que considerar que la reencarnación parece ser algo que nos ocurre a todos nosotros (creamos o no en ello) y que ofrece una visión más rica de nuestras vidas aquí en la Tierra.

Parte de nuestra existencia terrestre parece incluir también un olvido programado de nuestros planes, pero a veces parece que podemos recuperar algunas de esas memorias. Hay técnicas de interiorización para recuperar tales recuerdos, que puede utilizar uno mismo con habilidad y disciplina, pero la ayuda de un especialista también podría ser beneficiosa, especialmente en los comienzos. De manera similar a los estados meditativos profundos, la hipnosis guiada induce al sujeto a un estado hipnagógico, lo cual le permite acceder a una concentración y intuición elevadas, así como responder a sugerencias para controlar el dolor o modificar la conducta, como se hace al tratar un hábito adictivo. Ciertamente, esto puede lograrse en estados meditativos, pero un profesional experto a menudo puede ayudarnos a pasar los tramos más difíciles.

Paul Aurand, que había sufrido por el persistente dolor causado por la caída de un rayo y del que luego se había liberado (como se ha descrito en el capítulo diez), trabajó como hipnoterapeuta en un centro médico con doctores especializados en ayudar a los pacientes a gestionar el dolor crónico y la enfermedad. El papel de Paul era aplicar la hipnoanestesia tradicional para facilitar una menor sensibilidad al dolor en la mente del sujeto; básicamente, se trata de adormecer sus síntomas mediante la sugestión hipnótica. Esta no es una idea nueva; de hecho, la hipnosis se utilizó como anestésico durante intervenciones de cirugía mayor desde comienzos del siglo XIX, antes de la introducción de la anestesia química. El procedimiento utilizado por Paul para mitigar el dolor tenía éxito a veces, pero quería que los resultados totales fueran más satisfactorios.

Se dio cuenta de que, en lugar de tratar de mitigar el dolor, podía guiar al sujeto para que se convirtiera en un observador objetivo y entrase en diálogo con el dolor y su fuente. Evocar al observador durante el estado hipnótico permite al sujeto circunvalar sus pensamientos conscientes y el análisis, y sintonizar directamente con su sabiduría interior. Luego, guiaba al sujeto para que literalmente solicitase ayuda al dolor dentro de su mente, y así obtener respuestas. A veces, la fuente del dolor era un trauma infantil determinado o quizás una relación disfuncional. Otras veces, se le decía que comiera de manera diferente o cambiase su estilo de vida. La clave parecía ser que recibiera consejo desde el interior, más que de una fuente externa.

No era infrecuente que la fuente de un dolor estuviera relacionada con un suceso del pasado. Una mujer que había sufrido dolor de hombro crónico durante siete años había recibido todo tipo de diagnósticos sin experimentar ningún alivio. Probó con esteroides, analgésicos, inmovilización y fisioterapia, y ahora sus doctores le habían sugerido una intervención quirúrgica exploratoria. Ella quería evitar la cirugía y esperaba que anestesiar el dolor mediante la hipnosis la ayudase. Paul hipnotizó a la mujer y le dio las instrucciones habituales para regresar al momento del origen del dolor. De manera inesperada, espontáneamente regresó a una época en la que se describió como una esclava que pasaba por la experiencia de robar comida para su hijo hambriento. Narró cómo la capturaban y, mientras la pegaban hasta la muerte, los atacantes le rompieron el hombro.

«¿Está fantaseando? ¿Tiene un brote psicótico?», se preguntaba Paul mientras la escuchaba narrar esa historia. Sabía que no había sido esclava en ningún momento de su vida, pero parecía estar reviviendo una escena que había experimentado realmente en una vida anterior. Como hacía siempre, la guio para liberar el dolor. Paul no sabía exactamente qué había sucedido, pero ella salió de la sesión sin ningún dolor en el hombro. Sorprendentemente, con el tiempo se puso de manifiesto que se había liberado definitivamente del dolor.

Este tipo de cosas le sucedieron varias veces más, y Paul se dio cuenta de que podría beneficiar más a los sujetos si aprendía a guiarlos de manera más deliberada. Así, comenzó a aprender técnicas específicas para guiar a la gente a que recordara memorias de vidas pasadas. No siempre comenzaba sugiriendo acudir a una vida pasada, porque eso no era necesariamente lo primero que había que explorar. Pero algunos temas parecía claramente que eran un residuo o remanente de una vida anterior. Esto no quiere decir que la información obtenida bajo hipnosis, por sí sola, pueda utilizarse para establecer la demostración definitiva de una vida pasada, pero a veces puede resultar útil para el crecimiento personal.

Paul estudió otro enfoque del uso de la hipnosis, pensado para que la gente recuerde memorias de lo que ocurre entre nuestras vidas en la Tierra. Michael Newton, psicólogo consejero, describe este proceso en *El viaje de las almas*, donde documenta los patrones hallados en informes de miles de pacientes a partir de regresiones hipnóticas, poniendo de manifiesto las coincidencias más frecuentes entre ellos. De manera similar a la regresión a vidas pasadas, el sujeto es guiado para volver a una vida anterior a la actual, y a continuación es guiado hacia el momento de su muerte. Como en el caso de las descripciones de las ECM, algunos experimentan inmediatamente una sensación eufórica de libertad, al tiempo que observan su cuerpo moribundo y perciben una luz resplandeciente. Pero a diferencia de lo que ocurre en las ECM, en lugar de volver a su cuerpo físico, siguen recordando lo que ocurre a continuación, a medida que su conciencia, bajo hipnosis, entra totalmente en el ámbito espiritual. Muchos describen un regreso familiar a casa, al encontrar las almas de seres queridos fallecidos y de guías espirituales. Recopilando treinta años de datos, Newton creó un posible mapa de lo que podría ocurrir, al menos en algunos casos, durante el período que se extiende entre la muerte y el renacimiento. Entre otras cosas, este conjunto de datos sugiere que planificamos de manera activa cada una de nuestras vidas, lo cual incluye que elegimos a nuestros padres y nuestros cuerpos físicos, y seleccionamos los retos (como las enfermedades y los traumas) y los dones que más efectivamente nos enseñarán lo que venimos a aprender aquí. Según sus datos, llegamos a acuerdos referentes a nuestros planes con otros miembros de nuestro grupo de almas, que pasan a ser esas almas con las que nos encontramos y con las que interactuamos a lo largo de nuestras vidas y que desempeñan tanto roles positivos como roles negativos; a menudo efectuamos un intercambio para ayudarnos mutuamente a aprender lecciones cruciales.

Paul fue de los primeros hipnoterapeutas, en 2001, a quien Newton formó en sus métodos para conducir a la «vida entre vidas», la regresión hipnótica. Más tarde se le pidió que reuniese a un grupo de terapeutas a quienes Newton había formado para crear el Instituto Michael Newton, en 2005. Paul fue el presidente durante cuatro años y desde entonces ha continuado como director de educación.

Cynthia, una clienta de Paul, que tenía cuarenta y dos años, quería abordar los problemas que tenía de baja autoestima y con su imagen corporal. Se preguntaba si las burlas constantes de las que había sido objeto desde su infancia estaban relacionadas con su actual baja autoestima. Amablemente, Paul le hizo una regresión para volver a la infancia; recordó haber recibido constantemente burlas por su gran nariz. Otros niños se reían de ella, pero también uno de sus tíos, que era especialmente cruel. Luego, la guio para que siguiera retrocediendo en el tiempo, en busca de la fuente original de su problema.

–Parece que estoy en una especie de templo al aire libre. Necesito descansar un rato. Estoy en espíritu. Acabo de morir y de volver a casa. Necesito un tiempo para adaptarme. ¡Todo es tan brillante aquí!

Después de adaptarse a su nuevo entorno, experimentó un tiempo de contemplación que implicaba mirar la vida que acababa de terminar.

–Yo era una mujer hermosa y alta. Era una vida elegante, pero realmente era bastante vanidosa. Oh, era realmente terrible. Sentía que era mucho mejor que todas las demás... Esto me resulta muy difícil de ver. ¿Cómo puedo haber sido tan arrogante? Y no solo arrogante; era realmente presumida. No trataba bien a la gente. Oh, esto es tan difícil... Me sentía tan superior solo por mi belleza... Ridiculizaba a las que no eran tan guapas y me reía de ellas. Era realmente, bueno, realmente mala. Ahora no soy así. ¿Cómo puedo haberme comportado de ese modo? Ahora comprendo por qué soy tan dura con mis dos hijos si alguna vez se burlan de alguien o lo ridiculizan.

La comprensión obtenida de esta revisión de vida era difícil de asimilar para Cynthia. Paul sintió que había algo más que explorar.

–Mirando esa vida, como resultado de las experiencias que acabas de ver, ¿qué pensamientos y sentimientos experimentas ahora? –le preguntó.

–Estoy horrorizada de mi arrogancia y mi maldad. Mi belleza era tan importante para mí... Descubro que nunca más quiero ser así –respondió Cynthia.

–Como resultado de las experiencias que tuviste en esa vida, ¿qué decides hacer o no hacer en tu próxima vida? –sondeó Paul a continuación, suponiendo que la respuesta del alma de Cynthia ofrecería comprensión sobre las experiencias que le preocupaban en esta vida.

–Desde luego, no quiero ser guapa. Quiero descubrir cómo se siente uno cuando se burlan de él. Creo que sería mejor si soy bajita y sencilla. Sí, eso sería mejor. Y tendría una cara poco atractiva. ¿Quizás una nariz grande estaría bien? Sí, una nariz grande, fea. Eso es. Debería tener una nariz grande y fea que todo el mundo vería y de la que todos se burlarían. Quiero que se burlen de mí; así sabría realmente cómo se siente uno en ese caso y nunca volvería a comportarme de ese modo.

Esto no era el tipo de karma instantáneo, «ojo por ojo», o el castigo de un Dios-Juez impuesto a Cynthia por su conducta inapropiada. Era una decisión tomada por su alma para aprender por experiencia directa en la vida que estaba teniendo ahora. Los clientes de Paul habían hablado de estos tipos de decisiones que se tomaban poco después de dejar el cuerpo físico durante la revisión de la vida, pero antes de entrar totalmente en los elevados ámbitos del amor incondicional y la conciencia más iluminada.

La investigación indica que la revisión de la vida («tu vida pasando ante tus ojos») se ha descrito habitualmente en las ECM a lo largo de los últimos siglos (aparece descrita en un porcentaje de ECM que oscila entre el 30 y el 50 %, dependiendo del estudio), independientemente de cuál hubiese sido la religión o el sistema de creencias de la persona. Poco después de dejar el cuerpo físico, los participantes reviven cada situación en tiempo real aparentemente; a veces tienen la impresión de que tardan años en completar la revisión, aunque en tiempo terrestre solo han transcurrido segundos o minutos. Una lección fundamental de las revisiones de la vida tiene que ver con revelaciones acerca de la naturaleza efímera del tiempo y de las aparentes fronteras del «yo»: nos convertimos en esas otras almas impactadas por nuestras acciones y nuestros pensamientos, para experimentar los sentimientos que nuestras acciones provocaron en los demás al revivir momentos claves de nuestras vidas.

El ritual de la revisión de vida existe para que sintamos el impacto emocional de nuestra conducta desde otra perspectiva, tanto buena como mala, especialmente en aquellas situaciones que podrían albergar lecciones residuales para nosotros. Esto nos permite contemplar y valorar el progreso de nuestro desarrollo espiritual, en última instancia, a través de múltiples vidas. No es que el juicio caiga sobre nosotros, emitido por otro ser «superior»; nos juzgamos nosotros mismos (no desde una perspectiva egoica, sino desde la perspectiva de nuestra propia alma), y aparentemente lo hacemos con mayor severidad de lo que lo haría cualquier tercera parte. De modo que quien haya provocado mucho sufrimiento a otros, quien haya sido conducido por el ego y se haya mostrado egoísta y codicioso, se enfrentará a una revisión de vida relativamente desagradable que podría incluso asemejarse a una especie de infierno.

Sospecho que nuestras ideas del «infierno» surgieron de las revisiones de vida de quienes habían sido particularmente egoístas, codiciosos o propensos a provocar dolor y sufrimiento a otros. A través del proceso de ver como en un espejo la revisión de vida, sentir el aguijón de sus pensamientos y sus acciones sería bastante horrible. Las revisiones de vida sirven para nuestro aprendizaje de las lecciones de la vida, ya que le proporcionan equilibrio y justicia a nuestro desarrollo.

Una prueba significativa en la vida podría también estar relacionada con la lección importante de otra alma, como se ve durante un intercambio altamente emocional que tuvo lugar mientras Cynthia seguía explorando el tiempo pasado entre vidas justo con la persona con la que realmente no quería encontrarse, su tío ya fallecido.

—¡No, él no! De todas las personas que podría encontrar aquí en espíritu, ¿por qué tendría que ser él? Este es el tío que me maltrató durante años. Se burlaba de mí constantemente. Era muy cruel conmigo. No quiero tener nada que ver con él. Está viniendo hacia mí, con los brazos abiertos. Está llorando. Me abraza. Y siento un amor muy grande que viene de él. ¡Realmente me ama!

Yo creía que me odiaba. Ahora yo también estoy llorando. Es como un reencuentro. Me ha echado mucho de menos y, extrañamente, yo también he sentido que lo había echado de menos. Esto me provoca cierta confusión. Estamos abrazados y llorando.

—Esa fue una de las cosas más difíciles que hice por ti —le explicó su tío—. Me hiciste prometer que me burlaría de ti y te haría daño para ayudarte a superar tu tendencia a burlarte de los demás y herirlos. Realmente yo no quería hacerlo, pero porque te quiero y tú insististe, estuve de acuerdo. Fue muy doloroso para mí herirte de ese modo.

A Cynthia le costó asimilar todo eso. ¡Imagínate, después de casi cuarenta años de sentirse victimizada por su tío —y muchos otros— qué perspectiva más diferente tuvo! Parecía que le había pedido ayuda a un alma de la que se hallaba muy cerca para superar su tendencia a ser vanidosa y presumida.

—Estoy contenta de mi elección de un cuerpo más pequeño e incluso de mi nariz. Me han ayudado a aprender a ser más amorosa y tolerante. Respecto a mi tío, lo siento de manera muy diferente y comprendo de otro modo lo que me hizo. Ya no me siento como una víctima. Y aunque suene extraño, valoro lo que ha hecho por mí.

Observemos todas las cuestiones que surgen en las relaciones (entre padre e hijo, marido y mujer, jefe y empleado, etc.) y que muchos de nosotros hemos soportado. Esta escuela de pensamiento implica que hacemos esos planes juntos, conscientes de ello y con amor. Investigar esta idea no significa tener que aceptarla plenamente como verdad. Simplemente preguntémonos: «¿Y si fuera cierto?». Y a continuación recordemos sucesos importantes, especialmente aquellos que fueron catalizadores de un cambio, y pensemos: «¿Por qué podría haber planeado eso?» o «¿Produjo como resultado algo útil?». Presta atención a tus respuestas, y confía en tus intuiciones.

En algunas de mis exploraciones meditativas, he percibido cierta conciencia de los acuerdos álmicos entre mis padres adoptivos y mis padres y mis abuelos biológicos, para que sus vidas confluyeran de la manera que dio lugar al drama de mi adopción, pero obviamente la verificación de tales sensaciones puede ser muy difícil. Parece que toda la cuestión de la infertilidad de mis padres adoptivos y la entrega que les hicieron de mí mis padres biológicos era un acuerdo establecido por ellos antes del nacimiento, y mantiene unidos los viajes de nuestras almas.

Incluso mi bisabuelo, conocido entonces como Eben Alexander júnior, se dio a conocer durante una serie de galas benéficas en las que hablé para Children's Home ('hogar de los niños'), en Carolina del Norte. Esta es la organización que me cuidó de niño y organizó mi asignación a mis padres adoptivos. Brian Maness, presidente y director general de la Children's Home Society, en Carolina del Norte, estuvo encantado de compartir conmigo el libro *Adoption Means Love* [Adopción significa amor], una historia del Children's Home. El libro incluye una mención a un anterior Eben Alexander, que pude confirmar que era mi bisabuelo y tocayo. Fue uno de los primeros ciudadanos preocupados que en 1903 quisieron crear una casa para bebés y niños que necesitaban familias y ayudó a crear la organización que un día se convertiría en algo tan importante para mi viaje. Lejos estaba él de saber en ese momento la influencia que la Children's Home Society tendría en la vida de su nieto, mi padre, Eben Alexander júnior, al proporcionarle un hijo adoptado en 1954. Todos podemos mirar hacia atrás en nuestras vidas y abrir nuestras mentes a las sincronías que ocurren, y este tipo de conexión puede reflejar que somos parte de un plan mucho mayor.

Reconocer que las lecciones del alma que resultan de las adversidades, las luchas y los conflictos de la vida podrían servir a un propósito ofrece una gran comprensión a la hora de vivir nuestra vida. Y cuanto más abierto se está para aceptar las oportunidades que esos retos presentan para hacerse más fuerte, más se puede evitar seguir sufriendo en las vidas futuras. Si una lección determinada no se aprendió adecuadamente, puede que planeemos una situación todavía más abrumadora en la vida siguiente. Si aprendemos suficientemente la lección, no necesitaremos repetirla de nuevo y podremos seguir adelante para hacer frente al siguiente reto.

Esta idea puede parecer contraria al sentido común, especialmente cuando se trata de adversidades y dificultades extremas. Puede que encontremos difícil aceptar que hemos planeado deliberadamente situaciones menos que ideales para nosotros mismos. Pero cuando hacemos estos planes, tenemos plena conciencia de que la situación será temporal y generalmente no conservaremos la conciencia del acuerdo subyacente durante nuestra vida. Para aumentar la confusión que provoca el olvido programado, a menudo elegimos la experiencia opuesta a algo que queremos aprender, con el fin de comprenderlo desde una perspectiva diferente. Desde la posición estratégica del aquí y el ahora, algunas de nuestras decisiones parecen ilógicas; sin embargo, constituyeron una elección pragmática en el momento en que se tomaron.

Otro de los clientes de Paul era una mujer que tenía dificultades para quedarse embarazada. En su sesión de regresión hipnótica, recordó haber sido una nativa americana con dos hijos cuando saquearon su pueblo. Prácticamente todos los habitantes fueron asesinados, incluidos sus hijos, pero ella solo sufrió heridas y sobrevivió. Vivió el resto de su vida aislada, en otro pueblo, y cuando murió se dijo a sí misma: «No pude proteger a mis hijos. Murieron por mi culpa. No merezco ser madre; en la vida siguiente no tendré hijos». Y de ese modo vino a esta vida con esa culpa, y también con un problema físico que hacía que no pudiera quedarse embarazada, ni siquiera por medio de la fecundación *in vitro*.

Paul ha encontrado tres cuestiones fundamentales que surgen durante las sesiones de regresión hipnótica. Una son las emociones o sentimientos que traemos de nuestra experiencia anterior –felicidad, tristeza, ira, miedo– y que son desencadenados por experiencias de nuestra vida actual. Descubrir el origen de esas emociones estancadas y liberarlas puede ayudarnos enormemente. La segunda son nuestras creencias. Cuando experimentamos algo, sea de una vida anterior o de esta vida, nos formamos ciertas creencias. Estas creencias a menudo tienen que ver con problemas, y de ese modo terminan generalmente en una especie de autosabotaje –«no soy lo bastante bueno», «el mundo es un lugar cruel» o «es culpa mía»–. Estas creencias constituyen un aspecto fundamental de por qué realizamos determinadas elecciones. La tercera cuestión son las estrategias para la supervivencia, lo que aprendemos a hacer para sentirnos seguros y ser amados: «elegiré las necesidades de los otros antes que las mías», «no tendré hijos» o «seré invisible»–. Estas estrategias comprenden el programa que está funcionando por debajo del nivel superficial de nuestra conciencia: eso es lo que realmente rige nuestras vidas.

Estos programas tienen lugar no solo en la infancia, sino también en el seno materno, donde nuestra alma se une con el cuerpo. Los traemos de vidas anteriores; son el material sobre el que trabaja el alma. Hay lecciones de la vida y lecciones del alma. Las lecciones de la vida son peldaños que pueden subirse en una vida individual y que conducen hacia lecciones más importantes. Por ejemplo, Cynthia eligió un aspecto poco atractivo para aprender a aceptar por igual a todas las almas, independientemente de su imagen externa. Esas dificultades que exigen de manera especial nuestra atención se relacionan probablemente con las lecciones que hemos elegido y actúan como catalizadores para cambiar de perspectiva o para producir cambios significativos.

Algunas lecciones no se aprenden en una sola vida, y sirven más como puntos cardinales que guían múltiples encarnaciones hacia una lección más profunda que tenemos que comprender. Las lecciones del alma siguen de una vida a la siguiente y pueden abarcar las lecciones más ambiciosas, como el perdón, o convertirse en una plena encarnación del amor incondicional que existe en la fuente de toda la existencia. No siempre hay suficientes oportunidades para resolver completamente una cuestión en una sola vida. Efectuamos las elecciones con la mejor intención, aunque parece que no siempre nos va bien, al menos en la superficie.

Aysu (no es su verdadero nombre) llegó al despacho de Paul en Estambul después de haber padecido una vida de dolor y fatiga crónicos que le imposibilitaban trabajar, agotaban a su familia y habían arruinado más de una relación. Quería liberarse de estos problemas de salud y anhelaba desesperadamente comprender por qué experimentaba tanto sufrimiento en su vida. Había probado varios tratamientos médicos y numerosas terapias, todo ello sin resultados.

Paul la hizo regresar, a través de hipnosis, a un suceso traumático de su primera infancia, a un momento en el que se sintió sola y con mucho miedo. Guio a Aysu, como la mujer y madre amorosa que hoy es, para que tomara a su asustado yo infantil en sus brazos, lo amara y lo protegiera. A continuación, la condujo a un momento todavía anterior, al seno materno, donde se estaba desarrollando su cuerpo físico.

–Es doloroso. ¡No quiero estar aquí! Es tan incómodo... –exclamó Aysu.

Paul reconoció rápidamente que había traído el dolor con ella a esta vida, de modo que la dirigió hacia su vida anterior, en la que recordó haber sido golpeada hasta morir. Aysu experimentó una sensación de ir a la deriva, flotando hacia arriba, como un globo, y finalmente llegó a un lugar en el que se encontró rodeada de tres guías.

–Queremos trabajar contigo sobre tu interpretación errónea del dolor. Tú crees que el dolor enseña. Crees que tienes dolor porque piensas que puedes recibir amor a través del dolor. Crees que como dañaste a otros en el pasado, mereces tener dolor ahora –dijo su primer guía.

Los guías eran muy claros y directos, pero a Ayso le costaba comprender. Sus creencias habían viajado con ella a través de muchas vidas.

–Estás tan centrada en el dolor que no puedes ir más allá de él. Te aferras a tu dolor porque temes que si lo abandonas, les sucederán cosas peores a tus hijos, el resto de tu familia y tus amigos. Viene siendo así desde hace vidas. Confía en nosotros y suéltalo. Abandona esas ideas y deja partir este dolor –le sugirieron.

Los guías eran amorosos y persistentes, y Aysu finalmente se abrió al amor y la energía sanadora que le transmitían y rompió a llorar.

–Me están consolando y diciéndome que lo suelte todo, que no me aferre a nada.

–Ahora tu alma es feliz con un cuerpo recién sanado. Te agradecemos que hayas trabajado con nosotros. Hay otros aspectos de tu vida que también se resolverán ahora –dijeron los guías.

Paul estuvo encantado cuando meses más tarde volvió a ver a Aysu. Había quedado libre del dolor crónico y estaba trabajando otra vez. Estaba llena de sonrisas y contaba que las cosas le iban ahora mucho mejor con su familia, en casa.

Soltar los traumas pasados a menudo lleva a la resolución de ciertos temas, pero algunos retos son más difíciles de comprender, especialmente cuando implican la muerte de un ser querido. Muchas veces no podemos comprender por qué nos pueden arrebatar súbitamente a alguien en la flor de la vida. Las razones de ello generalmente no son evidentes, pero a veces un cambio de perspectiva permite una mejor comprensión.

Una mujer de un país de Europa del Este, cuyo novio había muerto en un accidente de coche, buscó la ayuda de Paul. Su novio estaba conduciendo hacia la casa de los padres de ella para anunciar su compromiso cuando patinó en una capa fina de hielo y murió. Habían estado juntos durante un año y se habían enamorado, como en una fantasía mágica. Su pregunta era por qué: ¿por qué él había tenido que ser arrancado de su vida? ¡Se amaban tanto el uno al otro! ¿Cómo era posible que Dios fuese tan cruel? Estableció contacto con su amado novio y, para su sorpresa, él le dijo: «No, no se me quitó; se me concedió una extensión de la vida para que pudiéramos vivir ese año juntos».

Ella pasó de sentirse desolada por no tenerlo más a estar agradecida por haber podido pasar ese tiempo con él. Y no parecía que su relación se hubiese terminado. Había recibido unos veinte o treinta mensajes suyos tras morir. Originalmente eran mensajes de texto que él le había enviado cuando estaba vivo y que misteriosamente volvieron al comienzo de la lista de mensajes de su teléfono. Ella estaba escuchando su canción favorita en la radio, y de pronto un mensaje de texto que él le había escrito muchos meses antes sobre esa canción aparecía como un mensaje nuevo. Quizás planearon encontrarse nuevamente en una vida futura.

El fluir del tiempo en la Tierra no funciona del mismo modo que lo que yo llamo el «tiempo profundo». El tiempo profundo ocurre antes del tiempo terrestre y se aplica a nuestras almas superiores y a los grupos de almas. El tiempo profundo es la organización superior de todo lo que se despliega para los seres en su viaje superior, para que ningún alma reencarne de una manera que impida las interacciones apropiadas con otros miembros de su grupo de almas en el momento adecuado. Dicho de otro modo, que no reencarnen demasiado pronto, de manera que no estarían disponibles para, por ejemplo, acompañar al alma de un ser querido al fallecer este.

Una reencarnación podría incluso tener lugar antes de una encarnación (desde el punto de vista del tiempo terrestre), si eso ayuda en la presentación óptima de las lecciones de vida aprendidas y enseñadas dentro de un grupo de almas en evolución. El orden de los sucesos en el tiempo profundo tiene prioridad sobre cualquier orden dentro del tiempo terrestre. El tiempo profundo tiene más que ver con la trama y la temática de las lecciones de un grupo de almas, a diferencia del tiempo terrestre, que es un marco más simple: el escenario en el que los sucesos de la trama se desarrollan.

Cuando empiezas a ser consciente de tu papel como jugador en el escenario de la vida, las razones de algunas circunstancias pasan más claramente al centro de la atención. Retrocede un paso y contempla una situación de tu vida en una escala más grande. Reflexiona sobre las aparentes dificultades que has tenido y recuerda las lecciones importantes que has aprendido. Por ejemplo, ser sorprendido en un pequeño robo siendo niño puede ser humillante en ese momento, pero años más tarde quizás te des cuenta de que era importante tener esa experiencia para aprender el valor de la verdadera integridad. Lograr una comprensión clara en el momento de los hechos puede parecer imposible, pero a veces tras su resolución llega una comprensión más profunda. Nuestros propios temas a menudo son los más difíciles de ver, aunque ejercitar nuestro observador interno neutral ciertamente ayuda.

En lugar de esperar la revisión de vida al final de esta, ¿qué tal si pudiéramos poner en marcha una revisión diaria o semanal, en la que los sucesos más destacados sean valorados como lecciones potenciales? Tales revisiones pueden traer a la superficie lecciones vitales significativas mientras todavía tenemos tiempo de hacer cambios en nuestra actitud y nuestro comportamiento. Esto ocurre en la propia mente, quizás durante una meditación o en un momento contemplativo, y puede llevar a efectos extraordinariamente transformadores. Presta atención a lo que te dispara emocionalmente: esto es una clave de que posiblemente estás ante una lección importante. Observa las situaciones que puedas haberte encontrado y que quizás podrías haber manejado de una manera diferente para obtener un mejor resultado. ¿Estás orgulloso de tus reacciones? ¿Podrías haber intentado otra estrategia?

Centrarse en modificar la propia perspectiva y la propia conducta es fundamental, sin detenerse en cómo las acciones de los demás deberían cambiar. Imagina cómo podrías haberte comportado de manera diferente y haz planes para modificar tus acciones la próxima vez que te enfrentes a una situación similar. Puedes incluso decidir disculparte por una conducta determinada. La cuestión es no quedarte atascado en incidentes pasados, sino revisarlos para educarte acerca de cómo interactuar con el mundo. Con la práctica, es posible realizar cambios en el momento exacto en que se presenta una situación conflictiva, en lugar de tener que revisarla en un momento posterior. La mejor manera de realizar esto es desarrollar el observador interno neutral para mirar las reacciones emocionales desde una perspectiva más amplia.

En última instancia, los planes que hacemos parecen relacionarse con el tema subyacente del amor y el servicio a los demás. Podemos aprender estos conceptos intelectualmente y comprender su valor en nuestras mentes, pero el mayor aprendizaje procede de la propia inmersión en las situaciones reales de la vida aquí en la Tierra. Incluso alguien que parece tener dificultades con cada aspecto de la vida está desempeñando un papel significativo. Ya sea que estemos aprendiendo la compasión o la paciencia en esas situaciones, o dando un empuje al crecimiento de otra persona, mientras aprendemos y crecemos como individuos, contribuimos a la evolución constante de todo el universo por medio de modelar nuestras lecciones con otros a través de nuestras acciones y nuestro comportamiento.

Cuando aceptamos plenamente que somos almas eternas y que hacemos planes para hacerles frente por medio de ciertas dificultades, ya no somos víctimas de las circunstancias. Algo que parece injusto de repente puede parecer que tiene un propósito, y llegamos a respetar más incluso a aquellos que logran aceptar las circunstancias indeseables o salir de ellas fortalecidos. Estas personas están aprendiendo las lecciones de su vida. Cada uno de nosotros ofrece un aspecto único de la totalidad y, colectivamente, constituimos la autoconciencia del universo, y de este modo participamos en la cocreación de su destino evolutivo. Aprendemos las lecciones del amor y la compasión planificando los sucesos de nuestra vida, tanto los momentos difíciles como los momentos felices. En última instancia, mediante el aprendizaje de la verdad subyacente a las lecciones de nuestra alma, logramos la paz interior y la comprensión de tales sucesos desde un punto de vista más elevado.

Capítulo 14

LA LIBERTAD DE ELECCIÓN

Yo creo que somos los únicos responsables de nuestras elecciones, y tenemos que aceptar las consecuencias de cada acción, cada palabra y cada pensamiento a lo largo de nuestra vida.

Elisabeth Kübler-Ross (1926-2004), psiquiatra suizo-estadounidense

Las elecciones que realizamos están directamente relacionadas con las experiencias que tenemos en nuestras vidas; no solo esos planes que hemos olvidado antes de entrar en esta vida, sino las decisiones que tomamos en la vida diaria. Saber cosas acerca de nuestros objetivos previda puede ser útil en algunos casos, desde luego, pero ¿y si en lugar de esperar hasta haber dejado el cuerpo físico lográsemos comprender las lecciones de la vida mientras todavía tenemos la oportunidad de realizar elecciones diferentes?

Nuestras decisiones tienen que ver no solo con nuestra conducta específica, sino también con la intención o la actitud que subyace a esas decisiones. Como Gary Zukav señala en *El asiento del alma*: «Lo que eliges, con cada acción y cada pensamiento, es una intención, una cualidad de conciencia que llevas a tu acción o tu pensamiento». Cada día efectuamos multitud de elecciones, la mayoría de las cuales son reacciones a las circunstancias, sin pensarlo conscientemente. Gary nos recuerda que cada vez que elegimos una intención hay una consecuencia y nos recomienda que prestemos mucha atención a las ramificaciones de nuestras elecciones. Hacernos más conscientes del proceso de nuestras decisiones inconscientes nos permite tener una mayor conciencia de cómo se produce el despliegue de la realidad.

Al darte cuenta de que creas activamente los sucesos de tu vida con tus elecciones libres, vas más allá de simplemente reaccionar a las situaciones a medida que ocurren. Obtener una imagen más grande de este poder individual proporciona una tremenda ventaja a la hora de gestionar las dificultades que tienen lugar. Una elección conduce a otra, y mirar hacia atrás, a las series de sucesos a lo largo de toda la vida, puede revelar patrones de sufrimiento que se repiten. Es fácil sentirse víctima de las circunstancias y quedar estancado, pero mediante el reconocimiento del poder de elección (sea consciente o no), es posible romper esos ciclos y literalmente cambiar el futuro.

Karen se esforzaba por ayudar a su hija Jamie a manejar sus estallidos emocionales de rabia y ansiedad durante su adolescencia. Jamie a menudo se veía envuelta en problemas por discutir con los profesores, y a veces incluso la expulsaban y no se le permitía ir a clase. Se saltaba muchas veces las clases. Mantener a Jamie en la enseñanza se convirtió en un círculo vicioso. Empezó a consumir drogas y alcohol para distraerse de las preocupaciones –una forma de automedicación–. Después de hablar con su médico de los pensamientos suicidas y de automutilación que tenía, pasó unos días en un centro de salud mental de la zona, donde se le prescribió una fuerte medicación debido a un diagnóstico de bipolaridad. Karen estaba preocupada, pero conocía a su hija bien y sintió que eso era demasiado radical. Rechazó el consejo del médico, temiendo que llevase todavía a un mayor consumo de drogas por parte de Jamie, si seguía la prescripción.

A los diecinueve años, Jamie descubrió la hipnoterapia y le dijo a su madre que le gustaría encontrar un hipnoterapeuta que la ayudase a gestionar sus asuntos emocionales. Se sentía atraída por ello, en parte porque la llevaría a un estado de relajación y la guiaría mediante sugestiones, en lugar de pedirle que describiera sus problemas, como había intentado (y evitado) en terapia a través del habla. Karen sabía que su hija podía ser difícil de guiar, ya que era testaruda y se resistía a toda autoridad. Fue frustrante que el primer terapeuta se negara a tratarla porque sentía que era demasiado terca y rebelde. Sin dejarse afectar por ello, Karen buscó un facultativo especializado en la adolescencia, y sus esfuerzos se vieron recompensados. La cita comenzó revisando los temas principales de Jamie.

—¿Qué sucede cuando llegan las dificultades? —preguntó el terapeuta.

—Generalmente, me aburro —respondió Jamie.

A petición de Jamie, Karen se quedó en la habitación durante la sesión de hipnosis. Observaba cómo su hija se iba relajando poco a poco, acompañada de la voz suave del terapeuta que la guiaba. Pronto entró en un estado hipnagógico. Tras unos minutos de preguntas, para establecer una relación fácil, el terapeuta fue directo al tema principal:

—Retrocede al momento en que te sentiste aburrida por primera vez.

La voz de Jamie sonaba un poco diferente de su voz normal; hablaba un poco más lentamente y de manera más consciente, desde su estado de conciencia profundo. Y describió una escena de cuando era más joven y se aburría en la escuela.

—¿Fue esta la primera vez que te aburriste?

—No —contestó Jamie.

—Retrocedamos un poco más.

—Ahora soy un bebé en una cuna mecedora —describió.

El terapeuta siguió guiando a Jamie para identificar la posible fuente de su aburrimiento desde sus primeros días y cómo esto la llevaba a tener problemas. El paso siguiente era ofrecer una solución.

–Ahora voy a pedirte que avances hacia tu futuro. Si no haces cambios en tu vida, ¿cómo serán las cosas dentro de diez años?

Jamie describió una escena en la que, aunque no estaba casada, tenía dos niños y vivía con su hermanastro. No tenía trabajo y luchaba por llegar a final de mes.

–Ahora supongamos que has realizado cambios constructivos en el modo de organizar tu vida. Avanza diez años y describe cómo es tu vida.

Jamie describió una escena completamente diferente, en la que era independiente y tenía un trabajo en el que se sentía realizada. Estaba contenta y mantenía una relación amorosa. Mientras seguía en ese estado hipnagógico, el terapeuta le preguntó qué futuro preferiría experimentar en la vida real y Jamie eligió, como cabía esperar, el último. El terapeuta le sugirió que le pidiese a ese «yo futuro» que la ayudase cada vez que lo quisiera, ya que ese yo había creado una vida feliz y exitosa y podría ser un consejero útil.

Después de esta terapia, Jamie comenzó a cambiar y a tener más control sobre su vida. Le encantaba la idea de que era su yo futuro, una parte dentro de sí misma y no otra persona, el que podía aconsejarla, y esto parecía empoderarla a medida que avanzaba. Casi diez años después, está bien equilibrada, contenta con su trabajo, felizmente casada con un marido amoroso y que la apoya, y esperando un hijo.

Poco después de graduarse en el instituto, Jamie le reveló a Karen que le agradecía que no le hubiese dado la medicación prescrita durante los años anteriores. Admitió que a veces actuaba de maneras extremas deliberadamente, para poder conseguir recetas médicas de determinados medicamentos, tal como hacían algunos de sus amigos. Jamie había observado algunas de las reacciones de sus colegas a varias sustancias durante los años anteriores. Llegó a la conclusión de que habría sido peor si hubiera tomado más medicamentos y estaba muy contenta de haber encontrado maneras eficaces de gestionar sus reacciones emocionales. Sigue teniendo buenos resultados utilizando la autohipnosis para tratar otros temas en su vida. El suyo no ha sido un camino fácil, sino más bien una carretera hacia un constante mejorar mediante el esfuerzo consciente para realizar elecciones diferentes a través de la guía de su yo futuro.

Al haberme enfrentado a mi propio alcoholismo a comienzos de los años noventa, pude ver los aspectos oscuros del alcoholismo, y de la adicción en general, como representando potencialmente un agujero espiritual en el núcleo del propio ser que se intenta llenar con una sustancia no espiritual. Ese agujero no se puede llenar, excepto con «sustancia espiritual». Piensa en la sustancia espiritual como la conexión con los demás y con el universo, un vínculo que va más allá de lo físico. Incluso en esos días anteriores al coma, cuando luchaba con fe en un poder superior, el papel de la carencia espiritual como causa raíz parecía muy evidente, en mi interior y en todas las almas convalecientes que encontré. El vacío espiritual surge de una sensación de aislamiento y separación, que es falsa, pero que resulta desoladora para el ser humano que la sufre. Llenar un vacío espiritual con algo del mundo físico, como drogas, alcohol o sexo, a menudo parece aliviar ese dolor, pero solo lo hace de manera temporal, efímera.

En las honduras de la desesperación, hallar una solución permanente puede no ser tan sencillo. Algunos incluso recurren a quitarse la vida, con la esperanza de huir de la desesperación extrema. El progreso en la vida se mide por las elecciones que uno hace en cada momento, pero qué elección realizar no siempre resulta obvio. El camino más directo al éxito es a través de la manifestación perfecta del amor incondicional hacia todos los seres, comenzando con uno mismo. No obstante, esto puede ser difícil de lograr; tenemos la libertad de hacerlo de otro modo. Sin embargo, elegir de otra manera supone un camino más arduo, a menudo asociado a la ansiedad y a dificultades cada vez mayores. De todos modos, cada uno de los senderos nos enseñará finalmente las lecciones fundamentales del amor, la compasión, el perdón, la aceptación y la misericordia, aunque no necesariamente dentro de los márgenes de una sola vida.

Karen recibió una inesperada llamada telefónica de su madre, en mayo de 2006, en la que le decía que su padrastro había muerto. Aunque se sintió triste, no se vio perturbada, dado el estado en que estaba la última vez que lo vio. Estaba mejor preparada que la mayoría para gestionar la noticia de que alguien cercano ha muerto; como comprendía perfectamente que la muerte es una transición, y no el final de la conciencia, sabía que Randy continuaría recibiendo lecciones para su alma en el ámbito espiritual. Junto a los detalles de lo que había ocurrido, Diane –la madre de Karen– compartió algo bastante inusual.

–Los ventiladores de los techos de todas las habitaciones se pusieron en marcha en mitad de la noche, simultáneamente –dijo–. Me levanté para apagarlos y sentí la presencia de Randy, como si estuviera realmente ahí.

No estaba segura de si los muertos podían comunicarse con nosotros, pero sabía que su hija estaba abierta a tales ideas, y Karen sabía que los aparatos electrónicos eran uno de los modos más habituales de comunicación desde el otro lado.

–¡Sí, muy probablemente fue él quien puso en marcha los ventiladores! –confirmó Karen, sabiendo que estas palabras la consolarían–. Quizás vuelva a hacer algo así. Presta atención a las señales. Yo también lo haré.

–¿Me lo dirás si establece contacto contigo? –preguntó Diane.

–Sí, por supuesto –respondió Karen.

Karen estaba seria, pero aliviada de que el sufrimiento físico de Randy hubiese terminado. Encendió una vela y mandó pensamientos y sentimientos de compasión, consuelo y amor a su espíritu en transición, estuviera donde estuviese.

–Por favor, debes saber que te amamos, sí o sí –imploró.

Randy había sido una influencia importante en la vida de Karen desde que era niña. Uno de sus recuerdos más fuertes de él era cuando la había ayudado a hacer una ruta para la entrega de periódicos cuando ella tenía once años. Karen empezó a repartir diarios todas las tardes, en bicicleta, a treinta y cinco casas de su barrio de Salem (Oregón). Con el paso del tiempo, llegó a hacer un recorrido en el que repartía cientos de ejemplares del periódico local, *Statesman Journal*, para lo que necesitaba utilizar un coche.

Randy la acompañaba cada mañana y rápidamente se hizo evidente que la habilidad de Karen para conducir facilitaría el trabajo, así que él le enseñó a conducir antes de llegar a la edad legal para hacerlo. De esa manera, podrían poner en práctica modos más eficientes de repartir los diarios en tándem. Durante los años escolares de Karen, pasaban juntos las primeras horas de casi todas las mañanas, conduciendo por calles desiertas, llevando periódicos a las casas de la gente. Él era gracioso y encantador, y a menudo bromeaba bondadosamente con Karen, siempre de manera amable.

Las circunstancias que habían llevado a su muerte ofrecían motivos para reflexionar. Cuando el hermano menor de Karen se fue de casa para ir a la universidad en 1983, Randy y Diane se trasladaron de Oregón a Arizona. Debido al mercado más extenso en el área de Phoenix, que era más grande, Randy pensó que era una buena oportunidad para regresar a la industria de la radio, en la que había crecido en los cincuenta y los sesenta como DJ de *rock and roll* y, más tarde, como director de música y locutor de deportes. Se le ofreció un trabajo como DJ de fin de semana, pero sentía que el puesto estaba por debajo de su nivel de experiencia, aunque no había trabajado en la radio durante los últimos diez años. Decidió esperar un trabajo de perfil más elevado, un ofrecimiento que nunca llegó.

Encontró trabajos esporádicos aquí y allá, pero ninguno de ellos satisfacía su sueño de volver a la radio. Cada vez más, comenzó a padecer ansiedad y se le prescribió Xanax. Finalmente, encontró trabajo estable como camionero, y se jubiló en el año 2000. Poco después entró en depresión. No tenía nada que hacer, excepto pasear diariamente con su majestuoso husky siberiano, gris y blanco. Su nombre era *Leica*, y tenía un ojo azul y otro marrón. *Leica* a menudo lo acompañaba en los viajes largos.

Con el tiempo, la depresión de Randy empeoró. En una visita a un médico, admitió que tenía pensamientos de suicidio y lo mandaron a un psiquiatra, quien le prescribió antidepresivos, junto al medicamento ansiolítico Xanax, que había seguido tomando. Había dejado de beber y de fumar años antes, pero regularmente tomaba medicación para tratar los síntomas del colesterol alto, la presión sanguínea elevada y una hernia de hiato. Karen y Jamie les hicieron una visita en Arizona en 2004 y encontraron que Randy era una concha vacía. Nada quedaba de su humor bromista, lo cual había transmitido a la joven Jamie, de manera que los dos habían perdido su naturaleza divertida, juguetona. Hallaron que le cansaba incluso mantener una breve conversación. Parecía apagado y sin interés en nada, como si nada importase.

Para empeorar las cosas, le habían diagnosticado recientemente herpes zoster, una infección vírica extremadamente dolorosa de los nervios periféricos, sin cura médica, pero que añadía una prescripción para el tratamiento del dolor a su cóctel de medicamentos. El golpe siguiente fue el 9 de marzo de 2006, cuando su querida perra *Leica* murió tras doce años de leal compañía.

El lunes anterior al Día de los Caídos en Guerra de ese mismo año, Diane iba conduciendo al trabajo, como de costumbre. Randy había estado especialmente malhumorado la noche anterior y, aunque no era uno de los hábitos de Diane, se sintió impulsada a llamarlo a casa al mediodía. Él contestó al teléfono, pero le costaba pronunciar las palabras.

–¿Qué sucede? –preguntó Diane.

–Nada –contestó él. E inmediatamente después, ella oyó una caída en el fondo.

–¿Qué ha sido eso? –le preguntó.

–Me he caído, pero estoy bien. No vengas a casa –insistió Randy, y colgó el teléfono.

Diane sintió que algo iba horriblemente mal y de inmediato pidió permiso para salir del trabajo. Mientras hacía el viaje de una hora de duración, a través de Phoenix, por la autovía 10 hasta la carretera 202, se preparó para lo que pudiera encontrarse. Al entrar en casa, lo primero que vio fue una botella de *whisky* Jack Daniel's en la cocina, y luego un bote vacío de Xanax y una nota. Lo halló sentado en una butaca del dormitorio, con fotos de ella en su regazo. No respondía, pero todavía respiraba, y llamó a emergencias. Los paramédicos intentaron reanimarlo y lo llevaron al Mesa General Hospital para seguir intentándolo allí, pero fue demasiado tarde.

El suicidio resulta debilitante para quienes quedan tras él. Diane repasaba constantemente qué podría haber hecho de otra manera para evitar tal pérdida. Se sentía atormentada por la culpa, y Karen hizo lo que pudo por aliviar los reproches que su madre se hacía a sí misma.

Después de su muerte, Karen estuvo meses intentando llegar hasta Randy en estados de conciencia expandidos. Tales intentos de comunicación con los seres queridos pueden ser elusivos, pues generalmente estamos demasiado cargados emocionalmente para permitir la claridad y la neutralidad necesarias. La falta de resultados podría haber sido desalentadora y decepcionante, pero ella sabía que las almas de los seres queridos que han partido también podían aparecer en sueños. Estaba decidida a seguir teniendo paciencia.

El 7 de junio de 2007, se vio recompensada con un sueño así, como escribió en su diario: «He visitado a Randy. Estaba feliz y hablador; me dijo que era un espíritu. Hablamos mientras él estaba sentado en su silla favorita. Más tarde, él iba conduciendo un autobús por un túnel y yo estaba a su lado, en el coche. Me saludó con la mano para asegurarse de que lo viese a mi izquierda; luego, señaló a su izquierda, más allá de los carriles, hacia un memorial suyo –fotos, flores– que había en un hueco del túnel. En un momento de la conversación anterior, expresó decepción, o más bien celos de un hombre que la madre de Karen conocía y con el que pasaba bastante tiempo. Decía que ese hombre había estado en su casa tres veces. También que, como Randy, tenía un cabello fuerte».

El sueño le mostró a Karen que Randy parecía feliz y había recuperado su habitual yo valiente y decidido. Su cabello fuerte y abundante no había estado presente desde que era mucho más joven. Así como yo había visto a mi padre y a Agnew mientras escuchaba los tonos binaurales, Karen vio a su padrastro en su estado físico ideal, en su cuerpo de luz. Ambos estaban conduciendo en el sueño, en una evocación de las muchas horas que habían pasado juntos repartiendo periódicos. Ella percibió que el sueño estaba acompañado de vibraciones atípicas y una sensación de caída.

Hasta aquí, no se atrevía a declarar que se había comunicado realmente con Randy. Por la experiencia y el discernimiento que tenía, sabía que todo eso podría ser información que su mente subconsciente le había dado para proporcionarle consuelo, y que podría descartarse fácilmente como una visión creada a partir de sus propios deseos. Es decir, hasta que habló con su madre. Diane y Karen no hablaban con mucha frecuencia; podían pasar muchos meses entre una conversación y otra, y no solían compartir detalles de sus vidas cotidianas. Pero el encuentro con Randy exigía una llamada telefónica.

–Mamá, he tenido un sueño con Randy –empezó a decir Karen.

Diane mantuvo su mente abierta y sintió alivio al oír que Randy parecía ser feliz y tenía un cabello abundante. Pero sus comentarios respecto a la preocupación de Randy acerca de un nuevo hombre en su vida fueron lo más interesante.

–Esto es tan extraño... He estado viendo a otro hombre, un antiguo amigo del colegio –explicó Diane–. Hemos salido a cenar tres veces y él me ha recogido en casa cada vez. Recientemente he decidido no verlo más, pues no estoy preparada para comenzar a salir con alguien en serio.

En el sueño, Randy había expresado decepción o celos con respecto a un hombre con el que Diane pasaba algunos ratos, y dijo que ese hombre había estado en su casa tres veces. Dado que Karen no tenía ni el más mínimo conocimiento de las recientes actividades de su madre, esto suponía una confirmación significativa de que posiblemente había interactuado con una energía a la que identificó como su padrastro, quien aparentemente le había comunicado datos acerca de hechos que estaban sucediendo en la Tierra.

Diane compartió ese asombro y las noticias le proporcionaron alivio, pues parecía que Randy estaba realmente bien y seguía velando por ella. El sueño de Karen sobre Randy contribuyó mucho a la capacidad de Diane de dejar atrás su culpa y su pena. La idea de que velaba por ella era reconfortante. Después de cinco años de penitencia autoimpuesta y de guardar sus cenizas en casa, Diane lo organizó para que Randy y *Leica* fuesen enterrados juntos en Cascade Locks (Oregón), bajo un avellano (una especie conocida como «bastón de Harry Lauder»), en un lugar donde había una preciosa vista que daba al río Columbia. Ahora, Diane está en paz con todo lo ocurrido y sigue manteniendo una actitud positiva en la vida.

«¿Dónde está el alma del ser querido que ha partido, habiéndose suicidado?», me preguntan a menudo, muy preocupados. Una de las observaciones más constantes del doctor Raymond Moody, durante más de cuatro décadas de estudio, es que aquellos que habían intentado suicidarse y habían vivido alguno de los rasgos de una ECM, especialmente la revisión de vida o el sentimiento de un abrumador amor incondicional, volvían a este mundo y generalmente nunca más intentaban suicidarse. Esto es muy destacable, ya que el patrón más típico en el caso de los intentos fallidos de suicidio es que haya nuevos intentos, a menudo una y otra vez y, triste es decirlo, muchas veces con éxito.

La presentación de los rasgos comunes a las ECM –como la presencia del amor y la revisión de la vida, en las que quienes han intentado suicidarse descubren el amor que otros (y la Fuente divina) tienen hacia ellos, y el dolor y el sufrimiento que han causado a otros a través de su acto– revela el extraordinario poder de las ECM para corregir todo el camino de un grupo de almas. Algunos describen una revisión de vida extraordinariamente rica, todo un proceso que parece ser efectivo para prevenir nuevos intentos de suicidio, porque lo que la persona encuentra en la revisión de vida es la evidencia aplastante del extraordinario amor que había en su existencia, aunque no reconocido por ella durante esa «noche oscura del alma» que la condujo a su intento de suicidio.

Lo que es importante reconocer es que quienes se quitan la vida están eligiendo un camino especialmente arduo y es muy probable que puedan elegir volver a vivir esencialmente las mismas circunstancias que intentaron dejar atrás. Todos somos esenciales en la evolución de la conciencia, y no podemos simplemente abandonar. Nadie sale muerto de aquí: en última instancia no hay huida posible del continuo de conciencia. Es sabio aceptar el glorioso regalo de la vida física y superar los retos que presenta para hacer posible el aprendizaje, el desarrollo y la trascendencia verdaderos. No se puede decir que esto sea fácil, especialmente en nuestra cultura moderna.

El Premio Nobel de Economía de 2015 fue concedido a dos economistas de la Universidad de Princeton, el doctor Angus Deaton y su esposa, la doctora Anne Case, por una investigación que revelaba una realidad sorprendente acerca de nuestra sociedad. El índice de mortalidad entre los estadounidenses blancos de edad media está creciendo constantemente, en comparación con lo que ocurre con grupos similares de otras naciones desarrolladas. Este aumento en el índice de muertes no se debe a los sospechosos habituales que son el cáncer, la diabetes y las enfermedades del corazón, sino más bien al constante crecimiento de muertes por suicidio y como consecuencia del abuso del alcohol y otras sustancias (especialmente la heroína y las sobredosis de opiáceos prescritos).

Otros economistas han quedado impactados por esta tendencia alarmante. Ni siquiera la epidemia del VIH/sida ha causado una mella tan importante en la expectativa de vida en los Estados Unidos en las últimas décadas. Uno de los principales responsables de este patrón tiene que ver probablemente con el vacío espiritual que ha ido creciendo en nuestra cultura secular. La sociedad occidental moderna está liderada por la ciencia convencional, que niega la realidad del alma y del espíritu en nuestras vidas. Nuestra sociedad no fomenta el valor de una conexión espiritual interna rica.

Créeme si te digo que entiendo la desolación del vacío espiritual; yo mismo he estado en contacto con él. A menudo revelo que soy un alcohólico recuperado agradecido. Muchos puede que no entiendan que la gratitud no es solo por haberme librado del alcohol; es también por haber sido alcohólico antes. Sin este difícil reto, nunca habría recibido el «regalo de la desesperación»: tocar un fondo que no era tan bajo como la muerte (aunque se encontraba terriblemente cerca de esta) y emprender un camino que me llevaría, finalmente, a través de mi viaje en coma, a conocer verdaderamente el amor de un poder superior: una fuerza inteligente, amorosa, sostenedora, que algunos llaman Dios y otros llaman Yo superior. Retos similares podrían llevarnos a la desesperanza, pero podemos elegir si ir allí o no. La gratitud es la respuesta más apropiada a la vida; con ella todo comienza a cambiar: pasamos de una actitud de desesperanza a otra de esperanza, sin importar qué situación se presente en la vida.

Los programas de doce pasos, como arquetipo conocido en el mundo a través de Alcohólicos Anónimos, con el notable éxito que los ha acompañado, dependen del principio consistente en orientar la propia vida hacia un poder superior. No llevan implícita ninguna exigencia religiosa respecto a la identidad de este poder superior; uno de mi primeros amigos en el programa de recuperación decía que el poder superior podía ser incluso una bombilla. El paso importante es no sentirnos responsables de dominar y conducir cada suceso de nuestra vida, sino dirigirnos hacia ese poder superior y confiar en que él asumirá la dirección de nuestra vida, sabiendo que, en última instancia, no somos responsables de lograr o no todos los resultados que nuestro ego nos pide. En el programa de meditación que nosotros proponemos, este proceso de «girarnos hacia» se realiza a través de la invocación de nuestra «alma superior», un aspecto completamente libre de preocupaciones egoicas, en calidad de poder superior.

Cuando se presentan las dificultades más agudas de la vida, la administración de algunos medicamentos puede ser muy válida, pero no necesariamente su uso a largo plazo. Cuando el problema fundamental es de orden profundamente espiritual, debe abordarse espiritualmente, no solo bioquímicamente. Si bien la medicación puede ser necesaria en algunos casos, explorar los beneficios de algún tipo de práctica espiritual es indispensable. Para muchos, el adagio «dejar todo en manos de Dios» lo dice todo. Yo sostengo que este proceso se ve muy facilitado mediante cualquier práctica de interiorización, de oración o de meditación, o entrando en contacto con el núcleo espiritual que se halla en todos nosotros.

La «Oración de la serenidad», que se encuentra en el corazón de los programas de doce pasos, formula con simplicidad elegante el poder de este proceso de cambio:

Señor, concédeme la serenidad para aceptar
las cosas que no pueda cambiar,
el valor para cambiar las que pueda
y la sabiduría para conocer la diferencia.

Reinhold Niebuhr (1892-1971)

Esta es una llamada, simple pero potente, a practicar la aceptación, a actuar con valentía, y una petición de ser bendecido con la intuición que discrimina entre aquello sobre lo que tenemos poder y aquello sobre lo que no lo tenemos.

Es importante que podamos hallar, a través del desarrollo espiritual, que tenemos un poder tremendo sobre nuestras vidas, pero esto comienza con la comprensión de que nuestra sabiduría discriminativa se origina en el interior: en nuestras almas superiores, no en nuestro ego, ni en ninguna forma limitada de nuestro ser en el ámbito material. Esta es la misma alma superior a la que se accede habitualmente mediante la meditación diaria. Observa que, para mí, durante ese estado expandido, no hay ni un rastro del ego que estorbe al alma superior, sino que está totalmente dedicada al bien superior.

El ego es una estructura psicológica importante que desempeña un papel destacado en el ser humano en su trato con el mundo, pero en última instancia no es quien somos. De hecho, el ego puede crear fuertes bloqueos de orgullo, vergüenza y miedo, que impiden a mucha gente abrirse al amor y la sanación. A veces se acusa al ego de negarse a pedir ayuda, o no comprometerse con un tratamiento, o ni siquiera querer admitir que uno tiene un problema. Algunos, en el tratamiento de las adicciones, incluso han desarrollado un ritual que escenifica la muerte del ego para permitir su renacimiento en un estado más sano y armónico.

El doctor Stanislav Grof y su esposa, Christina, han desarrollado un método utilizando técnicas de respiración específicas y otros elementos; una terapia denominada *respiración holotrópica* (*holotrópico* se refiere al estado de «encaminarse hacia la totalidad»). Este método utiliza un modo preciso de respirar y otras prácticas específicas para lograr un estado hipnagógico. Ese patrón respiratorio en particular parece ocupar a la parte analítica del cerebro, de manera similar a como lo hacen las grabaciones para la producción de determinadas ondas cerebrales. Esto lleva a la expansión de la conciencia y permite acceder a intuiciones asociadas con un «sanador interno», algo que generalmente no es posible utilizando la psicoterapia convencional. El sujeto que está ejecutando la técnica respiratoria es supervisado de cerca, a menudo en un contexto grupal, y los momentos dedicados a la interpretación y la integración constituyen una parte fundamental del proceso.

Durante una sesión, es necesario entregarse completamente al proceso y permitirse expresar cualquier cosa que surja. Algunos experimentan estados de amor y de conexión con el cosmos que son muy profundos, mientras que otros describen sentimientos de miedo o de culpa intensa. Con frecuencia emergen recuerdos de experiencias traumáticas. A menudo, los participantes pueden superar los típicos mecanismos de defensa que se presentan durante la terapia centrada en la palabra. A veces, solo el acto de gritar, o de llorar, desencadena ya la liberación de un trauma emocional pasado. Los participantes responden de formas específicas, características de su constitución personal, pero de manera regular describen beneficios como el alivio de la depresión y del dolor crónico, la liberación del sufrimiento emocional y una mayor sensación de contacto con su yo espiritual. Descubren un significado y un propósito para la vida, comprensiones intuitivas y ayuda para recuperarse de las adicciones.

Otra terapia útil para acceder a las memorias traumáticas y procesarlas es la desensibilización y reprocesamiento por movimientos oculares (EMDR, por sus siglas en inglés), utilizada a menudo para tratar síntomas asociados con el trastorno por estrés postraumático. Después de recabar un historial clínico completo para ver qué problemas hay que tratar, este proceso implica inducir un patrón de movimientos oculares rápidos que parecen permitir un mayor acceso a recuerdos pasados.

Observa que las grabaciones de audio destinadas a provocar determinadas ondas cerebrales tienen unos efectos profundos similares sobre la alteración de nuestro estado de conciencia, atribuidos principalmente a la oscilación de izquierda a derecha en el tronco encefálico inferior, donde esos sonidos se perciben (concretamente en la protuberancia superior, cerca del sistema de activación reticular, el sistema de encendido para reunir la conciencia en una totalidad). Yo interpreto que el mecanismo que subyace a la EMDR, así como a la hipnosis, accede de manera similar a estados expandidos de conciencia a través de una influencia común de tales oscilaciones de izquierda a derecha, de bajas frecuencias, en el tallo encefálico inferior.

La terapia EMDR consta de varias fases de tratamiento, en varias sesiones, que incluyen la desensibilización del recuerdo del trauma original, la resolución de emociones perturbadoras y la sustitución de recuerdos adversos por algo más positivo. Los sujetos que han tenido éxito en ella afirman haber superado la angustia y la depresión, y haberlas sustituido por la paz y la aceptación.

Enfrentarnos a los traumas emocionales es algo que casi todos hemos tenido que hacer a veces, unos de manera más radical que otros, y sentirse más completo a menudo implica un viaje de toda una vida. Pero las recompensas que obtenemos valen la pena, a pesar del esfuerzo por tomar elecciones diferentes que puedan terminar con el desánimo y la angustia. Cuando tenía dieciséis años, Caroline Cook (una lectora que compartió su historia) estaba confusa y profundamente triste; sentía tanto sufrimiento emocional que el dolor llegaba a ser físico, con una intensidad insoportable. Los sucesos traumáticos de su infancia, la enfermedad mental de su madre y el divorcio de sus padres la lanzaron a la espiral de una vida dominada por una necesidad de ser amada que nunca podía llenar. En un momento determinado, se hizo consciente de una tristeza profunda, desgarradora, que sentía en la zona del plexo solar; una gran bola dura y tensa, a la que llamó su «gran bola de tristeza». Llegó a un punto en el que no pudo soportar esa situación ni un minuto más y deseó la paz que creía le aportaría la muerte, así que ingirió una sobredosis de pastillas con la intención de poner fin a su vida.

Después de permanecer inconsciente durante un tiempo, la descubrieron y la llevaron a un hospital, donde estuvo en coma durante tres días. Al despertar, quedó impresionada al recordar una memoria vívida, que hacía palidecer todo lo demás, de lo que le pareció una experiencia real. A diferencia de un sueño, los recuerdos de Caroline siguen siendo tan claros actualmente, a la edad de sesenta y tres años, como lo fueron durante todos los años anteriores (una característica de los recuerdos de las ECM).

–De repente me hallé estando de pie en un hermoso bosque, verde y frondoso, con vistas a pastos llenos de flores, con montañas nevadas a lo lejos, todo bajo un brillante cielo azul. Los colores eran vívidos, pero todo estaba bañado en una luz blanca, incluso el cielo. Estaba contenta y feliz de estar allí.

Entonces, junto a ella apareció un hombre muy anciano vestido todo de blanco, con el cabello y la barba blancos; también él estaba bañado en luz blanca. Ella no sintió miedo, ya que emanaba bondad y comprensión.

–No puedes quedarte aquí. Todavía no es tu momento y tienes que volver y terminar de vivir tu vida –le dijo amablemente a Caroline.

Aunque quería quedarse en ese hermoso lugar en el que tuvo esa sensación de paz y bienestar que había anhelado, aceptó que volver a la Tierra era lo correcto. Se dio cuenta de que el suicidio no resolvía los problemas ni eliminaba el sufrimiento, sino que los problemas seguían presentes. Uno no puede evitarlos de este modo, así que terminar con su vida no es que fuese algo equivocado: era inútil. La única manera de liberarse del carrusel de la vida es seguir montado en él hasta que se detiene de manera natural, según su voluntad. Al suicidarnos, no nos liberamos del carrusel de la vida, sino que seguimos en él, y nuestros sufrimientos y problemas se quedan con nosotros.

Antes de salir del hospital, y solo un día o dos después de despertar, una enfermera le preguntó a Caroline si le gustaría visitar niños enfermos que se estaban recuperando. En cierto sentido era terriblemente triste, pero por otra parte era un estímulo para tener valentía y aceptar los dolores y las luchas propios. Muchos de esos niños estaban moribundos, y ella se sintió elevada e inspirada por sus actitudes estoicas a vivir plenamente durante cada minuto de su vida.

También le enseñaron que el suicidio no era la manera correcta de morir, y que es luchando con la enfermedad y las dificultades como realmente aprendemos a vivir. En los cientos de charlas que he ofrecido desde mi coma, es habitual que conozca a padres que están pasando el luto por la pérdida de un hijo. Casi siempre, no importa lo lejos que estén en el proceso del duelo, estos padres me dicen que su hijo parecía tener una inmensa fuerza frente a la muerte inminente; de hecho, muchas veces afirman que el niño era el pilar de fuerza más importante que mantenía unida a la familia alrededor de una muerte tan trágica. Desde luego, es evidente que estos niños son almas avanzadas.

Al salir del hospital, Caroline siguió sintiendo tristeza, depresión y ansiedad, y padeció ataques de pánico. Las ideas de matarse siguieron, pero aparte de unos cuantos intentos menores, que fueron como un grito de ayuda, nunca trató seriamente de suicidarse otra vez. Pero sus problemas no habían terminado y la gran bola de tristeza estaba siempre presente. Ocasionalmente buscó ayuda de profesionales médicos y tomó antidepresivos durante un par de años, en dos ocasiones. Sin embargo, nada parecía cambiar mucho las cosas. A comienzos de la década de sus cincuenta años, su última relación tuvo un final accidentado y sintió que la alfombra sobre la que se sostenía su vida había desaparecido, lo cual volvió a sumirla en otro estado profundamente angustioso. Caroline tenía un buen amigo que la ayudaba y que tenía una fe sencilla, pero fuerte e inquebrantable, en Dios. Un día le dijo algo que tuvo mucho sentido para ella: «Recuerda que Dios está ahí para ti y que puedes ser sanada a través de la fe y la oración».

Esto no tuvo un efecto curalotodo inmediato, pero le recordó a Caroline la experiencia que tuvo a los dieciséis años, cuando conoció a ese hombre amoroso bañado en luz blanca que le produjo ese sentimiento tan potente de paz. Así comenzó un viaje de regeneración. Desarrolló el hábito de rezar diariamente, y un día se le ocurrió pedir en sus oraciones que la gran bola de tristeza desapareciera. Y así sucedió. Los días y semanas siguientes, su conciencia de esto fue creciendo y pronto se dio cuenta de que ya no llevaba esa terrible carga. Se sintió más ligera y llena de esperanza y, aunque siguió combatiendo la depresión y la ansiedad, a partir de ese momento nunca volvió a tener pensamientos suicidas. Dejó de buscar el amor de modos equivocados; el anhelo de ser amada se disipó y fue sustituido por el conocimiento de que basta con ser amado por Dios.

Comprendió lo que significa realmente «entregarse a Dios». Antes creía que quería decir abandonar su independencia e identidad y ser dominada de algún modo. Ahora entiende que en la entrega nos liberamos a nosotros mismos y sintonizamos con el inmenso poder del amor, con todos sus efectos sanadores, reconfortantes y nutricios. Está agradecida por la guía, la enseñanza, la disciplina, la protección y la gracia que ha experimentado en su vida (que ahora sabe estaban siempre ahí, incluso cuando ella no se daba cuenta).

Caroline considera su instinto y su intuición como la voz de Dios en su corazón y su mente, y ahora confía en esa voz interior sin dudarlo. No es convencionalmente religiosa, pero mediante el conocimiento de Dios alimenta su conexión profundamente personal con esa fuerza amorosa. El impacto y los beneficios en su vida son sorprendentes y milagrosos. Ha encontrado una paz y una alegría en sí misma que nunca había pensado que fueran posibles aquí en la Tierra. Ha aprendido a aceptar lo que se le presenta, a soportar su sufrimiento, sus heridas, sus tristezas y sus dificultades. Ahora está llena de amor procedente de su comunidad personal, que incluye a su hijo y la familia de este, su compañero canino, sus amigos y sus alumnos.

Como orugas que salimos del capullo para transformarnos en bellas mariposas, los esfuerzos que tenemos que hacer en la vida merecen la pena, porque las alegrías pueden ser mayores que las cargas. Mediante el perdón nos liberamos del sufrimiento y evitamos una destructividad amarga. Practicar la gratitud o rezar cada día refuerza la conexión con un poder superior. Aunque la vida no es perfecta y luchemos con asuntos económicos, familiares y de salud, es fundamental que nos centremos en hacer todo lo que alimente nuestra alma y confiemos en nuestra conexión con una fuerza vital superior. Haciéndonos más conscientes de las decisiones que tomamos en nuestra vida, aprendemos a crear experiencias más satisfactorias.

Capítulo 15

EL PODER DE LA MENTE SOBRE LA MATERIA

Hay dos tipos de personas: las que creen que pueden y las que creen que no pueden, y ambas tienen razón.

Henry Ford (1863-1947), fundador de la Ford Motor Company

Sean cuales sean nuestras creencias, influyen enormemente en nuestras vidas. Muchas creencias están tan arraigadas en nuestros sistemas que las tomamos más por verdades que por creencias. Incluso el reconocimiento de la verdad está sujeto a nuestras presuposiciones subyacentes. Nuestras creencias afectan al análisis y la comprensión de cualquier experiencia, sea la interpretación de un experimento científico o la descripción de una ECM. Al final, cada uno de nosotros tenemos una combinación completamente única de creencias y actitudes que afectan a todos los aspectos de nuestra vida, lo cual incluye nuestra salud.

Durante la presentación de un taller en Aspen, en julio de 2015, Karen y yo percibimos el poder de la actitud cuando tuvimos el placer de conocer a Laurie MacCaskill. Le habían diagnosticado un cáncer pancreático nueve años antes. Quienes conocen el cáncer de páncreas saben que el tiempo de supervivencia una vez realizado el diagnóstico se cuenta en meses, no en años. Increíblemente, durante una comida que compartimos, ella parecía totalmente sana y en forma.

–¿Cómo es que has sobrevivido a todas las expectativas? –le preguntó Karen, con su habitual curiosidad franca.

–Quizás porque nunca creí que estuviera enferma –contestó Laurie.

Laurie era una entusiasta del ejercicio y muy activa en él: participaba habitualmente en carreras ciclistas de ciento setenta kilómetros y practicaba esquí y senderismo de gran altitud. Sigue una dieta saludable y atiende su salud general con frecuentes revisiones médicas. Tras un persistente dolor en la parte derecha de la espalda, ese diagnóstico a los cincuenta y cinco años de edad fue impactante.

Después de un procedimiento de Whipple (una complicada cirugía abdominal para el cáncer pancreático) inmediatamente después del diagnóstico, Laurie empezó un agresivo tratamiento de quimioterapia durante tres años, en el que tuvo momentos mejores y peores. Algunos días la dejaba con náuseas, débil y exhausta, mientras que otros días realizaba sus actividades con bastante normalidad. Ella veía sus tratamientos como «otra cosa más en mi calendario» y nunca utilizaba expresiones como «mi cáncer» o «mis últimos días». Siguió todas las instrucciones y consejos de sus médicos, que utilizaban técnicas médicas occidentales, pero siempre distanciada de la idea de ser la «poseedora» de la enfermedad.

Después de tres años, la quimioterapia ya no era efectiva y se le dijo que le quedaban entre cuatro y seis meses de vida. Tras doce biopsias del hígado, se le diagnosticó una infección hepática y médicamente parecía que esto anunciaba el final. Se le prescribió un tratamiento diario que implicaba recibir medicación vía intravenosa (IV), una inyección durante dos horas, dos veces al día, durante todo un mes. Generalmente, esto se realiza en un hospital o bien, opcionalmente, mediante visitas regulares de una enfermera a la casa del paciente. Teniendo en cuenta su calendario de viajes, Laurie preguntó si podía realizarse el tratamiento ella misma. Aunque su médico nunca había recibido tal petición, lo organizó para que le dieran las instrucciones adecuadas. «Un día, quería ir a dar un paseo en bicicleta, pero mi medicación IV todavía estaba en marcha –nos contó–. Recogí todo y lo puse en mi riñonera, y mi marido y yo empezamos a subir por el desfiladero. Cuando la IV se terminó, encontré unos contenedores con tapa junto a la carretera, retiré la toallita, las jeringuillas y las compresas de algodón, desconecté los tubos, limpié la vía con la solución antiséptica indicada y seguimos adelante. Sentía que era responsable, cuidadosa y, lo más importante, ¡que vivía mi vida! La actitud tiene un impacto increíble en nuestras vidas. Lo destacable es que tenemos una elección cada día respecto a la actitud que adoptaremos ese día. Estoy convencida de que la vida es un 10 % lo que me ocurre y el 90 % restante cómo reacciono yo ante ello. A través de mi "supervivencia", he aprendido que la satisfacción no es la realización de lo que deseo, sino darme cuenta de lo que ya tengo», añadió.

Es especialmente importante enfatizar su afirmación de que «tenemos elección» respecto a nuestra actitud en la vida, tengamos o no que luchar con un tratamiento contra el cáncer. Laurie eligió creer que su enfermedad no le pertenecía. Siguió disfrutando de buena salud y ahora es una conferenciante que sabe motivar al público. Su perspectiva inspiradora puede aplicarse a cualquier dificultad a la que uno tenga que enfrentarse.

Anita Moorjani, quien describe su experiencia en *Morir para ser yo*, también tuvo que hacer frente a un diagnóstico de cáncer. Durante décadas, había tenido miedo de no estar a la altura de las expectativas de otras personas y sentía constantemente miedo y ansiedad ante la posibilidad de no lograrlo. Las decisiones que tomaba en su vida se basaban generalmente en el temor a decepcionar a alguien. Tras la noticia del diagnóstico de cáncer de su mejor amiga, y luego el mismo diagnóstico en su cuñado, aprendió más sobre el cáncer y sus muchas causas y tratamientos. Daba la impresión de que casi todo podía producir cáncer, y ese conocimiento evolucionó hacia un miedo obsesivo de contraer la enfermedad.

Estaba totalmente empeñada en *no* tenerlo ella, y así desarrolló un régimen estricto para eliminar el consumo de determinados alimentos y sustancias cancerígenos. La polución medioambiental, los microondas, los envases de plástico, los móviles..., parecía que todo era potencialmente cancerígeno. A pesar de evitar todo eso, quedó destrozada al recibir más adelante el diagnóstico de cáncer del sistema linfático. A su miedo a contraer un cáncer se sumaba su temor a la quimioterapia, uno de los principales tratamientos para el cáncer. Había sido testigo de los efectos secundarios perjudiciales en su mejor amiga y en su cuñado, y rechazaba también la radioterapia.

Durante años probó terapias alternativas, pero en febrero de 2006 ingresó en el hospital casi en coma, ya que sus órganos estaban fallando y parecía estar perdiendo la batalla. Mientras los médicos informaban a su familia de que le faltaban horas para morir, la conciencia de Anita dejó su cuerpo y se convirtió en parte del ámbito espiritual, donde se encontró con las almas de su padre y su mejor amigo, que ya habían fallecido. Anita fue inundada por la fuerza del amor incondicional, libre de los apegos terrestres, y contempló lo sucedido a lo largo de toda su vida bajo una luz totalmente nueva. Comprendió que su enfermedad había comenzado en un nivel energético antes de que se presentase cualquier síntoma físico.

En el proceso de elegir si regresar o no a su cuerpo físico, llegó a saber, sin duda alguna, que si elegía completar el proceso del morir, «todo sería exactamente como debía ser en el gran tapiz de la vida». Del mismo modo, si regresaba a su cuerpo, experimentaría una sanación completa. Cualquier elección estaba disponible, sin juicios. Al principio, tomó la decisión de abandonarse y morir, pero en ese momento vio con claridad una verdad importante. «Entonces entendí que mi cuerpo es solo un reflejo de mi estado interior –explica–. Si mi yo interior fuese consciente de su grandeza y su conexión con *Todo lo que es*, mi cuerpo pronto reflejaría eso y sanaría rápidamente».

Después de treinta horas en coma, Anita despertó. En pocos días, los tumores del tamaño de un limón, que tenía por todo su sistema linfático, comenzaron a reducirse. Para consternación de los médicos, al cabo de dos semanas no quedaba ni rastro de los tumores. Mientras seguían realizando pruebas para encontrar el cáncer y poder tratarlo adecuadamente, ella insistía en que no hallarían nada. Desde entonces, hace años que sigue sin cáncer. Hay que destacar que sus informes médicos dan cuenta de la devastación física de su cuerpo, ocurrida antes del coma, junto con su completa recuperación.

Respecto al carácter milagroso de mi propia recuperación, una revisión médica objetiva independiente, presidida por el doctor Bruce Greyson, observaba lo siguiente: «Tres médicos no relacionados con el Lynchburg General Hospital llevaron a cabo una revisión independiente de todo el informe médico de la hospitalización del doctor Alexander y hablaron con los dos neurólogos asesores del hospital para reunir información adicional. Los informes indicaban que el doctor Alexander fue llevado a urgencias en estado inconsciente, con evidencia de una infección bacteriana, y se valoró que tenía un daño cerebral moderado, que rápidamente progresó hacia un daño cerebral grave en pocas horas. Los escáneres mostraban que las membranas que cubrían el cerebro, así como los surcos de su corteza cerebral, estaban inflamados con un líquido lleno de pus, que comprimía el tejido cortical. Las pruebas del laboratorio mostraron evidencia de una infección bacteriana en el fluido cerebroespinal, debida a un organismo que muy raras veces produce meningitis en los adultos y que, cuando lo hace, casi siempre es fatal o provoca déficits neurológicos permanentes. Sin embargo, después de una profunda experiencia cercana a la muerte, el doctor Alexander finalmente despertó del coma y en pocos meses se había producido lo que sus perplejos neurólogos llamaron una "recuperación completa y notable" respecto de una enfermedad que coincidían en que bien podría haber sido fatal, pero de la que no quedó ningún indicio neurológico».

La experiencia de Anita ayuda a explicar más claramente cómo sané totalmente de mi brote letal de meningoencefalitis bacteriana. Ella atribuye su recuperación a la eliminación completa del miedo que había estado dominando su vida. Desde el punto de vista de su alma superior, no era tanto un milagro como el fluir natural esperado al haber aprendido con éxito la lección que la liberaba de todo temor. Aunque yo no tuve conciencia de la elección de regresar en el mismo sentido en que la tuvo Anita, mi alma pasó a ser consciente para siempre de la fuerza y el poder del amor incondicional que se encuentra en el centro de toda la existencia, algo fundamental para mi propia recuperación.

Como de la atención a nuestra naturaleza espiritual surgen profundas capacidades de sanación total, espero que sea más frecuente encontrar ejemplos de «sanación milagrosa» más allá del poder explicativo de nuestro paradigma médico actual. Esto permitirá pasar de la dependencia de los criterios de muerte cerebral (analizados en el capítulo siete) a criterios más alineados con el poder de la salud espiritual. Hay que decir que no solo en el contexto de las ECM tienen lugar sanaciones físicas tan espectaculares.

En *Radical Remission*, la doctora Kelly A. Turner identifica nueve factores comunes que ayudaron a más de mil pacientes de cáncer a lograr la sanación completa de su enfermedad, pero no necesariamente a partir del tratamiento médico convencional. Aunque estos casos generalmente se consideran anomalías, proporcionan una valiosa visión de la capacidad sanadora del propio cuerpo, sin tener que pasar por una experiencia cercana a la muerte. Entre los factores identificados están los cambios de dieta, tomar suplementos (a veces junto a tratamientos más tradicionales) y hacerse cargo de la propia salud. Destaca el hecho de que seis de los nueve factores están directamente relacionados con la salud espiritual: son seguir la propia intuición, liberar las emociones reprimidas, aumentar las emociones positivas, aceptar el apoyo social, profundizar la propia conexión espiritual y tener razones poderosas para vivir. Y a diferencia de muchas circunstancias externas, estas son cuestiones que tenemos la capacidad directa de activar y gestionar.

Cada uno de nosotros es único, y los resultados específicos variarán según nuestra situación individual y las lecciones que hayamos elegido aprender. La doctora Turner halló que nunca podía identificarse una sola causa obvia como desencadenante concreto de la sanación; era una combinación de factores lo que contribuía a la remisión, y algunos pacientes se centraban más en un método que en otro. Es digno de destacar que cuando se trata de hacer frente a cualquier enfermedad, atender asuntos como «profundizar la propia conexión espiritual» pueda contribuir a mejorar la salud. Pero tales misterios no son nuevos en medicina.

El efecto placebo es la respuesta a un procedimiento simulado o a una sustancia inerte (por ejemplo, una pastilla de azúcar) que sugiere a nuestra mente que tiene el poder de aliviar los síntomas o curar la enfermedad. El placebo no causa realmente ningún efecto fisiológico; es la creencia del paciente de que ha recibido una sustancia terapéutica (una medicina) o un procedimiento adecuado lo que lleva a la sanación (o, en algunos casos, la creencia del facultativo en el método de sanación). El efecto placebo es, pues, uno de los exponentes más puros del poder de la mente sobre la materia.

Probablemente, los placebos se han utilizado durante milenios, pero el debate médico moderno sobre ellos comenzó con el artículo de Henry Beecher de 1955 «The Poweful Placebo», publicado en el *Journal of the American Medical Association*. Beecher fue un anestesiólogo que trató a soldados heridos durante la Segunda Guerra Mundial. Cuando se quedaba sin morfina, no se lo decía a los pacientes, sino que les inyectaba una solución salina. Para su sorpresa, el 40 % de esos soldados afirmaban que su dolor se había aliviado. Revisó quince artículos médicos y estimó que el efecto placebo desempeñó un papel en una media del 35 % del total de los casos. Pensó que estaba valorando la «reacción al sufrimiento» en condiciones en las que los factores subjetivos eran importantes, como el dolor de las heridas, la angina de pecho, el dolor de cabeza, las náuseas, la tos, la ansiedad, la tensión y los cambios de los estados de ánimo inducidos por medicamentos.

Otros afirman que este «efecto debido a la expectativa del sujeto» podría ser significativamente mayor. Herbert Benson, de la Harvard Medical School, asegura que el efecto placebo produce resultados clínicos beneficiosos en entre el 60 y el 90 % de las enfermedades, entre ellas la angina de pecho, el asma bronquial, el herpes simple y las úlceras de duodeno.[1] Dependiendo del tipo de enfermedad o de síntoma, el efecto placebo se supone que generalmente funciona entre un 30 y un 35 % de las veces. Pero en algunas situaciones, el efecto podría llegar a abarcar el 90 % de las ocasiones. Estos son resultados sorprendentes, aparentemente debidos al poder de nuestra mente para influenciar nuestra salud.

Desde el artículo pionero de Beecher, el efecto placebo ha llegado a dominar la investigación médica, a causa de la creencia asociada de que aproximadamente un tercio del beneficio de las intervenciones terapéuticas podría deberse a las creencias del propio paciente respecto a su mejoría, y no a cualquier otra acción del tratamiento. Para demostrar realmente la efectividad de una sustancia determinada, las compañías farmacéuticas tienen que demostrar que el medicamento en cuestión es más efectivo que un placebo (un difícil reto para cualquier intervención terapéutica). Cuando los pacientes que reciben el placebo describen beneficios similares a los del medicamento que se está probando, este se considera inefectivo. Esto muestra que la creencia en su capacidad de curar puede ser tan poderosa como el propio medicamento. O quizás en algunos casos el medicamento resulte sencillamente irrelevante.

Curiosamente, en la última década se ha vuelto cada vez más difícil demostrar estadísticamente en las pruebas clínicas que los fármacos recién desarrollados son más efectivos que darle al paciente una sustancia inerte. Esto impulsó un esfuerzo por investigar hasta qué punto son poderosas nuestras creencias.

En octubre de 2015, Jeffrey Mogil, que dirige el Laboratorio de Genética del Dolor de la Universidad McGill, en Montreal, fue el investigador principal de un metaanálisis de ochenta y cuatro ensayos clínicos con medicamentos llevados a cabo entre 1990 y 2013 para tratar el dolor crónico que afecta al sistema nervioso. Los resultados fueron sorprendentes. En 1996, el medicamento probado superó al grupo de control al que se le dio un placebo por un 27 %, pero en 2013, esa diferencia fue solo del 9 %. Las píldoras placebo habían llegado a ser un 18 % más efectivas que un medicamento real durante ese intervalo de diecisiete años.

Hay muchas especulaciones sobre cómo es posible que esto sea así, pero los autores observaron varios patrones. Este efecto se ha visto solo en los Estados Unidos y se encuentra sobre todo en ensayos que duran más e implican más participantes. Un ensayo más amplio indicaría, tradicionalmente, que los resultados tienen que considerarse más fiables que los de otro llevado a cabo con un grupo más reducido de pacientes; sin embargo, Mogil interpreta que quizás en el ensayo más amplio se sumen las expectativas de los sujetos, que puede ser que tengan más fe en el medicamento que están tomando. Algunos han indicado que el predominio de anuncios de medicamentos, en la televisión y en revistas (que fueron permitidos en los Estados Unidos desde 1997, y también en Nueva Zelanda), ha desempeñado un papel en el aumento de la fe en la medicina como cura.

De cualquier modo, estos resultados sugieren que algo fascinante está actuando y, teniendo en cuenta los efectos secundarios debilitantes que a veces acompañan a los medicamentos alopáticos, quizás la cantidad de millones de dólares invertidos en investigación estarían mejor empleados si se centraran en los posibles efectos terapéuticos de otros tipos de tratamiento de la salud relacionados con el poder de nuestra mente para realizar la sanación. Nuestra mente parece tener una capacidad tremenda de influir en nuestra salud, de modo que hacernos conscientes de nuestras creencias personales y sociales es un buen primer paso para aprender cómo aprovechar este fenómeno para nuestro beneficio.

Una creencia común en la cultura occidental es que nuestra constitución genética determina la probabilidad de que se manifiesten temas específicos de salud. Con el descubrimiento del ADN y sus atributos, a mediados del siglo XX se volvió normal esperar que si nuestro padre tuvo diabetes, sería más probable que nosotros también la contrajéramos, porque los genes que causan tales enfermedades se heredan de nuestros padres.

Pero resulta que esta es otra de las presuposiciones que se han llevado demasiado lejos. El ADN es tan complejo que si la información contenida en una sola célula del cuerpo humano se imprimiera con un tamaño de letra doce y un interlineado simple (una letra por cada nucleótido del ADN) y se convirtiera en un libro, ese libro tendría un grosor de al menos la mitad del Monumento a Washington (unos setenta y seis metros). En la década de los cuarenta, un importante reto para los científicos era cómo se podía empaquetar tanta información en una célula utilizando solo la cantidad minúscula de moléculas de azúcar que se entrelazan para formar el ADN. Todo el mundo quedó sorprendido en 1953 cuando James Watson y Francis Crick pudieron identificar la estructura de doble hélice del ADN, que permitía el empaquetamiento eficiente de tanta información en un volumen tan minúsculo. Tras esta revelación, se pensó generalmente que estábamos en el camino directo hacia el descubrimiento de cómo funciona la herencia genética.

La investigación posterior posibilitó la secuenciación completa del genoma humano, lo cual hizo más simple localizar genes específicos y mutaciones, y correlacionarlos con enfermedades concretas. Pero los investigadores se dieron cuenta en los años setenta y ochenta de que más del 98 % del ADN no parece funcionar de este modo simplista (esto proporciona el modelo para la transcripción de las proteínas en la célula, el mecanismo esencial de la herencia genética) y pasó a etiquetarse como ADN «basura». De hecho, nadie sabe todavía el propósito del llamado ADN basura, aunque parte de este se halla probablemente involucrado en la compleja regulación de la expresión de los genes implicados en la embriogénesis, cuando todas las células de un embrión en desarrollo se transforman en un feto, y luego en un niño. Dada la complejidad del cuerpo humano, al principio los científicos postularon que harían falta cien mil genes distintos para explicar plenamente la genética humana. No obstante, para su sorpresa y su asombro, trabajos posteriores han mostrado que el genoma humano consta solo de veinte mil genes codificadores de las proteínas, algo muy parecido al número de genes que tienen organismos mucho más simples, como la mosca de la fruta y las lombrices intestinales.

La interpretación de cómo el almacenamiento de la información podría utilizarse para explicar la herencia humana resulta, pues, no ser tan simple. Muchas disciplinas diferentes han considerado a los humanos como máquinas biológicas que son mecánicas y predecibles, ampliamente determinadas por su ADN.

Sin embargo, la investigación más reciente está refutando esas interpretaciones simplistas, como se pone de manifiesto en el libro *Supergenes*, de los doctores Rudolph Tanzi y Deepak Chopra. Tanzi es profesor de Neurología en la Harvard Medical School, realiza investigaciones centradas en la genética y el envejecimiento, y es autor de estudios pioneros relacionados con el alzhéimer. En un giro radical sorprendente respecto al papel del ADN, las investigaciones revelan que solo un 5 % de las mutaciones genéticas que se suponía que llevaban a tener una determinada enfermedad terminan realmente manifestándola. En el otro 95 % de los casos en los que la presencia del gen podía haber dado como resultado la enfermedad, no lo hizo, gracias a las influencias ambientales y conductuales. Resulta que podemos modificar realmente nuestro ADN cambiando nuestros pensamientos, nuestras creencias y nuestra conducta; después de todo, no somos tan esclavos de nuestra genética. Esto supone una inversión completa del punto de vista convencional de la ciencia que se me enseñó en la facultad de medicina. Cuando se acepte y se aplique de manera plena a la práctica clínica, este hecho tiene el potencial de transformar todo nuestro enfoque de los servicios sanitarios.

Claramente, nuestras creencias subyacentes influyen más de lo que podríamos creer: afectan a los enfoques sociales de los tratamientos médicos, la educación, la política social y muchos ámbitos más. Los sistemas de creencias pueden asociarse con una religión, una cultura o una tradición espiritual en particular, o quizás con ser no religioso (ateo o agnóstico) o científico y tener una fe ciega en que el método científico es la autoridad última acerca de la verdad, en detrimento de todos los demás canales de conocimiento.

Algunas de estas tradiciones son más bien rígidas en sus normas y sus dogmas, mientras que otras son más abiertas. Algunos de nosotros aceptamos fácilmente la totalidad de un sistema de creencias determinado, mientras que otros adoptan solo ciertos elementos o reúnen una combinación de enseñanzas. Determinadas creencias sociales proceden directamente de la comunidad científica, como por ejemplo «es probable que tengas diabetes si esta enfermedad existe en tu familia». Dado que nuestras elecciones y nuestro comportamiento están influenciados por tales creencias (sean realmente verdaderas o no), afectan a cada momento de nuestras vidas. Mientras aceptemos una creencia, esta tiene el poder de determinar nuestra trayectoria.

Retroceder para cuestionar nuestras presuposiciones con el fin de ver el cuadro más amplio –comenzando desde cero, como yo he hecho al deconstruir mi sistema de creencias científico anterior– ayuda a llegar de verdad al corazón de la cuestión. Después de mi coma, me di cuenta de que si bien el método científico permite la verificación de ciertos hechos acerca del mundo, buena parte del conocimiento sobre la realidad tiene que originarse desde fuera del empleo simple y artificial de tal metodología. Por ejemplo, los estudios científicos que evalúan el papel de la oración en la sanación pueden llegar a distorsionar tanto los hechos, a causa del entorno experimental, como para eliminar cualquier semejanza de la práctica experimental con la práctica más natural del mundo real. Especialmente con el materialismo como modelo científico dominante actual, el culto mismo de tal ciencia se convierte en su propia trampa. Soy más científico ahora de lo que nunca lo he sido, pero a través del cuestionamiento de mis presuposiciones fundamentales hasta sus raíces, he llegado a ver el materialismo como una concepción del mundo totalmente errónea (especialmente en lo relativo a la conciencia y el debate mente-cerebro).

Hay otras creencias que están basadas en el nivel de la experiencia personal individual. Ninguno de nosotros, especialmente de niños, somos inmunes al bienintencionado poder de nuestros padres, maestros y otras figuras de autoridad que nos inculcan creencias limitadoras, como «las mujeres no sirven para las matemáticas» o «no llegarás a nada si no vas a la universidad». Desde luego, algunas de las creencias recibidas proporcionan una influencia positiva, como «sé amable con los demás». El efecto placebo demuestra que nuestras creencias pueden influenciar fuertemente nuestra salud, igual que cualquier otro aspecto de la vida. Pero muchas creencias brotan de presupuestos incorrectos, junto a los patrones mentales inconscientes y las voces internas negativas que nos influyen a cada momento.

Karen observa a menudo que mi viaje durante el coma fue un regalo del estado objetivo último, dado que tuve una amnesia completa de mi vida aquí en la Tierra. «Como no recordaba sus creencias anteriores, la experiencia de Eben es un gran ejemplo de cómo una pizarra totalmente en blanco puede permitir una visión verdaderamente objetiva, que a menudo conduce a nuevas perspectivas», señala.

Nos corresponde a cada uno de nosotros examinar de dónde vienen nuestras creencias, cómo nos afectan y, en algunos casos, tras evaluar su veracidad y su aplicabilidad a nuestras vidas, elegir cambiarlas. Nuestras creencias no siempre son fácilmente evidentes; descubrirlas totalmente puede resultar difícil. A menudo no somos conscientes de que nuestras creencias subyacentes pueden influenciar una situación determinada, y muchas de ellas limitan nuestra capacidad de tener éxito. Tales creencias limitantes pueden llegar a estar tan enraizadas que a menudo parecen ser hechos que no pueden modificarse. Resulta útil identificar los modos habituales de pensar, lo que a menudo supone una sincera búsqueda del alma. Aquí es donde más útil resulta desarrollar la capacidad de percibir el observador interno neutral. Prestar atención al lenguaje que utilizas regularmente es una tarea excelente para tu observador. Esto puedes hacerlo en un estado contemplativo o meditativo, o mientras interactúas y conversas con otros.

Empieza a darte cuenta de las frases que utilizas comúnmente y que apoyan tus creencias limitantes, ya sea que las digas en voz alta o silenciosamente en tu interior. Entre las frases típicas pueden estar: «no soy lo suficientemente inteligente», «nadie más lo hace así» o «mi jefe hace que mi vida sea miserable». Luego, mira esas frases desde un punto de vista neutral y pregúntate si cada una es un hecho o una suposición. Si crees que es un hecho, ¿estarían de acuerdo los otros contigo? ¿O es quizás una suposición? Si es una suposición y no un hecho, has descubierto una creencia. ¿Es posible que te esté limitando de algún modo a la hora de conseguir tus objetivos?

Una vez identificadas, cambiar las propias creencias subyacentes puede ser difícil, pero hacerles frente puede proporcionar una clave útil para realizar cambios significativos en la vida, y el esfuerzo merece la pena. Imaginar cómo podría afectar a tu vida el hecho de adoptar una nueva creencia puede ser muy útil. Visualízate yendo por la vida con esa mirada nueva y proyecta cómo podría producir un impacto en diferentes situaciones. Sustituir tus creencias por otras nuevas es como probarte ropa para ver cómo te sienta. Percibe también cómo te sientes cuando la llevas. Decide conscientemente si quieres cambiar tu creencia y haz tuya esa decisión.

Cuando Karen intentó meditar por primera vez, estaba acostumbrada a aprender habilidades nuevas con relativa facilidad, pero como ya comenté antes, la meditación no le resultó fácil. Al principio, cuando conseguía resultados menos que deseables, supuso que era una de esas personas con una mente tan activa que no podría ser domesticada. «No puedo meditar» o «No soy capaz de meditar» eran pensamientos habituales que pasaban por su mente. Pero cuando aprendió más acerca de las creencias limitantes se dio cuenta de que eso podría estar reteniéndola. Como yo, había hecho un curso de control mental Silva, en el que aprendió una técnica utilizada para interrumpir los pensamientos indeseables consistente en repetir la palabra *cancelado* cuando se presentaban. Desarrolló el hábito de percibir cuándo tenía pensamientos limitantes o indeseables, y cuando aparecían, conscientemente repetía mentalmente «cancelado, cancelado» y luego corregía su lenguaje interno para decirse: «Puedo meditar» o «Soy capaz de meditar». Con el paso de los meses, su práctica de meditación mejoró. Este método o uno parecido pueden aplicarse a todos los tipos de creencias.

La doctora Lissa Rankin se interesó especialmente en cómo las creencias afectan a la salud personal y se propuso la tarea de sacar a la luz tal mecanismo. Como se describe en *La mente como medicina*, revisó los estudios sobre el efecto placebo que revelaban una gran variedad de enfermedades y problemas en los que se obtenían beneficios por medio de tratamientos simulados, como el asma, la depresión, la infertilidad, la colitis, los dolores de cabeza, las úlceras, la presión sanguínea elevada, las verrugas y otros. En su aspecto negativo, a menudo se dice a los pacientes que no les quedan más que meses de vida, y hay casos en los que algunos han muerto en el momento exacto de la predicción, a pesar de que posteriormente la autopsia no reveló ninguna señal del estado diagnosticado.

A través del trato con sus pacientes, Rankin atribuye la sanación exitosa a la respuesta de relajación, una disminución del estrés que activa el sistema nervioso parasimpático, relacionado con la capacidad natural que tiene el cuerpo de sanarse a sí mismo. Esta respuesta de relajación se ve facilitada por muchos factores, como los cuidados, un equilibrio entre el trabajo y el resto de la vida, las emociones positivas, la conexión espiritual, el apoyo de la comunidad, las relaciones, la expresión creativa y la salud financiera. El hábito de meditar regularmente, por sí solo, se ha demostrado que contribuye de manera significativa a la relajación general y a la reducción del estrés. Aunque estos son pasos importantes que se deben tener en cuenta, el enfoque exacto es diferente para cada persona. Pero la creencia, aplicable a todos, se cita como el primero de los seis pasos para la sanación: la creencia de que uno puede sanar. Rankin indica que este es el poder subyacente a cualquier tratamiento y sugiere de manera audaz que en última instancia toda sanación podría atribuirse a la mente, sea a través de la medicina occidental convencional o a través de enfoques alternativos.

Como médica, Rankin formula preguntas directas a sus pacientes, tales como qué aprecian de su vida, si se sienten satisfechos en el trabajo, si sienten que están en contacto con el propósito de su vida y si se sienten financieramente sanos. Sus respuestas a menudo proporcionan datos que las pruebas de laboratorio no dan. Cuando les pregunta qué echan en falta en sus vidas, muchos pacientes tienen largas listas, o simplemente empiezan a llorar. Quedó sorprendida cuando empezó a preguntar: «¿Qué es lo que tu cuerpo necesita para sanar?». La gente comenzó a dar respuestas como: «Estoy tan sola...; necesito amigos», «He de dejar mi trabajo», «Necesito perdonarme» o «Necesito meditar cada día».

Muchos pacientes no estaban preparados para abordar tales cuestiones, pero quienes confiaban en su intuición y siguieron realizando cambios radicales a menudo fueron recompensados con resultados asombrosos que la medicina por sí sola no había logrado. Una vez que te haces consciente de que no eres una víctima de las circunstancias y de que tu conducta, tu situación vital o tu perspectiva es la fuente potencial de muchos problemas, puedes centrarte en realizar cambios positivos en tu vida. Rankin anima a cada uno de sus pacientes a desarrollar su propia prescripción para la salud, es decir, a encontrar la combinación ideal de cambios en el estilo de vida, en los tratamientos y en cuanto a hábitos beneficiosos que les aporten los resultados deseados.

Stacie Williams (una lectora que compartió su historia) se las arregló para hacer justo eso. En su veintena y treintena, experimentó una notable confusión cognitiva, olvidos, dificultades con la comprensión oral y escrita, dificultades para encontrar las palabras, ansiedad, depresión, problemas para concentrarse, *tinnitus* (acúfenos), debilidad en las extremidades y visión borrosa. Probó tanto la terapia individual como la terapia en grupo para tratar la depresión y la ansiedad. Se le prescribieron varios antidepresivos, que no le sirvieron de mucho, junto con Depakote y litio, así como Adderall para los problemas de déficit de atención. Finalmente, un psicólogo profesional le diagnosticó un trastorno cognitivo (inespecífico), y otro diagnóstico de otro facultativo fue de autismo atípico suave como problema base.

Stacie era una lectora ávida, y generalmente, cuando se podía concentrar lo suficiente, prefería las novelas de misterio y románticas. Pero un día, mientras ojeaba libros en una librería, le llamó la atención un volumen recomendado por el librero, *El poder del ahora*, de Eckhart Tolle. Al principio se puso nerviosa al pensar si comprarlo, porque era completamente diferente de todo lo que había leído (o incluso pensado) y le producía ansiedad probar cosas nuevas que no la mantuvieran en su zona de confort. Pero algo hizo que le llamase la atención y dio el salto.

Las palabras de Tolle resonaron en ella al describir una esencia del ser, una presencia que no necesariamente se manifiesta en términos de la personalidad y del ego. Tolle define el ego como un «yo falso» que se desarrolla durante el crecimiento (a través del condicionamiento) hasta convertirse en una imagen mental de lo que crees que eres. Destacaba la presencia del observador (el testigo), y proponía ir detrás o por debajo del dolor y del ego para ver qué hay realmente ahí –quién eres realmente–. El «momento ¡eureka!» de Stacie llegó cuando leyó sobre la importancia de recordar cómo eras de niño, porque los niños, por naturaleza, no tienen el ego que los adultos generalmente tienen. Antes de que se establezca el ego, estamos más cerca de la esencia más pura de la ligereza y del ser.

Mientras tanto, sus problemas empeoraron hasta el punto de que dormía entre doce y dieciséis horas al día y sufría fatiga crónica, déficit de zinc y sospechaba que fibromialgia. Tenía dolores la mayor parte del tiempo y padecía ataques de pánico y dolores de estómago horribles. Los médicos no sabían la causa y creyeron que era un problema autoinmune, pero una prueba tras otra –imágenes de resonancia magnética, electrocardiogramas, electroencefalogramas y análisis de sangre–, todas revelaban unos parámetros que estaban dentro de los márgenes normales. Siguió consultando a distintos médicos, hasta que la consideraron incurable. Le dijeron que había agotado todos los beneficios posibles de la medicina moderna, que no podía ofrecerle más que cierto alivio por medio del tratamiento de los síntomas, aunque incluso eso rara vez tenía éxito.

Stacie se acordó del libro de Tolle y recordó su propia infancia, cuando tenía una alegría y una felicidad inocentes. Era un estado de ser libre y sin responsabilidades, sin estrés, sin sufrimiento. Sabía que de algún modo podía volver a ese sentimiento y se animó a explorar temas metafísicos e intentar meditar. Empezó a buscar distintas oportunidades en el área de Chicago (donde vivía), como conferencias, grupos de meditación, yoga y terapias alternativas.

Encontró que era fundamental discernir cuál era la más conveniente, porque había muchas opciones y unas eran más efectivas que otras. La meditación resultó serle muy valiosa, aunque al comienzo difícil. Había muchas veces en que se preguntaba: «¿Avanzaré alguna vez?». Pero la constancia y la tenacidad dieron sus frutos.

Una práctica común indicada por muchos maestros era simplemente observar la respiración (una forma de *mindfulness*), y Stacie halló especialmente útil mantenerse centrada en ella cuando tenía momentos difíciles. Siguió el consejo de Tolle de hacerse consciente del espacio que hay entre la inspiración y la espiración. En conversaciones, escuchaba el silencio entre las palabras que oía, para sentir la esencia del mensaje, más que lo que la persona estaba diciendo. Esto parecía especialmente útil para ayudarla en la cuestión de la comprensión verbal. «Cuando vas a tu interior y puedes realmente ver y sentir esa esencia, es reconfortante, incluso si no puedes hallarla fuera. Puedes ir por debajo de todo ese dolor y sentir la esencia; ese es el inmenso regalo», explicaba.

Trabajando con su médico, Stacie eligió desengancharse de los medicamentos y emprender la ruta holística y metafísica, que en su caso incluyó el yoga, la meditación y la oración, así como mantener un horario coherente. Actualmente, su funcionamiento cognitivo ha vuelto a ser normal. Trabaja a tiempo completo, ha reducido o eliminado la mayoría de sus otros síntomas y ahora conecta de manera relativamente fácil con las demás personas. «Desde que he podido vocalizar mucho mejor y organizarme en el habla y todo eso, encuentro que es enormemente útil reconstruir la vida con la comunidad –relata–. Hay momentos en los que realmente necesito estar sola, ser yo misma, pero las amistades son muy importantes, creo que para todo el mundo, porque ayudan a reflejar nuestras cualidades y nuestros rasgos positivos, y sin ellas no siempre tenemos perspectiva. Cuando tienes amigos y gente en la que confías de verdad, pueden ayudarte y guiarte directamente, y viceversa. Sin eso, a veces uno navega en la oscuridad, y eso es duro».

Desarrollar un sentido más rico de nuestra naturaleza espiritual, junto con un foco en nuestra conexión con otros, y una ampliación de la conciencia de la belleza de nuestra existencia son aspectos de la verdadera salud que ignoramos, con peligro para nosotros. Como médico, he llegado a ver que cualquier visión de la salud tiene que incluir no solo los aspectos físico, mental y emocional, sino también, y de manera muy importante, el espiritual. Este principio se aplica no solo a los seres humanos individuales, sino también a las familias, los grupos humanos, las diferentes poblaciones étnicas y nacionales, la humanidad...; ciertamente, a toda la vida sobre la Tierra. La plena salud de cualquier sistema exige que reconozcamos los aspectos espirituales de nuestra existencia y nuestra capacidad como individuos para manejar nuestra salud. Nuestras creencias son más poderosas de lo que podemos imaginar. Lo más importante es el poder sanador del amor incondicional: esta profunda fuerza tiene un poder infinito de sanar en todos los niveles.

Capítulo 16

FLORECER EN EL CORAZÓN DE LA CONCIENCIA

Todo el que se halla seriamente implicado en el desarrollo de la ciencia llega a convencerse de que en las leyes del universo se manifiesta un espíritu, un espíritu muy superior al del ser humano, y frente al cual nosotros, con nuestros modestos poderes, debemos sentirnos humildes.

Albert Einstein (1879-1955),
Premio Nobel de Física, 1921

No te equivoques: la revolución inminente en el pensamiento humano que he comentado a lo largo de todo este libro está ya en marcha. Nuestro mundo moderno, basado en su ciencia fundamental, se halla en medio de un cambio de paradigma; estamos transitando desde el modelo materialista vacío hacia el descubrimiento del verdadero significado y el verdadero propósito de nuestras vidas. Como John Wheeler y Carl Friedrich von Weizsäcker postularon en su física, la información pura está en el centro de la realidad. Esto es claramente aceptable para la comunidad general de físicos. Desde luego, esos físicos que postularon que la información pura está en el corazón de todo lo que existe también creían que esta información pura no tiene «personalidad». Se consideraba que no era ni benévola ni malévola en las interacciones que afectan a los seres humanos; era simplemente un campo neutro de información siempre existente.

Albert Einstein se preguntaba constantemente por la naturaleza de tal información pura. Hacia el final de su vida, un entrevistador le preguntó: «Si hubiera una cuestión que Ud. hubiese podido responder, ¿cuál sería?». Einstein no dejó pasar ni un segundo. Quería saber si la fuerza primigenia que se halla en el origen del universo era benévola o no. ¿Es esta fuerza indiferente (posiblemente la creencia dominante entre los científicos convencionales) o podría ser incluso malévola? Él no suponía que sabía la respuesta, y sentía que, en realidad, era la pregunta más importante para toda la humanidad.

Basándonos en los miles de casos descritos de quienes han vislumbrado más plenamente el funcionamiento de la realidad a través de las ECM y otras experiencias místicas, ese sustrato de información que subyace a nuestro universo parece estar hecho de un profundo amor incondicional. Quienes han estado en ese umbral y lo han atravesado, cuyo estado emocional ha resonado con ese amor infinito, nunca olvidan la experiencia; de hecho, esta los cambia para siempre. Saben que son uno con el universo. Yo he experimentado este amor envolvente no solo durante mi ECM, sino que lo he confirmado una y otra vez mediante mi práctica constante de interiorización.

Un resultado natural de percibir el amor infinito del universo es reconocer que la conciencia es esa misma fuerza que se halla en el corazón de toda la existencia. Esa unidad y esa disolución del sentido del yo, esa completa identidad con toda la vida y con la fuente de todo lo que es, constituye el sendero hacia la verdad. Ciertamente, la lección más profunda de mi viaje fue darme cuenta de que el amor incondicional constituye el tejido mismo de la dimensión espiritual de la que brota la totalidad de lo real.

Todo análisis de la naturaleza de la realidad, del propósito potencial de la humanidad, de cualquier tipo de significado en nuestra existencia mejora enormemente al reconocer el increíble poder de ese amor incondicional y su infinito poder de sanar. La fuerza vinculante del amor descrita por la inmensa mayoría de los viajeros espirituales a lo largo de los siglos recuerda el concepto de «éter», una sustancia que los científicos de finales del siglo XIX postularon que podría existir para servir como el medio que impregna el universo entero y a través del cual las ondas lumínicas podrían viajar. La luz, fundamentalmente, conecta todas las partes del universo entre sí, impregnando cada fragmento del universo físico a través del tiempo.

En 1887, Albert Michelson y Edward Morley realizaron un experimento para investigar el éter, y demostraron que este, tal como se había postulado (como un medio clásico, como el aire o el agua), no existía. Sin embargo, en un sorprendente giro de los acontecimientos, el trabajo más reciente en la física demuestra que el éter equivale al modo en que los físicos más modernos describirían la energía del vacío, la asombrosamente poderosa fuente de energía que la física cuántica ha revelado que existe en el tejido mismo del espacio-tiempo. La energía del vacío es una fuente de energía potencialmente inagotable que podría revolucionar nuestra sociedad si pudiéramos hallar un modo de aprovecharla para nuestro uso aquí en la Tierra. El éter ha resurgido ahora como una idea en la física, pero es un éter relativista, totalmente compatible con las ideas de la relatividad. Sin embargo, el concepto de éter, que muchos identificarían como la sustancia que actúa a modo de fuerza vinculante de nuestro universo, es idéntico a esa infinita fuerza del amor que nos une.

Podemos percibir esta fuerza del universo en estados de conciencia ampliados, a veces activados al estar en la naturaleza. Durante un viaje a Oregón, Karen y yo nos hallamos con un tiempo libre inesperado cuando las entradas para un evento al que pensábamos asistir se habían agotado. Mientras yo estaba todavía procesando mi decepción, Karen modificó rápidamente su actitud.

—¡Vamos a la playa! —dijo con una amplia sonrisa y un guiño de complicidad.

Me costó unos minutos sintonizar con su cambio de actitud, pero el aparente contratiempo era una evidente oportunidad en la mente de Karen, una oportunidad que no había estado disponible para ella durante décadas. La costa de Oregón estaba a solo noventa minutos en coche por la autopista 26 de Portland, donde Karen había logrado su título de licenciada en el Lewis & Clark College.

Era un día cálido y hermoso de mayo, que curiosamente ahora suelo esperar en el presuntamente nuboso y lluvioso noroeste del Pacífico, tras varios viajes en años recientes en los que cada día era soleado y muy claro. Karen estaba entusiasmada por poder aprovechar el día sin lluvia, y enseguida me di cuenta de que se trataba de una aventura que no pensaba perderme. Tras un paseo tranquilo por las arenas inmaculadas de Cannon Beach, en las que recogimos conchas y piedras, Karen propuso ir a ver el campamento de la iglesia a la que acudía regularmente en su juventud. Nos dirigimos hacia el sur, por la autopista 101, mientras ella intentaba recordar el lugar exacto.

–Veremos un lago a la izquierda justo antes de la entrada. Ese era mi punto de referencia, así que no estoy segura de dónde girar –pensó Karen en voz alta. Siguiendo su instinto, de repente giró a la derecha–. ¡Oh, Dios mío, es esto! –dijo con entusiasmo, mientras apuntaba a la señal que ponía Camp Magruder.

Recorrimos los terrenos del campamento a pie. Karen observó algunos cambios, pero también estaba contenta de ver que buena parte de lo que recordaba estaba todavía igual.

–Los pastores protestantes solían decirnos que fuésemos a los bosques solos, para comulgar con Dios –me contó–. Nunca comprendí lo que querían decir. Yo esperaba que Dios apareciese como una luz resplandeciente, o escuchar una voz, pero eso nunca ocurrió. De todos modos, me encantaba estar sola en la naturaleza, con los árboles, los helechos, el viento, los insectos, las olas del océano y la madera flotante: ¡todo estaba tan vivo! Descubrí que podía sentir una especie de fusión con la energía de todas las cosas vivas. Comulgaba con la naturaleza, no con Dios.

Atravesamos un sendero circular cerca de la playa y caminamos siguiendo los carteles informativos. Aunque Karen no recordaba que esos carteles estuvieran ya cuando ella iba de excursión allí, uno en particular era un claro recordatorio de una influencia fundamental en su visión del mundo: «Todos podemos aprender valiosas lecciones de la naturaleza. La naturaleza es una expresión de Dios, o, si se prefiere, de la fuerza y la inteligencia creativa del universo. Dado que hemos sido creados por el mismo poder que ha creado la naturaleza, podemos utilizar esta como un espejo en el que se reflejan las verdades acerca de nosotros mismos», podía leerse.

Mirando hacia atrás, Karen exclamó:

–No sé si era Dios o la naturaleza, pero ¿realmente importa cómo lo llames?

Mientras regresábamos a Portland, esta vez admirando el Tillamook State Forest junto a la autopista 6, reflexionamos sobre cómo los grandes espacios abiertos a menudo son fuente de una inspiración profunda. La naturaleza es una manera de conectar no solo con la belleza de nuestro planeta, sino también con la enorme fuerza energética que hay detrás.

Sentirnos conectados a una fuente mayor que nosotros nos proporciona un gran alivio, especialmente a aquellos cuya alma viaja más allá de nuestra realidad terrestre consensuada (como en las profundidades del coma o a través de cualquier experiencia espiritualmente transformativa). Esta observación está apoyada por las visiones de profetas y místicos, durante siglos, que han trascendido el filtro del cerebro y han entrado en una relación íntima con esta energía.

Nuestros conceptos de una fuerza amorosa, misericordiosa y compasiva que opera en el universo (sea desde las fes abrahámicas del judaísmo, el cristianismo y el islam o desde otras tradiciones, como el zoroastrismo, el sintoísmo, el hinduismo o el budismo) se han originado a partir de los encuentros humanos en el ámbito espiritual. La mayoría de esas tradiciones surgen de individuos que han contemplado características extraordinarias del ámbito invisible, que revelaban una conexión mucho más profunda con el universo. Esencialmente, esta es la definición más básica de la espiritualidad: que tenemos una conexión con el universo que nos posibilita percibir aspectos fundamentales de este y tener cierta influencia a la hora de alcanzar nuestros objetivos y nuestros deseos. Esta conexión sugiere que el fin de los conflictos en nuestro mundo depende, en última instancia, de los actos de amabilidad y compasión que todos podemos elegir expresar.

Si eres afortunado, quizás un día puedas encontrar a una persona que parezca ser la encarnación misma de esta energía espiritual, como nos sucedió a nosotros en una visita que hicimos en 2014 a Maui (Hawái), invitados por nuestro amigo Chuck Blitz. Tuvimos la suerte de poder pasar un tiempo con Ram Dass (anteriormente Richard Alpert), quien comenzó su carrera en la Universidad Harvard, donde investigó sustancias alucinógenas en los años sesenta. Tras ser relevado de su puesto en Harvard debido a la controversia que lo rodeaba, se sumergió en prácticas de meditación durante un tiempo considerable en la India, en un deseo de explorar una amplia variedad de métodos y técnicas espirituales (fuera de las drogas) como modo de interactuar con la naturaleza de la conciencia. Había sufrido un derrame cerebral en febrero de 1997 y se hallaba confinado en una silla de ruedas. Cuando nos acercamos a él en nuestro primer encuentro en un restaurante en primera línea de playa, en el que cenamos con él y un grupo reducido de sus amigos íntimos, Karen quedó impresionada por la reacción que se produjo en su campo cardíaco. «Al ir acercándome a él, me sorprendió sentir mi corazón rebosante de la energía del amor puro. Parecía que procedía de Ram Dass mientras me miraba con intención clara y pura», me dijo más tarde.

Como Karen, yo también sentí una poderosa energía que venía de él. Su mente se había abierto mucho durante su intensa experimentación con drogas psicodélicas, investigaciones que había llevado a cabo con su colega Timothy Leary. Pero esas experiencias sirvieron principalmente para aguzar su deseo de ir profundamente al interior de la conciencia de maneras más reveladoras. Notó que era necesario sentir el amor divino directamente y, en coherencia con ello, vivir con alegría cada momento de la vida. Disfrutamos de una conversación estimulante como almas afines, y nuestros puntos de vista coincidieron en muchos aspectos, especialmente en lo relativo al extraordinario misterio de la conciencia y el poder del amor para sanar, a todos los niveles.

Buena parte de nuestra conversación esa noche hawaiana, tranquila y cálida, reflejó la gran sabiduría que Ram Dass había cristalizado en su notable libro de 1971 *Be Here Now* [Permanece aquí y ahora], un compendio de sabiduría oriental, en un formato fácilmente comprensible por los occidentales. Compré mi propio ejemplar de *Be Here Now* cuando era adolescente, en 1972, en San Francisco, por 3,33 dólares. Allá por los años setenta, la primera vez que lo leí, los conceptos de los que hablaba me resultaron bastante extraños, pero ahora tenían mucho más sentido para mí. Sabiendo que lo conoceríamos, había traído un ejemplar de su libro para que me lo firmase. «A través del viaje interior, yendo cada vez más profundamente para encontrar la Verdad..., llegamos a ver la unidad que compartimos, la unidad que somos. Sin fronteras ni separación alguna», escribió en él.

Los efectos posteriores de su derrame cerebral todavía limitaban un poco su modo de hablar, pero la riqueza de su síntesis (que yo complementaba repasando mi desgastado ejemplar de su libro) ofrecía un baño relajante de la más pura de las comprensiones. Escuché sus palabras, pero también sentí su mensaje. En su presencia, me sentía como en trance.

–El gurú está dentro de todos nosotros. Tú eres el gurú. El gurú es un espejo perfecto porque aquí no hay nadie. El gran maestro, más allá de toda dualidad, reside en el interior.

Ofrecía una revelación tan sorprendente, una confianza tan profunda en nuestra conexión divina, en nuestro acceso a la fuente, una confianza tan ausente en muchas de nuestras enseñanzas religiosas ortodoxas, que resultaba muy atractivo. En la medida en que una religión promueve las afirmaciones básicas de la unidad y la conexión entre todas las cosas, con toda la vida y con el universo, esas enseñanzas son coherentes con la infinidad de visiones compartidas por los viajeros espirituales. Así pues, el fomento del amor, la compasión, la misericordia, la aceptación y el perdón son componentes esenciales de una concepción espiritual que acepte las lecciones de tales experiencias.

–Cuando sabes cómo escuchar desde el interior, todo el mundo es el gurú –asentí.

–Al encontrar la luz en ti, empiezas a ver la luz en todos los demás... Todos estamos presos de la ilusión. Salir de la dualidad es ser consciente de ella como una ilusión, ¡y aun así permanecer en ella!

Ram Dass expresaba una profunda comprensión de lo que he descrito como la Ilusión suprema. La dualidad última (estar tanto dentro como fuera de la ilusión, al mismo tiempo) puede sonar paradójica, pero solo desde el punto de vista de la dualidad. Este modo de ser nos permite ser conscientes de nuestra conexión con el inmenso amor que constituye la fuente de toda la existencia mientras vivimos también nuestras tareas diarias. ¡La conexión no termina nunca! Simplemente nos hacemos conscientes de ella. Somos más que nuestros cuerpos físicos, y conocer la amplitud de nuestra naturaleza espiritual nos empodera para ver más allá de nuestra existencia material.

«Tú eres espíritu puro, espíritu eterno. Ese antiquísimo ser. ¡No materia física!». Ninguno de los que estábamos en la mesa discrepaba de eso. El entorno de Ram Dass era muy consciente de que todos somos seres espirituales que estamos viviendo en un universo espiritual.

«En ese lugar interno en el que moras, sencillamente eres. No hay nada que hacer en ese lugar. Desde ese lugar, sin embargo, todo sucede y se manifiesta en perfecta armonía con el universo».

La famosa frase de Ram Dass «permanece aquí y ahora» habla de las muchas prácticas espirituales que intentan traerte al momento presente –el silencio y la calma que descubrimos cuando nos detenemos y comenzamos a prestar atención–. Permanecer en este espacio en todo momento es el reto que él presenta y algo que todos podemos tomarnos en serio.

Cuando terminamos de cenar y nos despedimos afectuosamente, yo estaba eufórico con la sabiduría que Ram Dass había compartido: un saber del corazón, que iba mucho más allá de la simple verdad de sus palabras. Todo lo que transmitía estaba alineado con lo que yo me estaba esforzando por saber, al habérmelas con mi experiencia en coma. Pero su saber (e iba a ver que también mi saber) se originaba en enseñanzas muy antiguas que se remontaban a milenios atrás, y destilaban la verdad más profunda de las neblinas de la antigüedad. Estas no son lecciones nuevas para la humanidad, pero en el mundo actual necesitamos recordarlas.

La magia de nuestro viaje a Maui no terminó ahí. Fuimos caminando por el cráter del Haleakala, en el centro de la isla, guiados por nuestros nuevos amigos Joel Friedman y Claudia Kirchmayr. Claudia dio inicio a nuestra caminata de veinte kilómetros, a la que dedicamos un día, con un cántico *oli aloha*, un saludo hawaiano que cantó con gratitud profundamente sentida hacia el espíritu del volcán. Recorrimos en coche la espectacular Hana Road, bordeando el mar, y buceamos con peces tropicales de colores en las aguas cristalinas que rodean la isla. Desde nuestro hotel, a un kilómetro y medio de la costa, veíamos el mar y de vez en cuando chorros de agua que indicaban la presencia de una ballena. Cuando aparecía esa señal, gracias a su práctica con la comunicación animal, Karen centraba su conciencia en la energía de su corazón e imaginaba que este se conectaba con las ballenas lejanas. «He expresado gratitud y aprecio por la presencia de la ballena y he reconocido la conexión desde mi interior –explicó–. Es como decir "hola, ballenas", y ellas te devuelven el saludo».

Este sentimiento es parecido a un saludo de origen sánscrito que he llegado a apreciar: *namasté*. Dicho en palabras sencillas, significa 'lo divino en mí reconoce a lo divino en ti'. El saludo de Karen a las ballenas parecía perfectamente apropiado.

Era una actividad frecuente salir a la bahía para ver más de cerca a las ballenas, en barca o en tabla de *paddleboard*, pero no era el mejor momento para tal encuentro, al estar cerca del final de la estación de avistamiento de ballenas, en los últimos días de abril. Aun así, estuvimos de acuerdo en que podría ser divertido intentarlo.

A los varios días de nuestro viaje, Joyanna Cotter (una nueva amiga de la zona) compartió que alguien que trabajaba en el servicio de alquiler del Four Seasons Resort Maui en Wailea le debía un favor y que podía utilizar dos kayaks de mar con dos asientos cada uno, cuando quisiera. Nos invitó, a nosotros y a otra amiga, Michele Martin, a compartir la excursión. Solo teníamos esa oportunidad para nosotros cuatro y juntos hicimos planes para remar hacia el mar con la intención de ver algunas ballenas.

Al dejar la costa en nuestros dos kayaks, nuestro deseo era tener un avistamiento de ballenas más de cerca. Michele nos había contado un encuentro anterior con una ballena y su cría, así que eso estaba muy presente en nuestras mentes. Estábamos al final de la época del año en Maui en que las madres llegan para dar a luz y esta área en particular era un refugio seguro para ellas, en el que podían alimentar a sus crías y verlas crecer, pero nos dijeron que no nos ilusionáramos mucho ya que era demasiado tarde.

Cuando comenzamos a remar hacia el mar, lo primero que encontramos fue dos magníficas tortugas marinas de más de un metro de largo. Su majestuosa presencia era imponente, y las vimos nadar con elegancia, quizás a un metro y medio o dos metros de nuestros kayaks. Una de ellas nadó justo por debajo del kayak en el que íbamos Karen y yo.

–Oh, Dios mío, mira las tortugas –exclamé.

–¡Ostras, es increíble! Nunca había visto una tortuga marina tan grande y tan cerca. ¡Sorprendente! –asintió Karen.

En las aguas cristalinas, teníamos una visión perfecta de esas magníficas criaturas. Pensamos que eso era un buen augurio. Joyanna y Karen estaban en los asientos delanteros de los dos kayaks.

–¿En qué dirección crees que debemos ir? –le preguntó Joyanna a Karen.

–¿Qué tal en esa dirección? –sugirió Karen, señalando hacia la bahía que se encontraba al noroeste de nuestra posición.

Todos estuvimos de acuerdo, así que comenzamos a remar en esa dirección. Se veían muchas otras barcas y tablas de *paddleboard*, pero ninguna estaba cerca de nosotros.

–Eh, Karen, ¿qué sonido harías si quisieras atraer a las ballenas? –preguntó Joyanna mientras remábamos, conocedora del trabajo de Karen con el sonido.

Inmediatamente Karen pensó en los sonidos que hacen las ballenas, parecidos a los del *didgeridoo*, un antiguo instrumento que se dice se utilizó para sanar durante muchos miles de años. Ella y Kevin habían experimentado escuchando sonidos de ballenas incorporados a sus grabaciones, y los habían encontrado muy atractivos. Las ballenas crean un sonido resonante profundo y potente que se ha demostrado que viaja cientos de miles de kilómetros por debajo del agua. Se sabe que las ballenas y los delfines se comunican entre sí de este modo.

–Waaa-aaaah-oooooh-aaaah –entonó Karen en un tono bajo intentando imitar a una ballena. Eran pulsaciones resonantes, con un tono profundo. El resto de nosotros nos unimos y finalmente nos establecimos en un *om* ondulante de baja frecuencia. En pocos minutos, Karen notó algo sorprendente–. ¡Oh, Dios mío, la energía de mi corazón está creciendo enormemente! Es como una energía cálida, que se expande alrededor de mi corazón. Nunca he sentido esto de una manera tan intensa –dijo, con los ojos abiertos, llena de asombro.

La energía de su corazón se expandió considerablemente en torno a su cuerpo, asociada a un sentimiento dulce y atractivo que había aprendido a cultivar en los últimos años. Mientras describía este sentimiento, su rostro expresaba pura felicidad y asombro.

En pocos minutos, mientras Karen se maravillaba por su creciente campo cardíaco y seguíamos cantando juntos, en voz alta, de pronto apareció una ballena, quizás a unos treinta metros de nosotros. Pronto nos deleitamos al percibir otra ballena más pequeña y al darnos cuenta de que se trataba de una madre y su cría, que a continuación comenzaron a revolcarse, dar saltos en el aire y arrojar sus chorros de agua, a ondular sus colas sobre el agua e interactuar con nosotros. Nos llenamos de gratitud por ese espectáculo magnificente, mientras la energía del corazón de Karen seguía aumentando.

–Voy a acercarme más –dijo Michele mientras se lanzaba al agua.

Michele se acercó, pero las olas y las salpicaduras provocadas por la pequeña ballena (más grande que un autobús) al caer de espaldas en el agua la hicieron volver a su kayak. Estaba ya a salvo, pero se sintió abrumada al estar tan cerca de esas criaturas juguetonas tan enormes.

–Sujeta mi remo, por favor –le pedí a Karen; me puse las aletas, las gafas y el tubo de bucear y me deslicé al agua para nadar más cerca de esos amables gigantes.

Me recordé que eran mamíferos como nosotros, estrechamente relacionados con los humanos en el árbol evolutivo, pero me di cuenta también de que ahora yo estaba en su mundo. A pesar de su tamaño gigantesco, sentí una cálida familiaridad con ellas, mientras me sumergía bajo la superficie, sorprendido por su imponente, pero benevolente, presencia.

Tras el cambio en mi comprensión de la interrelación cerebro-mente, reconozco que la teoría del filtro (que considera la conciencia como lo primordial y que se expresa a través del mecanismo de la mente como filtro) hace posible que los filtros (los cerebros) más grandes vayan asociados generalmente a conciencias más grandes, del mismo modo que suponemos que nuestra conciencia es más grande que, por ejemplo, la de un gato o un perro, que tienen cerebros más pequeños.

Yo sabía que sus cerebros rivalizan con los nuestros en tamaño y los superan claramente en algunos aspectos. Un ejemplo convincente es la ballena piloto de aleta larga, conocida también como calderón (en realidad una especie de delfín que se encuentra en el océano Atlántico Norte entre Escocia e Islandia), ¡que tiene el doble de células en el neocórtex que los humanos! Si nuestro gran neocórtex está tan estrechamente relacionado con las funciones mentales como muchos neurocientíficos creen, cabría esperar que algunos de estos mamíferos marinos de cerebro tan grande tuvieran una experiencia y una conciencia mental muy sofisticadas y, potencialmente, incluso telepatía.[1]

Avistamos un barco de observadores de ballenas y varios remeros de *paddleboard* que venían hacia nosotros, supusimos que para ver más de cerca a nuestras nuevas amigas, las ballenas. Justo en ese momento, estas empezaron a irse poco a poco. Hay restricciones para proteger a las ballenas, y sabíamos que no convenía correr tras ellas. Cuando comenzaron a alejarse, su actividad sobre el agua aumentó. Ambas movían la cola más enérgicamente y la ballena joven nos sorprendió con otro salto espectacular fuera del agua. El amistoso movimiento ondulante de sus colas nos pareció una sentida despedida, y las saludamos con los brazos con gratitud y alegría.

Esa semana, días después, regresamos a esas mismas aguas, pero con un propósito distinto. A Ram Dass siempre le había encantado nadar en el océano, pero el derrame cerebral que lo había confinado a una silla de ruedas lo había incapacitado para hacerlo él solo. En una hermosa muestra de apoyo comunitario, los compañeros más cercanos a él se unen para que pueda seguir haciéndolo. Una vez a la semana, lo llevan a la playa en una silla especialmente hecha para cruzar la arena y llegar a la orilla. Después lo levantan cuidadosamente para dejarlo sobre las olas, equipado con flotadores especiales que le permiten flotar y nadar en el agua unos trece metros mientras sus compañeros lo observan de cerca.

Nos juntamos un grupo de unas dos docenas de personas que nos reuníamos regularmente para ese ritual. Ram Dass y el resto de nosotros flotábamos en el agua más o menos en la misma zona. Dejábamos un metro o dos de distancia entre cada uno de nosotros, conversábamos y nos lanzábamos un par de balones.

–Oh, chicos; oh, chicos; oh, chicos –comenzó a repetir lentamente Ram Dass, sorprendiéndonos por completo.

Como continuaba diciéndolo, el resto de nosotros nos unimos inevitablemente con un entusiasmo infantil.

–Oh, chicos; oh, chicos; oh, chicos –repetíamos todos juntos, cada vez en voz más alta.

Era obvio que Ram Dass disfrutaba de esos momentos en el agua. Resplandecía de gozo mientras seguía tumbado con todo el apoyo de sus flotadores.

De pronto, cambió y comenzó a decir:

–¡Oh, qué gozo, qué gozo, qué gozo!

Cuando cambiaron sus palabras, también lo hizo nuestra energía. Podía sentir la energía de amor que emanaba de él. Al irnos uniendo poco a poco al coro, nos convertimos en un grupo de almas cohesionado. Participar en esta resonancia con los demás me recordó el movimiento coordinado y eficiente de los bancos de peces o las bandadas de pájaros. Nos convertimos en una entidad consciente a través de la resonancia de las conexiones de nuestros corazones, todos enraizados en la pura felicidad compartida con Ram Dass en ese hermoso momento. Había personas en la playa y bañistas que miraban al grupo con curiosidad, pero nosotros no les prestamos atención.

–¡Oh, qué gozo, qué gozo, qué gozo! –repetíamos al unísono.

En uno de los libros que siguió al primero, *Be Love Now* [Sé amor ahora], Ram Dass ilustraba su propio camino hacia el corazón. Claramente irradia el amor que tiene dentro, un hermoso modelo para todos nosotros. Acerca de ser el amor, algo idéntico a lo que Karen me había enseñado antes que nada, Ram Dass decía: «Simplemente ama hasta que tú y lo amado os hagáis uno».

Nuestra cultura occidental vacila un poco ante la sugerencia de que nosotros los seres humanos podamos hacernos uno con Dios y ser idénticos a él. En nuestra cultura, tal revelación puede atraer rápidamente la ira de quienes lanzarán la acusación de egolatría o, peor aún, de padecer un complejo mesiánico o alguna enfermedad mental de tipo similar. Pero la realidad concreta de esa verdadera unidad es justo lo contrario de tal interpretación egoísta. «Los iluminados pueden amar eso que es más profundo que nuestra personalidad o nuestro cuerpo. Ellos ven, más allá de la ilusión, la esencia divina perfecta que se halla en el corazón de todos y cada uno de nosotros. Ese vínculo de amor total no es limitado, como lo son el amor interpersonal, el amor posesivo o el amor necesitado. ¡El iluminado es amor!», observaba Ram Dass en *Be Here Now.*

Recorrí ese árido camino de moverse en la ilusión, antes de mi coma. Las enseñanzas de Ram Dass se alinean perfectamente con los mensajes más profundos de mi ECM y con mi reciente procesamiento de todo ello. Muchos suponen que mi constante gratitud se basa en mi sanación milagrosa, pero la verdad es que las lecciones y la comprensión que han resultado de dicha experiencia terriblemente difícil, mi semana en coma a causa de una meningoencefalitis, han constituido un tremendo regalo, independientemente del resultado de mi enfermedad. Estoy agradecido por cada aspecto de esta joya llamada vida, y mis dificultades y sufrimientos se han convertido en amigos íntimos en este viaje; sin ellos, no habría tenido el privilegio de escalar hasta la cima brillantemente iluminada que se encuentra por encima del oscuro valle en el que anteriormente me arrastraba como un alma desfavorecida, explorando prudentemente en las primeras fases de mi viaje en el coma. Todos podemos llegar a considerar las dificultades de la vida, las enfermedades y las heridas como los peldaños sobre los que nuestras almas pueden crecer y ascender hacia esa unidad con lo Divino. Es justamente el modo de hacer frente a tales dificultades, recuperando nuestro sentido de la divinidad y nuestra conexión, lo que determina su capacidad de empoderar nuestro desarrollo.

En la comida que compartimos tras nadar, disfruté de nuevo de la conversación con Ram Dass, y asentí de todo corazón cuando explicó:

—Uno llega a ver que todo lo que podemos conocer a través de los sentidos y todo lo que sabemos mediante nuestros pensamientos no es suficiente. Se necesita la desaparición de la mundanidad y un regreso de la inocencia infantil.

En ese momento, vi al joven Richard Alpert como un chaval rebosante de entusiasmo y curiosidad, con esa perfecta inocencia que es la fuente de todo verdadero saber. Pero esa inocencia infantil desafía siempre al «buscador» egoísta.

—Tened cuidado de no atravesar la puerta de la iluminación demasiado rápidamente; eso sería cruzar la puerta con vuestro ego puesto. Esta es una buena manera de caer en el delirio de grandeza, en un complejo mesiánico, de terminar en un centro de salud mental. Hay que ser verdaderamente puro. No basta con hacer creer que eres puro.

Yo estoy comenzando a vislumbrar esa pureza yendo a mi interior, cultivando el observador, el «yo» interno o «alma superior» que es puramente consciente de la existencia. Desde que desperté del coma hace nueve años, he podido enriquecer mi claridad acerca de la noción de mi «alma superior»; he comprendido que está íntimamente conectada con todos los aspectos de este universo, incluidas las almas superiores de los demás; he sabido que es completamente independiente de mi ego. Sigo desarrollando una paciencia y una confianza cada vez mayores en que todo está bien. Este viaje de descubrimiento se despliega a través de la gracia de la Mente colectiva (o Dios, para quienes se hallan cómodos con este término), y puesto que soy una parte integral de ella, confío en que la misma Mente tiene en cuenta mis mejores intereses. Desde luego, el bien más elevado para todos los implicados es el objetivo de esa Mente colectiva, y mi alma superior acepta este proceso completamente.

Al final, Ram Dass volvió a reflexionar sobre la polaridad original que había energizado su viaje:

–Yo era todavía un hombre racional occidental, así que fui y miré, miré y miré, y mientras miraba como un hombre racional, no encontré nada. Solo encontré mi propia sombra. Todo el tiempo, eso es todo lo que encuentras: a ti mismo. Estás de pie en un puente, observándote caminar. Sé el observador, el yo que existe. Sé todo lo que es, aquí, ahora.

Ram Dass siguió su camino de la Universidad Harvard a la India y de regreso a los Estados Unidos para enseñar a otros lo que había aprendido. Mi viaje desde el estado de coma ha traído fragmentos de la misma sabiduría –las verdades universales–. El mayor regalo ha sido una inversión total en mi comprensión del funcionamiento del universo, un viaje que corre paralelo a los recientes cambios en los fundamentos del pensamiento científico. Tal inversión es causa de un gran optimismo, porque este cambio fundamental en la visión del mundo nos permite poner de manifiesto un papel mucho más importante a la hora de decidir la evolución de este universo, desde elegir la sanación y la plenitud como individuos, a través de una existencia más armoniosa entre los diferentes grupos étnicos y nacionales, hasta lograr una guía para la adecuada protección de nuestro planeta, y más allá todavía. Los dones de este despertar parecen ilimitados. Por valiosas que estas lecciones hayan sido, es importante darse cuenta de que estos dones se me habrían concedido en mi viaje, finalmente, incluso si hubiera sucumbido a mi meningoencefalitis y hubiera dejado este mundo.

Como dijo Einstein: «El verdadero valor de un ser humano está determinado fundamentalmente por la medida y el sentido en que ha logrado liberarse de su yo». Nuestro mundo centrado en el yo constituye una parte importante de los problemas a los que hacemos frente hoy en día. Nuestro pequeño teatro individual de la conciencia parece a primera vista ser solo nuestro, pero la evidencia que surge de la física cuántica y del estudio más profundo de la naturaleza de la conciencia y el problema mente-cuerpo indica que somos realmente parte de una Mente colectiva. Estamos todos juntos en esto, y vamos despertando lentamente a un objetivo común: la evolución de la conciencia.

A medida que avanzamos en nuestro singular viaje por la vida, nuestro destino colectivo es vivir en paz y armonía, siendo uno con todos nuestros semejantes, siendo uno con el universo, sanando a través del infinito poder del amor incondicional. Esto no es un pensamiento ilusorio, ni son castillos en el aire; es un derecho de nacimiento de todo ser sintiente del universo. Todos los aparentes impedimentos para ese destino, especialmente el mal y la oscuridad evidentes de nuestro mundo en forma de homicidio y suicido irreflexivo, de conflicto y guerra, de devastación de nuestro ecosistema por la torpe aplicación de la ciencia y la tecnología modernas, todo forma parte de un plan mayor, un plan que en última instancia elaboramos juntos.

El inminente despertar de la comprensión se convertirá en la mayor revolución del pensamiento humano en la historia escrita, y ha de suceder ya. Tenemos que despertar para custodiar nuestro planeta, porque nuestras acciones ciegas y torpes hasta la fecha nos han llevado contra las cuerdas, con una tercera parte de las especies vivientes del mundo al borde de la extinción y un número demasiado grande de la población mundial expuesta todavía diariamente a los estragos de la guerra y otros conflictos.

Estamos en una encrucijada de la historia humana. De manera muy parecida al «regalo de la desesperación» al que hacen frente los individuos que se encierran en el círculo de la adicción, nos hallamos todos potencialmente en medio del regalo de la desesperación colectiva.

Del mismo modo que el alma de una persona crece a través de los obstáculos y los retos de la vida, la humanidad está llamada a hacer frente a estos retos estando unida, todo ello para catalizar nuestro desarrollo a unos niveles sin precedentes. El espíritu humano tiene poderes potenciales superiores a los que puede concebir nuestra imaginación más descabellada. Hay razones para la esperanza, la esperanza de que hay un futuro brillante y armonioso que puede ser nuestro. Cuando empecemos a darnos cuenta de nuestro poder personal sobre los sucesos de nuestra vida, todos nos beneficiaremos de ello. Cuantos más lleguemos a saber que somos realmente seres espirituales eternos, más armonioso y pacífico llegará a ser el mundo.

Obviamente, algunos no están preparados todavía para aceptar esta verdad. Cuando hacemos frente a un cambio de paradigma, están aquellos que saltan hasta él, aquellos que esperan a que otros construyan un puente y aquellos que plantan sus pies y se niegan a moverse. Hace siglos, algunas personas confiaron en sus propias observaciones del horizonte para afirmar que la Tierra era redonda, no plana. Otras esperaron a que los astrónomos y los matemáticos ofrecieran pruebas experimentales que mostrasen que era así. Otras esperaron hasta que el consenso científico fuese completo; por ejemplo, a que hubiese fotos hechas desde satélites que respaldaran esta visión.

Realmente, todos tenemos la capacidad de explorar el vasto pozo de conciencia que hay en nuestro interior y entre nosotros, y dentro y a través de la red de almas con las que estamos en un patrón de conexión oculto pero eterno. Y todos podemos descubrirlo por nosotros mismos.

En la entrada al templo del Oráculo de Delfos, en Grecia, están grabadas las palabras «Conócete a ti mismo». Este es el sentido y el propósito último de la vida, sea la vida de un ser humano individual o la de cualquier conjunto de humanos, de la vida sobre la Tierra o de la totalidad de la vida sintiente que hay en todo el cosmos. Responder al mandato délfico del «conócete a ti mismo» se convierte así en un viaje mucho más ambicioso y estimulante a medida que nos damos cuenta de que el «tú mismo» incluye al universo entero. Cuando la humanidad llegue a conocer más plenamente la realidad de la Mente colectiva, llegaremos a apreciar el hecho de que nuestra existencia tiene un sentido y una importancia mucho más grande de lo que podíamos imaginar. Todos formamos parte de una gran conciencia creativa, y la evolución de toda la conciencia en el cosmos no es más que el viaje individual de los seres sintientes para llegar a comprender su propio papel en este esfuerzo cocreador.

El rasgo más importante de esta comprensión es que tú, querido lector, eres fundamental en este proceso. El universo está evolucionando de maneras amplias y fascinantes, y tú no solo eres parte de él: eres él. Tú eres el universo. El universo consciente en el que vivimos es autoconsciente y está aprendiendo y evolucionando; que llegues a conocer esto plenamente, y lo vivas, es el camino hacia la perfecta armonía con Todo lo que es. Cada uno de nosotros es un agente potencial del cambio que puede ayudar a la realización plena de nuestra visión colectiva. Nos corresponde a nosotros individualmente aceptar la invitación a romper la ilusión del mundo físico como si fuera lo único que existe y reconocer nuestra naturaleza espiritual, y cómo resuena con la naturaleza fundamental del universo. En nuestras manos está cocrear un futuro esperanzador y brillante: simplemente tenemos que elegir hacer que así sea.

NOTA DEL AUTOR

Después de mi coma en el 2008, llegué a entender cada vez más la realidad que hay detrás de mis experiencias en otros ámbitos, y esto, a su vez, me llevó a centrarme en los defectos fundamentales de nuestro paradigma científico generalmente aceptado. Mi idea inicial era escribir un artículo neurocientífico para una revista médica, pero las reacciones de quienes escuchaban mi historia hicieron que tomara conciencia de que había una audiencia más amplia que podría beneficiarse mucho de mi mensaje. En los últimos años se han publicado muchos libros acerca de experiencias cercanas a la muerte, entre los que hay varios escritos por médicos. Sin embargo, ninguno de ellos había tenido mucho eco más allá de un grupo más bien reducido de personas ya interesadas en el tema. Así pues, algunos editores mostraron su interés y mi historia se publicó en octubre de 2012.

Proof of Heaven (La prueba del cielo) estuvo más de cuarenta semanas en el número uno de la lista elaborada por *The New York Times* de libros de bolsillo más vendidos de no ficción, y siguió cerca de la cumbre de esa lista durante casi dos años. Y no fue solo un fenómeno estadounidense, ya que se ha publicado en más de treinta países de todo el mundo. No cabe duda de que tocó una fibra en una amplia audiencia de lectores de muchas culturas. El rápido éxito del libro fue una gran sorpresa para mí, pues había pensado que tardaría años en lograr tal estatus. Aunque, al mismo tiempo, quedó claro, por el *feedback* que recibí, a través de correos electrónicos, de cartas y durante mis presentaciones, que no había sido tan efectivo como esperaba a la hora de llegar a quienes son como yo, los verdaderos escépticos de mente abierta.

Sospecho que, en parte, ello tiene que ver con el título del libro, que fue sugerido por mi editor. Si bien mi historia ciertamente apoya la realidad de una vida después de la muerte, el libro está lejos de ser solo un discurso sobre el «cielo». Las revelaciones de mi mensaje tienen que ver con la naturaleza misma de la realidad y de la experiencia humana, y cubre un territorio que abarca mucho más que la pregunta de si algún aspecto de la conciencia sobrevive a la muerte del cerebro y del resto del cuerpo, o no. Tal conocimiento resulta directamente relevante, de mil maneras, para la forma en que nos acercamos a la vida. Es un error suponer que *La prueba del cielo* es una confirmación de las enseñanzas dogmáticas del cristianismo (una crítica procedente de los escépticos de mente cerrada que estoy convencido de que no han leído el libro, sino que más bien han reaccionado ante el título). Mis libros y mis charlas han generado como consecuencia un aluvión de comentarios por parte de practicantes de algunas de las profundas tradiciones místicas de muchas religiones (la cábala, el cristianismo, el islam, el sufismo, el budismo, el hinduismo y la fe *bahá'í*, entre otras), lo que confirma la resonancia de mi viaje y mi mensaje con su propia comprensión. No puedo enfatizar suficientemente que nuestro mensaje es para todos los seres humanos.

Dada la recepción mayoritariamente favorable de *La prueba del cielo*, es fácil olvidar las pruebas personales por las que tuve que atravesar al tomar la decisión de publicar mi historia. Los riesgos para mi carrera en la neurocirugía académica eran muy reales; al fin y al cabo estaba desestabilizando la barca de un modo importante, y el resultado final podría haber sido la expulsión forzada de mi tribu, la de la neurocirugía y la neurociencia. Sabía que mi historia tenía que ver con la naturaleza fundamental de la conciencia y, ciertamente, de toda la realidad. Pero el mundo podía no reconocerlo, y yo podría terminar marginado e ignorado si el mensaje no era entregado de manera sencilla. No obstante, sabía que este mensaje era demasiado importante como para enterrarlo.

Mis reparos no eran completamente irrazonables. Después de la publicación de *La prueba del cielo*, recibí invitaciones para multitud de entrevistas en los medios de comunicación y para dar charlas. La mayoría de quienes me invitaron expresaron un sincero interés y compartieron el asombro y el misterio asociados a mi historia. Al mismo tiempo, tuve que hacer frente a una reacción violenta predecible por parte de los críticos científicos de la corriente dominante, entre los cuales se hallaban Sam Harris, Michael Shermer y Oliver Sacks, que interpretaban mi experiencia como una obvia paramnesia, sin que hubiese prueba alguna de que mi cerebro estuviera verdaderamente dañado más allá de la capacidad de tener alucinaciones. La mayoría de los médicos que conocí parecían empeñarse en la tarea titánica de explicar mi experiencia en el contexto de mis registros médicos, pero quienes lo comentaban en la prensa generalmente no tenían conocimiento de esos detalles médicos o no lograban reconocer el cuadro devastador que la mayoría de los médicos apreciaban rápidamente. Yo estaba dispuesto a participar en un debate significativo sobre tales interpretaciones, pero no pudo ser. La mayoría de las críticas simplemente ignoraban los hechos de mi experiencia o se basaban en afirmaciones inventadas e infundadas para desacreditarme personalmente.

También he tenido encuentros frustrantes con Wikipedia en su trato de los detalles de mi historia y sus consecuencias. Aunque

Wikipedia pretende ser una fuente objetiva de información, sus editores tienen un claro sesgo contra las contribuciones de quienes confían en la realidad de las experiencias espirituales, contribuciones que muchas veces suprimen. Por el contrario, los cínicos que atacan tales experiencias parecen tener vía libre para editar el sitio, y esto convierte Wikipedia en poco más que una fuente rampante de desinformación respecto a ciertos temas.

Mi coautora, Karen Newell, es asesora espiritual, cocreadora y, lo que es más importante, mi amorosa compañera de vida en este esfuerzo. Nos hemos convertido en compañeros del alma profundos a través de nuestras hondas conexiones en todos los niveles. He llegado a experimentar la verdadera Unidad del universo autoconsciente a través de la evolución de mi relación con Karen. Buena parte de mi pensamiento y mi formulación de él, tanto en *Proof of Heaven* (2012) (*La prueba del cielo*, 2013) como en *The Map of Heaven* (2014) (*El mapa del cielo*, 2015), se deben a sus clarificaciones e intuiciones, y este libro no habría podido seguir adelante sin su amplia participación a todos los niveles. Mucho más que mi «musa», se ha convertido en el *sine qua non* (indispensable) de mis esfuerzos por aprender y por enseñar –ciertamente, para mi comprensión fundamental de la conciencia y la realidad–. Hemos desarrollado estos conceptos juntos, durante incontables horas de conversación, combinando mis competencias en neurocirugía, astronomía, física, cosmología, la conciencia y las lecciones de mi experiencia cercana a la muerte con el profundo conocimiento de Karen en metafísica, sabiduría antigua, tecnología, el corazón y la comunicación interpersonal. Ella ha experimentado personalmente y evaluado innumerables herramientas prácticas para acceder a la conciencia no local. Buena parte de los impactos positivos que he tenido son en buena medida un reflejo de su búsqueda apasionada y permanente de las verdades de nuestra existencia a través del conocimiento y la experiencia directos.

Aunque mi comprensión del despertar colectivo todavía está evolucionando, creo que estamos en el umbral de la mayor revolución del pensamiento humano en toda la historia escrita, una verdadera síntesis de ciencia y espiritualidad. Escribí *La prueba del cielo* y *El mapa del cielo* para ayudar al lector inteligente moderno, al escéptico de mente abierta (como yo lo era antes de mi coma), a llegar a una visión del mundo más rica que acepta plenamente tanto la naturaleza científica como la naturaleza espiritual en nuestro interior.

La conciencia infinita es el siguiente paso en este esfuerzo constante para ayudar al lector escéptico de mente abierta y discriminador a descubrir su propio camino hacia esta concepción del mundo novedosa y liberadora, una concepción del mundo que acepta la espiritualidad moderna dentro de la física, la cosmología y los estudios sobre la conciencia vanguardistas.

El mensaje es urgente. El *statu quo* no funciona. La humanidad tiene pendiente desde hace tiempo entrar en una era libre de los bárbaros conflictos tribales y las guerras que la han diezmado a lo largo de los milenios, sin razón válida alguna. Podemos detener esta locura.

Este despertar favorecerá un mundo mucho más amable y bondadoso, un mundo mucho más armonioso y pacífico para todos los seres de la Tierra. También inspirará un sentido mucho mayor de las potencialidades humanas hoy en día tan solo soñadas y un conocimiento más profundo de la naturaleza del espíritu humano: quiénes somos, por qué estamos aquí y hacia dónde vamos.

Es momento de que la humanidad despierte. Nuestra misma supervivencia depende de ello.

EBEN ALEXANDER III,
Charlottesville (Virginia),
12 de junio de 2017

RECONOCIMIENTOS

Karen y yo estamos muy agradecidos a las incontables almas que han desempeñado un papel importante en nuestros viajes individuales y en común a lo largo del camino que ha supuesto la escritura de este libro. Nos hemos beneficiado del amor y el compartir de miles de individuos, todos ellos maestros a su propio modo. Hay demasiados para nombrarlos aquí, pero nos gustaría ofrecer nuestro reconocimiento a unos pocos por sus contribuciones específicas.

Estamos agradecidos a los muchos físicos, científicos y filósofos pioneros que se han enfrentado con valentía al paradigma dominante y que reconocen y valoran plenamente el profundo misterio de la conciencia. Sus contribuciones siguen haciendo avanzar el conocimiento humano en este inminente y profundo despertar. Deseamos expresar nuestro reconocimiento específicamente a Julie Beischel, Margaret Christensen, Larry Dossey, Bruce Greyson, Allan y Janey Hamilton, Charlie Joseph, Bernardo Kastrup, Ed Kelly, Edgar Mitchell, Raymond y Cheryl Moody, Dean Radin, Gary y Rhonda Schwartz, Jim Tucker y Pim van Lommel.

Estamos agradecidos, de manera especial, a nuestros amigos, colegas y lectores que generosamente ofrecieron sus historias personales o compartieron experiencias directas con nosotros: P. M. H. Atwater, John Audette, Paul Aurand, Chuck Blitz, Sophia Cody y Osha Reader, Caroline Cook, Joyanna Cotter, Ram Dass, Joel Friedman y Claudia Kirchmayr, Bill Guggenheim, su santidad el decimocuarto dalái lama, Laura Lynne Jackson, Kevin y Catherine Kossi, Brian Maness, Michele Martin, Anita y Danny Moorjani, William Peters, Michael y Jennifer Shermer, Alison Sugg, Michael y Page Sullivan, Stacie Williams y Gary Zukav y Linda Francis.

Varios lectores al comienzo de la elaboración de la obra nos proporcionaron una guía muy valiosa en el desarrollo de nuestro manuscrito, entre ellos Suzanne y Michael Ainsley, Bill Beaman, Neal Grossman, Judson Newbern y Jan Pipkin.

Gracias especiales para nuestros agentes literarios, Gail Ross, Howard Yoon, Dara Kaye, Anna Sproul-Latimer y todos sus colegas en Ross Yoon Agency, en Washington D. C., así como a nuestros redactores Leah Miller y Allison Janice, y a nuestro editor, Gail Gonzales, de Rodale Books. Gracias por creer en los aspectos más amplios de nuestro mensaje y apoyarlos.

Apreciamos el apoyo ofrecido por los investigadores del IANDS Robert y Suzanne Mays en la elaboración de la profunda verdad subyacente a la historia contada por primera vez en *La prueba del cielo.*

Gracias abundantes también para Elizabeth Hare por su apoyo diario, incondicional y eficiente, al ayudarnos a gestionar los diversos aspectos de nuestros esfuerzos mutuos.

Estamos eternamente agradecidos a nuestras familias, muy especialmente a la madre y la hija de Karen, Diane y Jamie, por estar de acuerdo en compartir sus historias íntimas de luchas y dificultades; a sus padres, Clayton y Gwen, y a la familia de Eben, Betty y Eben júnior, Eben IV, Bond, Holley, Jean, Betsy, Phyllis y toda su familia biológica.

Apéndice A

EL FRACASO EN ENCONTRAR LA UBICACIÓN DE LA MEMORIA EN EL CEREBRO

El doctor Wilder Penfield, famoso neurocirujano canadiense, pasó buena parte de su carrera estimulando eléctricamente el cerebro de pacientes, para orientarse en la extirpación de las partes cerebrales dañadas que provocaban sus crisis epilépticas. Durante tres productivas décadas, amplió enormemente nuestro conocimiento de la función y la anatomía del neocórtex, lo cual incluye algunos descubrimientos importantes acerca de la memoria.

Dado que el tejido cerebral no siente dolor, realizaba estos procedimientos en pacientes despiertos, utilizando anestesia local en el cuero cabelludo. Los recuerdos suscitados mediante esa precisa estimulación eléctrica incluían movimientos, colores, emociones, sueños, olores, *déjà vu*, «sensación de extrañeza» y experiencias visuales y auditivas. Observó que esos recuerdos estimulados eran mucho más claros que la memoria habitual, y a menudo tenían que ver con material muy diferente de lo que se recordaba en circunstancias ordinarias. En algunos casos, la estimulación repetida reproducía el mismo recuerdo, aunque muchas zonas no ofrecían tal reproductibilidad. En casos de operación repetida, halló que tales puntos de estimulación no coincidían, debido al tiempo pasado entre las operaciones.

Tales supuestas bases físicas de la memoria se denominaron *engramas*. Penfield halló que estimular los lóbulos temporales (las partes del cerebro que se hallan directamente debajo de las orejas) podía desencadenar recuerdos significativos –ninguna otra región del neocórtex se halló que estuviera relacionada con tales recuerdos–. A pesar de su perfección en la técnica, tales recuerdos solo podían desencadenarse en el 5 % de sus casos quirúrgicos, y los recuerdos solo tenían lugar durante el paso de la corriente eléctrica.

Penfield realizó muchas observaciones que son profundamente relevantes para el debate mente-cuerpo, basándose en experiencias, percepciones y recuerdos producidos en sus pacientes despiertos mediante tal estimulación. Resulta interesante que considerase que el principal lóbulo sensorial del cerebro, el lóbulo parietal, permanece silencioso frente a esa estimulación cortical. Solo la estimulación de los lóbulos temporales (que generalmente son considerados por los neurocirujanos como lóbulos más prescindibles que otros lóbulos) implica una asociación con recuerdos y percepciones, y esto solo en el caso de pacientes «cuya región temporal puede decirse que ha sido condicionada por la descarga epiléptica local habitual» –los pacientes sin tal condicionamiento epiléptico no respondían a la estimulación de los lóbulos temporales–.[1] Seguía diciendo: «Tal estimulación puede producir en el paciente una experiencia auditiva, como un sonido, un zumbido, una sensación de mareo o una alucinación o un sueño bastante complejos».

Penfield observó que estos puntos de estimulación habían «sido condicionados de algún modo por años de descargas eléctricas de un foco epileptogénico vecino»;[2] sugirió que eran una consecuencia patológica de la región anormal del cerebro causante de los ataques epilépticos.

Así pues, aunque de vez en cuando tales recuerdos pueden provocarse mediante estimulación eléctrica, mucho más a menudo tales ubicaciones no podían hallarse en un paciente, y las identificadas se limitaban al área de la anormalidad cerebral.

Aunque en los últimos años su investigación sugirió la posibilidad de que la memoria estuviese ubicada en el neocórtex temporal, la investigación posterior y la reflexión lo llevaron a creer que no existía algo así como un lugar de almacenamiento de la memoria local en el cerebro.

Brenda Milner reveló sus intercambios con Penfield referentes a la memoria en un artículo en el *Canadian Medical Association Journal* en 1977: «Desde luego, no se trata de la memoria como la entienden los psicólogos cuando se refieren a la variabilidad de la memoria, con sus abstracciones, generalizaciones y distorsiones. En el recordar ordinario no tenemos acceso al registro de la experiencia pasada en nuestro cerebro», le dijo Penfield a Milner.

Milner siguió escribiendo: «¿Dónde estaba este registro? Durante un tiempo él [Penfield] jugó con la idea de que podría estar establecido bilateralmente en el neocórtex de los lóbulos temporales, pero abandonó esta idea en sus últimos escritos y sugirió que el registro tiene que estar ubicado en algún lugar del tallo cerebral superior. El córtex temporal lateral tendría lo que llamó una función interpretativa, en lugar de ser un almacén de huellas mnemónicas».[3]

Aunque su experiencia inicial sugería que los engramas de la memoria podían hallarse en el neocórtex temporal, con los años llegó a pensar que la memoria no se almacenaba en ninguna región cerebral localizable, un hallazgo que es coherente con el trabajo de otros neurocirujanos.

La memoria a corto plazo o la memoria de trabajo (de menos de un minuto aproximadamente) implica conexiones entre el córtex prefrontal dorsolateral (los lóbulos frontales) y los lóbulos parietales, pero el mecanismo y la ubicación del almacenamiento de la memoria a largo plazo sigue siendo un misterio total. Algunas estructuras anatómicas, especialmente el hipocampo y la corteza entorrinal de los lóbulos temporales mediales, son fundamentales para que las memorias a corto plazo se consoliden como memorias a largo plazo. Sin embargo, las memorias a largo plazo no están almacenadas activamente en esa región.

Los neurocirujanos tienen que proceder con gran cuidado al operar cerca del lóbulo temporal medial, debido a los mecanismos de formación de la memoria a largo plazo que están íntimamente implicados en la integridad del hipocampo (pequeñas regiones sobre la superficie medial de los lóbulos temporales). Aunque un daño significativo en el hipocampo dominante o la corteza entorrinal colindante (y especialmente un daño bilateral) lleva a un déficit impactante en el que el paciente es incapaz de formar nuevos recuerdos a largo plazo, ninguna otra región cerebral está tan fuertemente implicada en la memoria.

La idea general en la neurociencia convencional es que las memorias están almacenadas de manera difusa a través de todo el neocórtex. Sin embargo, la experiencia general de los neurocirujanos que han extirpado regiones amplias del neocórtex de cada lóbulo del cerebro en incontables pacientes durante el último siglo, debido a una infinidad de patologías (tumores cerebrales, epilepsia, aneurismas, malformaciones de los vasos sanguíneos cerebrales e infecciones, entre otras), sin encontrar patrones de amplias franjas de memoria perdidas en esos pacientes, contradice la idea del almacenamiento cortical cerebral de memorias específicas, demostrando que es falsa.

Las hipótesis neurocientíficas actuales sobre la posible naturaleza bioquímica de la memoria varían muchísimo, sin nada que se parezca ni remotamente a un consenso a la vista. Hipótesis recientes que parecen viables incluyen las proteínas primitivas conocidas como priones,[4] la metilación química específica de regiones críticas del ADN,[5] la interacción entre la actividad sináptica de una neurona y su transcripción del ADN nuclear,[6] la vinculación de la memoria a través de la concentración sináptica en las dendritas de las neuronas comunes[7] y la posibilidad de que estén involucrados los cálculos cuánticos en los microtúbulos que hay dentro de las neuronas (la reducción objetiva orquestada de Penrose-Hameroff, hipótesis analizada a continuación, en el apéndice B).[8]

Apéndice B

ALGUNOS COMENTARIOS SOBRE LA PARADOJA DE LA MEDICIÓN EN LA FÍSICA CUÁNTICA

Aunque el campo de la física cuántica empezó probablemente con la hipótesis de Max Planck en 1900, en la que describía los «componentes de la energía» discretos de cualquier sistema atómico que irradie energía, y con el artículo de Albert Einstein de 1905 sobre el efecto fotoeléctrico (que la luz estimula la emisión de electrones desde la superficie de un metal dependiendo de la frecuencia de la luz entrante), fue la introducción que hizo Erwin Schrödinger de su famosa ecuación de onda en 1925 (que le valió la obtención del Premio Nobel de Física en 1933) lo que posibilitó que la potente aplicación del experimento determinara la realidad de la física cuántica en nuestro mundo. Su ecuación de onda diferencial parcial describe la evolución determinista en el tiempo de la función de estado de cualquier sistema cuántico, independientemente de su tamaño (incluido el del universo entero).

La función de onda de Schrödinger describe una superposición de resultados posibles; es decir, un electrón que demuestre un comportamiento ondular puede describirse como atravesando tanto la rendija izquierda como la rendija derecha de un experimento de doble rendija con varias probabilidades asignadas (su situación se «superpone» entre las dos opciones, siendo la función de onda unitaria u omniinclusiva).

Las matemáticas y la física de la ecuación de onda de Schrödinger han sido corroboradas no solo a través de décadas de perfeccionamiento científico, sino también mediante los éxitos prácticos que han impulsado aproximadamente un tercio del crecimiento económico mundial durante las últimas décadas. El problema surge al intentar interpretar las implicaciones reales (científicas, filosóficas y metafísicas) de tales matemáticas y tal física si prestamos atención a la realidad subyacente revelada por los propios resultados experimentales.

El físico y matemático estadounidense Henry Stapp resumió el dilema así: «Brevemente, la mecánica cuántica ortodoxa es dualista cartesiana en el nivel pragmático/operacional, pero mentalista en el nivel ontológico». Dicho de otro modo, la interpretación estándar aceptada de la mecánica cuántica reconoce tanto el papel del cerebro como el de la mente desde un punto de vista práctico, pero insiste en la primacía de la mente en el nivel más fundamental de explicación de la realidad. Por eso la ciencia materialista moderna entra en un conflicto tan violento al intentar integrar las profundas lecciones de la física cuántica: estas lecciones están directamente en conflicto con la posición materialista que constantemente intenta apartar la mente y la conciencia, negándose a aceptar que tengan un papel básico en la realidad subyacente cuando, de hecho, mediante la hipótesis de la mente primordial, resulta claro que la conciencia podría hallarse en el corazón mismo de toda la realidad. Negar lo obvio no puede más que llevar a un punto de ruptura, algo que creo se está acercando rápidamente.

Es interesante que incluso organizando un experimento de mecánica cuántica de tal manera que ninguna medición pueda decirse que tuvo lugar antes, las mediciones de las dos partículas entrelazadas siguen estando estrechamente correlacionadas. Dado que la elección de los marcos de referencia puede hacerse de manera que el suceso A ocurra antes en su marco de referencia inercial y el suceso B ocurra primero en su marco de referencia, no se puede concluir que una medición cause la otra, ya que ninguno de los dos sucesos puede pretender la prioridad de su marco de referencia –ambos son igualmente válidos–. Los observadores vinculados a cualquiera de esos marcos de referencia podrían afirmar que sus mediciones son la causa del efecto de la otra medición, pero ambos tienen el mismo derecho a reclamar prioridad.

Observa que la paradoja de la medición es un reto que va más allá de simplemente presentar dificultades en la interpretación global de la física cuántica: parece apuntar hacia algunas incoherencias lógicas en los fundamentos mismos de la teoría cuántica. Este problema está enraizado en la dinámica del propio proceso de medición, en las reglas mismas que describen las trayectorias de los sistemas cuánticos a través del espacio matemático en el que se describen. En la mecánica cuántica hay hechos sobre sistemas completos que no resultan simplemente de los hechos acerca de sus partes constituyentes y la organización espacial de esas partes, lo cual contribuye al profundo misterio que subyace a la física cuántica y a nuestra comprensión de las implicaciones de tales descubrimientos experimentales para nuestra conceptualización del mundo.

Einstein permaneció siempre profundamente preocupado por el entrelazamiento cuántico. Su preocupación tenía que ver con una de las premisas básicas de la ciencia física, el concepto de realismo local, que implica dos presuposiciones: en el mundo subatómico, todas las interacciones, incluidos los rayos de luz que proceden de un objeto y que entran en mis ojos, conllevan una transferencia de información que no puede ser instantánea, porque los fotones de luz tienen que desplazarse desde el objeto hasta mi ojo para que la información sea registrada (por tanto son locales, es decir, el fotón ha de ser local en relación con los pigmentos receptores de mi retina). Esa transferencia de información está limitada por la velocidad de la luz (una consecuencia de la teoría de la relatividad especial de Einstein).

El realismo es la idea de que la naturaleza existe independientemente de la mente humana. Las partículas subatómicas tienen que poseer la propiedad medible antes de la decisión consciente de la mente que observa de realizar la medición. En este sentido, el realismo constituiría un rechazo directo del idealismo metafísico, que afirma que toda la realidad está contenida en la conciencia. Lo que preocupaba a Einstein era el hecho de que los experimentos cuánticos indicasen que la realidad sí se comporta como si la mente estuviese íntimamente implicada (¡esto es, que el idealismo metafísico es la respuesta correcta!).

Los físicos prestaron poca atención al artículo de Einstein-Podolsky-Rosen (EPR, al que me he referido en el capítulo cinco); lo consideraron una curiosidad filosófica, hasta que el físico irlandés John Bell reconoció que el argumento EPR podría ser evaluado experimentalmente. Publicó su artículo sobre el teorema de Bell (o la desigualdad de Bell) en 1964, abriendo la puerta a la evaluación experimental de la conexión instantánea a través de todo el universo, que la física cuántica sugería.

Los resultados de los experimentos inspirados por el brillante artículo de Bell siguen afirmando el entrelazamiento cuántico como un fenómeno real que desafía los presupuestos de Einstein concernientes al realismo local. Siguen implicando que no existe una realidad física objetiva fundamental, sino que es más adecuado considerar que hay un campo de información cuya existencia exige una estructura global, o un observador consciente. Al examinar el teorema de Bell, los físicos a menudo debaten varias lagunas o hipótesis que intentan clarificar el mensaje que la naturaleza nos manda acerca de la realidad, tal como muestran los experimentos basados en los conceptos de Bell.

En 1982, Alain Aspect fortaleció los descubrimientos de Stuart Freedman y John Clauser (ver el capítulo cinco) por medio de cubrir el vacío referente a la posible comunicación entre los dos detectores de fotones. Los experimentos recientes más sofisticados en física cuántica siguen reforzando la conclusión de que no hay una realidad objetiva subyacente independiente de la mente del observador consciente.[1]

Curiosamente, una de las últimas lagunas posibles para valorar la desigualdad de Bell es la de la propia libertad consciente. En un universo superdeterminista (definido como un universo macizo en el que toda la historia pasada y futura ha ocurrido ya en una bola de cristal congelada desde toda la eternidad), tal «fantasmagórica acción a distancia» ocurre porque todos los resultados de tales mediciones han sido ya determinados por el universo. En tal sistema, los seres sintientes podrían ser inducidos a creer, engañosamente, que tienen libertad, a través de algún mecanismo (como un principio organizador que presente los sucesos «pasados» recordados y las amplias posibilidades de sucesos «no recordados» que de ese modo se considera que constituyen el «futuro»), aunque los sucesos reales hayan estado determinados «siempre», desde el comienzo mismo, en este universo presuntamente superdeterminista. En primer lugar, yo creo que realmente tenemos libertad, y que esta laguna nunca será cubierta, porque en la hipótesis de la mente primigenia, la conciencia es lo que crea toda realidad que surge. La Mente colectiva influencia todo el despliegue de la realidad a través del libre albedrío de los seres sintientes, como los humanos.

El célebre físico John Wheeler propuso un experimento mental a finales de los pasados años setenta para probar la naturaleza misteriosa de la física cuántica: el experimento de la doble rendija. Este experimento examina el comportamiento de los fotones para valorar en qué medida «perciben» y «se adaptan» a un contexto experimental, utilizando conmutadores muy rápidos de varios detectores para aislar los factores específicos implicados en el comportamiento del fotón.

El enfoque general de este «experimento del borrador cuántico de elección retardada» es hacer que cada fotón «decida» si su comportamiento va a ser de partícula o de onda. Incluso mientras el fotón está todavía en camino hacia el aparato detector, un segundo cambio en la instalación experimental utiliza un generador cuántico de números al azar para que sirva como elección del observador. Esto produce la impresión de que el fotón ha «cambiado de idea» o «elegido» comportarse de la manera contraria.

Colocar dos polarizadores alineados en cada una de las dos rendijas cancela cualquier comportamiento ondular, lo cual proporciona información respecto a «qué camino» tomar, haciendo así «colapsar la función de onda». Sin embargo, colocar los detectores de los fotones de modo que estos los encuentren solo después de atravesar las rendijas permite a los fotones retrasar su elección respecto a si comportarse como partículas o como ondas, es decir, si atravesar una rendija o las dos. ¡Esto es muy extraño!

Más extraño todavía es el hecho de que se pueda «borrar» el pasado para esos fotones mediante un ajuste del aparato experimental. Utilizando un tercer polarizador que borre el efecto de forzar las decisiones de los fotones sobre si comportarse como onda o como partícula, se descubre que se pueden restablecer los fotones a su estado original de comportamiento ondular, como lo demuestra el hecho de que presenten un patrón de interferencia tras pasar a través del tercer polarizador.

En una versión del experimento del borrador cuántico de elección retardada de Wheeler descrito en 2015, Andrew G. Manning y sus colegas utilizaron un único átomo de helio en un interferómetro especial para crear un análogo atómico de la propuesta original de Wheeler. Sustituyeron los bifurcadores del rayo físico y los espejos del experimento original por pulsos ópticos de Bragg para valorar el estado cuántico del átomo. En algunos aspectos, el hecho de que este experimento, utilizando un átomo de helio con movimiento lento a una temperatura muy fría, muestre también la supresión de un pasado cuántico a causa de un suceso futuro (determinación del método de detección mediante un generador cuántico de números al azar, elección realizada después de que el átomo haya pasado el pulso con índice de perfusión, que sustituye la rendija o las rendijas del experimento original) es todavía más desconcertante que demostraciones similares con fotones de movimiento rápido, porque este experimento se parece más a nuestro mundo clásico. Manning y su equipo concluyeron, de acuerdo con generaciones de físicos igualmente sorprendidos por los descubrimientos «fantasmagóricos» de los experimentos cuánticos, que no tiene sentido atribuir el comportamiento ondular o corpuscular a una partícula de gran masa antes de que tenga lugar la medición. El acto de observación determina la realidad emergente.

La conclusión de Berkeley de que «ser es ser percibido» (ver el capítulo cinco) fue invocada por el físico Wheeler al explicar los resultados sorprendentes de estos experimentos del borrador cuántico de elección retardada:

> Lo que hace que la gente discuta sobre cuándo y cómo el fotón aprende que el aparato del experimento se halla en una determinada configuración y luego cambie de onda a partícula para adecuarse a las exigencias de la configuración del experimento es el presupuesto de que el fotón tiene alguna forma física antes de que los astrónomos lo observen. O era onda o era partícula o circulaba por la galaxia de ambos modos. En realidad, los fenómenos cuánticos no son ni ondas ni partículas, sino que están intrínsecamente indefinidos hasta el momento en que son medidos. En cierto sentido, el filósofo británico y arzobispo [George] Berkeley estaba en lo cierto cuando afirmó hace dos siglos «ser es ser percibido».
>
> John Wheeler (1911-2008)

La clarificación exige un experimento mental en el que, de momento, suponemos no solo que el cerebro es un ordenador cuántico, sino que también llegamos a admitir que la naturaleza misteriosa de los resultados en la física cuántica es realmente el humo de la pistola que revela que toda la realidad es cuántica; en otras palabras, que todo está contenido en la conciencia.

Hans Halvorson, filósofo de la lógica de la Universidad de Princeton, ofrece una perspectiva interesante en sus escritos recientes.[2] Combinando los conceptos de superposición y de entrelazamiento con el modo como los sistemas cuánticos evolucionan en el tiempo (teniendo en cuenta especialmente que los cambios del estado cuántico siempre conservan las superposiciones, es decir, que prevalece la «dinámica lineal» o la «unitariedad»), cuando hacemos observaciones, quedamos entrelazados con los objetos físicos de modo que *nosotros* terminamos por no tener determinadas propiedades.

La paradoja de la medición revela la aparente incoherencia de la mecánica cuántica, algo que los físicos cuánticos han intentado resolver de tres maneras principales.

Se puede rechazar el principio de superposición invocando variables ocultas, como ocurre en la interpretación de David Bohm. Esto requiere un campo guía empíricamente detectable que no tiene energía-impulso y no está asociado con ninguna región específica del espacio-tiempo, a diferencia de todos los demás campos de la física (observa que aunque hasta Einstein intentó tal interpretación determinista, la naturaleza misteriosa del campo-guía implicaba demasiadas dificultades para que la aceptase). Hay que tener en cuenta que Bohm consideraba tal campo-guía como de naturaleza cuasimental, en el sentido de que contiene «información objetiva y activa [...] similar en algunos aspectos claves a la actividad de la información en nuestra experiencia subjetiva ordinaria», lo cual lleva a una analogía estrecha entre la materia y la mente que da como resultado «una nueva teoría de la mente, de la materia y de su relación, en la cual la noción básica es la participación, más que la interacción».[3]

De manera alternativa, se puede negar que la observación tenga lugar realmente, como en la popular interpretación de los múltiples mundos (IMM) de la física cuántica de Hugh Everett. En la concepción de Everett, el acto de medición lleva al observador a quedar entrelazado tanto con el objeto que va a observar como con el aparato de medición, de tal modo que, al final de la medición, no hace falta tener una observación definida, porque todas las observaciones posibles llevan a un nuevo universo paralelo en el que solo se da ese resultado. El precio que se ha de pagar es la invocación nada frugal de infinitos universos paralelos, para evitar cualquier medición u observación real.

Dicho de un modo sencillo, Everett deseaba satisfacer plenamente las formulaciones matemáticas de la física cuántica y halló que podría hacerlo fácilmente suponiendo que toda interacción subatómica posible ocurría realmente, pero que cada uno de esos casos se ramificaba en un nuevo universo. El mecanismo que postulaba para sustituir el colapso de la función de onda es la decoherencia, o destrucción de la información del estado cuántico mediante la interacción con el entorno físico. De este modo no se necesita postular el colapso de la función de onda a cargo de la mente que observa. Este es el objetivo que guía la interpretación de Everett, consistente en infinitos universos paralelos surgiendo a cada instante en el espacio-tiempo, reflejando cada uno la perfección de la cambiante función de onda y su determinación en la realidad subatómica. El universo observado es así solo una superposición de posibles estados cuánticos entre una infinitud de universos posibles.

Obviamente, la frugalidad no es una de las virtudes de la IMM, pero al menos conserva intactas las matemáticas y la predictibilidad de la física cuántica. Para ser justos, los que proponen la IMM de Everett argumentan que la mejor manera de cumplir con la navaja de Ockham sería su interpretación: la complejidad del modelo es menor que la de las interpretaciones que se le oponen, aunque la evidente multiplicidad de universos podría parecer objetable. Observa que la conservación de la energía sigue aplicándose dentro de un universo observable determinado, para evitar la violación extrema de la conservación de la energía que se produciría si no fuera así (dada la explosión de universos nuevos, todo para satisfacer la IMM).

En una tercera posibilidad, las teorías de la reducción dinámica permiten rechazar las leyes dinámicas de la mecánica cuántica, especialmente la idea de que las superposiciones se conservan a lo largo del tiempo. Esta tercera opción, a mi entender, tiene mucha razón al invocar el idealismo metafísico (u ontológico). Implica el presupuesto de que los seres humanos (y todos los seres sintientes) son fundamentales para la realidad evolutiva, es decir, que nuestra propia conciencia nos eleva sobre el estatus de mera materia física. En cierto sentido, veo toda nuestra conciencia de la experiencia, y toda memoria de tal experiencia, ocurriendo en el ámbito de la Mente colectiva, fuera del espacio-tiempo tetradimensional del universo físico. Estoy estipulando aquí que «el algo más» de William James es el alma o espíritu que influye en toda la realidad evolutiva. Es también «el algo más» porque es lo que se requiere para explicar plenamente la causalidad, que no puede tener lugar en el universo físico por sí solo.

Las superposiciones ocurren entre los diversos constituyentes del mundo físico microscópico, pero tal concepto no se aplica al ámbito de la conciencia y de la Mente colectiva. Como señaló Erwin Schrödinger, y más tarde otros (como los físicos Roger Penrose, David Albert y Barry Loewer, por citar solo a unos cuantos), en apoyo de esto, no tiene sentido decir que los estados mentales pueden existir en superposición; son simplemente eso que es observado, las percepciones en la mente del perceptor. Aunque los estados físicos superpuestos no son algo que observemos realmente, sus consecuencias –como el patrón de interferencia en el experimento de la doble rendija– sí se observan. Así, la idea de superposición de estados físicos tiene implicaciones empíricas directas.

La más popular de tales teorías de la reducción dinámica es la de los físicos teóricos italianos Giancarlo Ghirardi, Alberto Rimini y Tullio Weber, o teoría GRW (denominada así por las iniciales de sus apellidos), publicada originalmente en 1985. Esta teoría utiliza el hecho de que el colapso de un componente de un sistema cuántico es «contagioso» y se perpetúa a través de todo el sistema cuántico, mediante el entrelazamiento. Así, el colapso espontáneo, pero azaroso, de la función de onda de una partícula en, digamos, un aparato de medición (que contiene más de mil trillones de tales partículas), algo que se produce muy raramente (una vez cada cien millones de años, aproximadamente), llevaría al colapso de la función de onda en todo el sistema, todo ello a través de la naturaleza entrelazada del conjunto de todas las partículas implicadas.

Halvorson le da sentido a la paradoja de la medición argumentando (como lo harían la mayoría de los psicólogos) que los estados mentales se diferencian de los estados físicos en que no pueden superponerse, y por tanto no pueden entrelazarse con estados físicos. A partir de ahí elabora una interacción psicofísica en la que los estados mentales siguen la pista, de manera fiable, a los estados del mundo físico. Invoca una modalidad de lo que se conoce como la hipótesis de la independencia lógica, destacando la distinción conceptual de que un estado físico es algo distinto de un estado mental, y que «los estados físicos no necesitan ni lógica ni conceptualmente los estados mentales, y viceversa». Compara los estados mentales y los estados físicos con los complementarios conjugados de la física cuántica, como la posición y el impulso, o el tiempo y la energía.

Volviendo a la teoría del colapso GRW, Halvorson explica:

> Si una cosa física (por ejemplo, un cerebro) se une a una cosa no física (por ejemplo, una mente) de tal modo que sus estados se

> correlacionan al estilo de las leyes, la cosa física no puede, de manera exacta y sin excepción, obedecer las leyes de la mecánica cuántica. La no existencia de superposiciones de los estados mentales implica que el objeto físico-mental unido no puede obedecer las leyes de la mecánica cuántica [...] Si la parte física, aislada, siguiera las reglas de la mecánica cuántica, pero estuviera *limitada por la naturaleza de su contraparte mental*, las leyes GRW proporcionarían un modo altamente natural y armonioso de que estas dos especies de objetos interactuasen entre sí y con otros objetos físicos (la cursiva es mía).

Halvorson concluye que esta posición, que describe un proceso mediante el cual el alma podría interactuar con el cerebro y el resto del cuerpo, debería agradar al dualista mente-cuerpo, y respalda este argumento con la metafísica que asume el aspecto mental del dualismo, y por tanto de la mente que influye en la materia a través de este mecanismo. Lo que yo añadiría a este argumento es que esta manera de razonar se aplica también a nuestro supuesto del idealismo metafísico y a la influencia de la mente sobre el mundo físico, dado que todo lo que existe se origina en ese ámbito mental. De hecho, el idealismo metafísico es preferible a cualquier arreglo dualista que elimine cualquier asunto espinoso relacionado con las interacciones dualistas, como las violaciones de la ley de conservación de la energía, en los intentos de describir el mecanismo por el que la mente influiría sobre la materia.

Es demasiado pronto para comprometerse con cualquiera de las interpretaciones actuales como «la respuesta», aunque creo que varias características de la hipótesis del colapso GRW le conceden cierto atractivo. Otra interpretación que ha generado un importante interés es la interpretación de la reducción objetiva orquestada, propuesta por el físico y matemático británico Roger Penrose y el anestesiólogo estadounidense Stuart Hameroff.

En su importante libro de 1989 *The Emperor's New Mind (La nueva mente del emperador)* (ampliado en su libro de 1997 *The Large, the Small and the Human Mind (Lo grande, lo pequeño y la mente humana),* Penrose observaba que el pensamiento humano es no computable, no calculable, en el sentido de que los matemáticos pueden conocer la verdad de ciertas afirmaciones que son improbables en un sentido fundamental. Este «sentido fundamental» había sido expresado por el imponente genio del gran filósofo del siglo XX Kurt Gödel, quien mediante su célebre teorema de la incompletitud, mostró la imposibilidad de demostrar la coherencia y la completitud, simultáneamente, de cualquier sistema matemático desde el interior de sí mismo, sin referencia a reglas totalmente ajenas a él. Yo creo que, en muchos sentidos, esta misma limitación se aplica cuando se trata de lograr cualquier comprensión de la conciencia «desde el interior de ella misma», algo que me gustaría afinar diciendo lo que significa dentro de las formas de conciencia limitadas espacial y temporalmente, que son las formas de conciencia generalmente disponibles para los humanos que solo tienen en cuenta el ámbito físico. De modo que solo a través de los estados de conciencia trascendente que percibimos al unirnos con la Mente colectiva obtenemos la perspectiva suficiente para ayudarnos a darnos cuenta más claramente de los fundamentos de la relación mente-cuerpo y la resultante comprensión plena de la naturaleza de la realidad subyacente.

En particular, la elucidación que realizan Penrose y Hameroff de los microtúbulos de las neuronas como un entorno que puede realmente conservar la información cuántica el tiempo suficiente para que desempeñe un papel en la generación de la conciencia humana es una aportación valiosa a nuestra comprensión. En su modelo, el colapso de la función de onda ocurre a través de un proceso objetivo dependiente de los efectos todavía no definidos de la gravedad cuántica (ella misma relacionada con la diferencia en la curvatura espacio-temporal entre varios estados candidatos a realidades, con un umbral objetivo para que tales colapsos tengan lugar). Dicho brevemente, a medida que la diferencia de energía entre dos estados cuánticos distintos se aproxima al nivel de «gravitón 1» (aproximadamente igual a la masa de Planck, o alrededor de 0,022 miligramos, aproximadamente el peso de un huevo de pulga), el estado cuántico colapsa en un valor real.

Penrose y Hameroff no enfocan ese colapso de la función de onda como resultado de que la conciencia primordial influya en la realidad emergente, pero creo que buena parte de sus conceptos mecanicistas podrían relacionarse con el idealismo metafísico para revelar un medio a través del cual la conciencia influye en todo lo referente al ámbito físico y nuestras percepciones de él.

La física cuántica abre claramente la puerta a un papel mucho más rico de la conciencia en lo que respecta a determinar la naturaleza de la realidad que se despliega, a pesar de la oposición, con frecuencia vehemente, de quienes todavía siguen seducidos por la naturaleza ingeniosa, desconcertante y poderosa de la Ilusión suprema respecto a la «realidad» del mundo material. No creo que estemos muy lejos de decidir sobre la interpretación «correcta» de la paradoja de la medición en física cuántica, pero sospecho enormemente que solo podemos darle sentido a dicha paradoja si llegamos a refinar el mecanismo por el que la conciencia influye en la realidad cambiante que experimentamos.

BIBLIOGRAFÍA

Alexander, Eben. *El mapa del cielo: Cómo la ciencia, la religión y la gente común están demostrando el Más Allá.* Barcelona: Planeta, 2015.

___. *La prueba del cielo: El viaje de un neurocirujano a la vida después de la vida.* Barcelona: Zenith, 2013.

Bair, Puran y Susanna Bair. *Living from the Heart: Heart Rhythm Meditation for Energy, Clarity, Peace, and Inner Power*, 2.ª ed. Tucson, AZ: Living Heart Media, 2010.

Baker, Mark C. y Stewart Goetz, eds. *The Soul Hypothesis: Investigations into the Existence of the Soul.* Nueva York: Continuum International Publishing Group, 2011.

Beischel, Julie. *Investigating Mediums: A Windbridge Institute Collection*. Tucson, AZ: The Windbridge Institute, 2015.

Capra, Fritjof. *El tao de la física*. Málaga: Sirio, 2017.

Chalmers, David J. *La mente consciente*. Barcelona: Gedisa, 2009.

Chopra, Deepak y Rudolph E. Tanzi. *Supergenes: Libera el asombroso potencial de tu ADN para una salud óptima y un bienestar radical.* Barcelona: Grijalbo, 2018.

Dalái lama XIV. *El universo en un solo átomo.* Barcelona: Debolsillo, 2011.

Dass, Ram. *Be Here Now*. San Cristóbal, NM: Lama Foundation, 1971.

___. *Be Love Now: The Path of the Heart*. Nueva York: HarperCollins Publishers, 2011.

Dossey, Larry. *Palabras que curan. El poder de la plegaria y la práctica de la medicina*. Barcelona: Obelisco, 1997.

___. *One Mind: How Our Individual Mind Is Part of a Greater Consciousness and Why It Matters*. Nueva York: Hay House, 2013.

Dupré, Louis y James A. Wiseman, eds. *Light from Light: An Anthology of Christian Mysticism*. Nueva York: Paulist Press, 2001.

Grof, Stanislav. *La psicología del futuro. Integrando el espíritu en nuestra comprensión de la enfermedad mental*. Barcelona: La liebre de marzo, 2015.

Grossman, Neal. *The Spirit of Spinoza: Healing the Mind*. Princeton, NJ: ICRL Press, 2003.

Guggenheim, Bill y Judy Guggenheim. *Saludos desde el cielo. Una investigación sobre los contactos después de la muerte*. Barcelona: Océano ambar, 2009.

Hagan, John C. III. *The Science of Near-Death Experiences*. Columbia, MO: University of Missouri Press, 2017.

Hamilton, Allan. *The Scalpel and the Soul: Encounters with Surgery, the Supernatural, and the Healing Power of Hope*. Nueva York: Penguin Group, 2008.

Hancock, Graham. *Las huellas de los dioses*. Barcelona: Ediciones B, 1998.

Holden, Jan, Bruce Greyson y Debbie James, eds. *The Handbook of Near-Death Experiences: Thirty Years of Investigation.* Santa Barbara, CA: ABC-CLIO, 2009.

Jackson, Laura Lynne. *La luz entre nosotros: Historias desde el otro lado que nos enseñan a vivir mejor en el aquí y el ahora.* Barcelona: Grijalbo, 2017.

Jahn, Robert y Brenda Dunne. *Margins of Reality: The Role of Consciousness in the Physical World.* Orlando, FL: Harcourt Brace Jovanovich, 1987.

Kak, Subhash, Sir Roger Penrose, Stuart Hameroff, eds. *Quantum Physics of Consciousness*. Cambridge, MA: Cosmology Science Publishers, 2011.

Kastrup, Bernardo. *Brief Peeks Beyond: Critical Essays on Metaphysics, Neuroscience, Free Will, Skepticism, and Culture.* Winchester, Reino Unido: Iff books, 2015.

___. *More Than Allegory: On Religious Myth, Truth, and Belief.* Winchester, Reino Unido: Iff books, 2016.

Kelly, Edward F., Adam Crabtree y Paul Marshall, eds. *Beyond Physicalism: Toward Reconciliation of Science and Spirituality*. Lanham, MD: Rowman & Littlefield, 2015.

Kelly, Edward F., Emily Williams Kelly, Adam Crabtree, Alan Gauld, Michael Grosso y Bruce Greyson. *Irreducible Mind: Toward a Psychology for the 21st Century.* Lanham, MD: Rowman & Littlefield, 2007.

McFadden, Johnjoe y Jim Al-Khalili. *Biología al límite: Cómo funciona la vida a muy pequeña escala*. Barcelona: RBA, 2019.

Mitchell, Edgar D. *The Way of the Explorer: An Apollo Astronaut's Journey through the Material and Mystical Worlds*. Norwalk, CT: The Easton Press, 1996.

Mitchell, Edgar D., *et al. Psychic Exploration: A Challenge for Science*. Nueva York: G. P. Putnam's Sons, 1974.

Monroe, Robert. *Viajes fuera del cuerpo. La expansión de la consciencia más allá de la materia*. Madrid: Palmyra, 2008.

Moody, Raymond. *Vida después de la vida*. Madrid: Edaf, 2017.

Moody, Raymond, con Paul Perry. *Destellos de eternidad*. Madrid: Edaf, 2010.

Moorjani, Anita. *Morir para ser yo. Mi viaje a través del cáncer y la muerte hasta el despertar y la verdadera curación*. Madrid: Gaia, 2013.

Newton, Michael. *El viaje de las almas. Estudios de casos de la vida entre vidas*. Madrid: Arkano Books, 2015.

Olsen, Scott. *The Golden Section: Nature's Greatest Secret*. Nueva York: Walker & Company, 2006.

O'Neill, John J. *El genio pródigo. La extraordinaria vida de Nikola Tesla*. CreateSpace Independent Publishing Platform, Amazon, 2016.

Pearce, Joseph Chilton. *The Biology of Transcendence: A Blueprint of the Human Spirit*. Rochester, NY: Park Street Press, 2002.

Penfield, Wilder. *El misterio de la mente*. Madrid: Pirámide, 1977.

Penrose, Roger. *La nueva mente del emperador*. Barcelona: debolsillo, 2015.

___. *Lo grande, lo pequeño y la mente humana*. Madrid: Akal, 2006.

Platón. *Gorgias and Timaeus*. Traducido por Benjamin Jowett. Mineola, NY: Dover Publications, 2003. (Las obras de Platón han sido publicadas en castellano por varias editoriales).

Radin, Dean. *Conscious Universe: The Scientific Truth of Psychic Phenomena*. Nueva York: HarperCollins Publishers, 1997.

___. *Entangled Minds: Extrasensory Experiences in a Quantum Reality*. Nueva York: Simon & Schuster, 2006.

___. *Supernormal: Science, Yoga, and the Evidence for Extraordinary Psychic Abilities*. Nueva York: Random House, 2013.

Rankin, Lissa. *La mente como medicina*. Barcelona: Urano, 2014.

Ritchie, George C. *Return from Tomorrow*. Grand Rapids, MI: Revell Books, 1978.

Rivas, Titus, Anny Dirven y Rudolf H. Smit. *The Self Does Not Die: Verified Paranormal Phenomena from Near-Death Experiences*. Durham, NC: IANDS Publications, 2016.

Schwartz, Gary. *The Afterlife Experiments: Breakthrough Scientific Evidence of Life After Death*. Nueva York: Simon & Schuster, 2002.

Schwartz, Robert. *El plan de tu alma*. Málaga: Sirio, 2010.

Singer, Michael A. *La liberación del alma. El viaje más allá de ti*. Madrid: Gaia, 2014.

Stapp, Henry P. *Mindful Universe: Quantum Mechanics and the Participating Observer*. Heidelberg: Springer, 2007.

Teilhard de Chardin, Pierre. *The Phenomenon of Man*. Nueva York: Harper & Row, 1959.

Tolle, Eckhart. *El poder del ahora. Una guía para la iluminación espiritual*. Madrid: Gaia, 2007.

Tucker, Jim B. *Vida antes de la vida: Los niños que recuerdan vidas anteriores*. Madrid: Arkano Books, 2012.

Turner, Kelly A. *Las nueve claves de la curación natural del cáncer*. Madrid: Gaia, 2015.

van Lommel, Pim. *Consciencia más allá de la vida*. Gerona: Atalanta, 2012.

Zukav, Gary. *La danza de los Maestros de Wu Li*. Madrid: Gaia, 1999.

___. *El asiento del alma*. Barcelona: Obelisco, 2008.

NOTAS

Capítulo 2

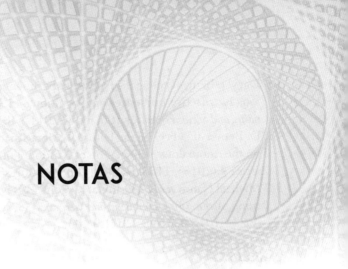

1. M. Thonnard, *et al.*, «Characteristics of Near-Death Experiences Memories as Compared to Real and Imagined Events Memories», *PLOS ONE* 8 (2013), 3, doi:10.1371/journal.pone.0057620.
2. A. Palmieri *et al.*, «"Reality" of Near-Death-Experience Memories: Evidence from a Psychodynamic and Electrophysiological Integrated Study», *Frontiers in Human Neuroscience* 8 (2014), doi.org/10.3389/fnhum.2014.00429.
3. William, James. *Human Immortality: Two Supposed Objections to the Doctrine*, 2.ª ed. (Boston: Houghton, Mifflin, 1900). Obra original publicada en 1898.

Capítulo 3

1. Pim van Lommel *et al.*, «Near-Death Experience in Survivors of Cardiac Arrest: A Prospective Study in the Netherlands», *Lancet* 358, n.º 9298 (2001), 2039-2045.

Capítulo 4

1. Wilder Penfield y Theodore C. Erickson, *Epilepsy and Cerebral Localization: A Study of the Mechanism, Treatment and Prevention of Epileptic Seizures* (Springfield, IL: Charles C. Thomas, 1941), 127-130.
2. Wilder Penfield, *Mystery of the Mind* (Princeton, NJ: Princeton University Press, 1975), 113-114.

3. Daryl J. Bem, «Feeling the Future: Experimental Evidence for Anomalous Retroactive Influences on Cognition and Affect», *Journal of Personality and Social Psychology* 100, n.º 3 (2011): 407-425.
4. D. Bem *et al.*, «Feeling the Future: A Meta-Analysis of 90 Experiments on the Anomalous Anticipation of Random Future Events», *F1000Research* 4 (2015), 1188, doi:10.12688/f1000research.7177.1.
5. Michael Nahm *et al.*, «Terminal Lucidity: A Review and a Case Collection», *Archives of Gerontology and Geriatrics* 55, n.º 1 (2012): 138-142, doi:10.1016 /j.archger.2011.06.03.

Capítulo 5

1. Daryl J. Bem, «Feeling the Future: Experimental Evidence for Anomalous Retroactive Influences on Cognition and Affect», *Journal of Personality and Social Psychology* 100, n.º 3 (2011), 407-425.
2. M. Ringbauer *et al.*, «Measurements on the Reality of the Wavefunction», *arXiv*: 1412.6213v2 [qaunt-ph], 20 de enero de 2015.
3. Bernardo Kastrup, *Brief Peeks Beyond: Critical Essays on Metaphysics, Neuroscience, Free Will, Skepticism and Culture* (Winchester, UK: Iff Books, 2015), 157-164.
4. Bernardo Kastrup, «Transcending the Brain: At Least Some Cases of Physical Damage Are Associated with Enriched Consciousness or Cognitive Skill», *Scientific American* (blog), 29 de marzo de 2017, https://blogs.scientificamerican.com/guest-blog /transcending-the-brain/.
5. D. Radin, L. Michel y A. Delorme, «Psychophysical Modulation of Fringe Visibility in a Distant Double-Slit Optical System», *Physics Essays* 29, n.º 1 (2016), 14-22.

Capítulo 6

1. John J. O'Neill, *Prodigal Genius: The Life of Nikola Tesla* (Nueva York: Ives Washburn, Inc., 1944), 265-267.

Capítulo 8

1. R. L. Carhart-Harris *et al.*, «Neural Correlates of the Psychedelic State Determined by fMRI Studies with Psilocybin», *Proceedings of the National Academy of Sciences of the United States of America* 109, n.º 6 (febrero de 2012), 2138-2143.
2. F. Palhano-Fontes *et al.*, «The Psychedelic State Induced by Ayahuasca Modulates the Activity and Connectivity of the Default Mode Network», *PLOS ONE* (febrero de 2015), https://doi.org/10.1371/journal.pone.0118143.

3. M. Ullman, S. Krippner y A. Vaughan, *Dream Telepathy: Experiments in Nocturnal ESP*, 2.ª ed. (Jefferson, NC: McFarland, 1989).

Capítulo 11

1. A. J. Rock *et al.*, «Discarnate Readings by Claimant Mediums: Assessing Phenomenology and Accuracy Under Beyond Double-Blind Conditions», *Journal of Parapsychology* 78, n.º 2 (2014), 183-194, http://windbridge.org/papers /JP2014v78n2RockBeischel.pdf.

Capítulo 15

1. H. Benson y R. Friedman, «Harnessing the Power of the Placebo Effect and Renaming It Remembered Wellness», *Annual Review of Medicine* 47 (febrero de 1996), 193-199, doi:10.1146/annurev.med.47.1.193.

Capítulo 16

1. Heidi S. Mortensen *et al.*, «Quantitative Relationships in Delphinid Neocortex», *Frontiers in Neuroanatomy* 8, n.º 132 (2014), 1-10, http://journal.frontiersin.org/article/10.3389/fnana.2014.00132/abstract.

Apéndice A

1. Wilder Penfield y Theodore C. Erickson, *Epilepsy and Cerebral Localization: A Study of the Mechanism, Treatment and Prevention of Epileptic Seizures* (Springfield, IL: Charles C. Thomas, 1941), 52-56.
2. Wilder Penfield, «The Role of the Temporal Cortex in Certain Psychical Phenomena», *Journal of Mental Science* 101, n.º 424 (1955), 453.
3. Brenda Milner, «Memory Mechanisms», *Canadian Medical Association Journal* 116 (1977), 1374-1376.
4. Andreas Papassotiropoulos *et al.*, «The Prion Gene Is Associated with Human Long-Term Memory», *Human Molecular Genetics (Oxford Journals)* 14, n.º 15 (2005), 2241-2246, doi:10.1093/hmg/ddi228. PMID 15987701.
5. C. Miller y J. Sweatt, «Covalent Modification of DNA Regulates Memory Formation», *Neuron* 53, n.º 6 (5 de marzo de 2007), 857-869, doi:10.1016/j.neuron.2007.02.022. PMID17359920.
6. M. Hendricks, «Reducing Memory to a Molecule: A Researcher Explores the Molecular Essence of Memory», *Johns Hopkins Medicine, Institute for Basic Biomedical Sciences* (2009), http://www.hopkinsmedicine.org/institute_basic_biomedical_sciences/news_events/articles_and_stories/learning_memory/200906_reducing_memory_molecule.html.

7. G. Kastellakis, A. J. Silva y P. Poirazi, «Linking Memories across Time via Neuronal and Dendritic Overlaps in Model Neurons with Active Dendrites», *Cell Reports* 17, n.° 6 (2016): 1491-1504, http://dx.doi.org/10.1016/j.celrep.2016.10.015.
8. T. J. A. Craddock, J. A. Tuszynski y S. Hameroff, «Cytoskeletal Signaling: Is Memory Encoded in Microtubule Lattices by a CaMKII Phosphorylation?», *PLOS Computational Biology* 8, n.° 3 (2012), e1002421.

Apéndice B

1. M. Ringbauer *et al.*, «Measurements on the Reality of the Wavefunction», *arXiv*: 1412.6213v2 [qaunt-ph], 20 de enero de 2015.
2. Hans Halvorson, «The Measure of All Things», en *The Soul Hypothesis: Investigations into the Existence of the Soul*, eds. Mark C. Baker y Stewart Goetz (Nueva York: Continuum International Books, 2011), 138-163.
3. David Bohm, «A New Theory of the Relationship of Mind and Matter», *Philosophical Psychology* 3, n.° 2 (1990), 271-286.